JN221288

理想の家を手に入れる

マイホームの建て方&買い方

長沼アーキテクツ代表
長沼幸充
［監修］

ナツメ社

はじめに

家づくりは人生最大のイベントのひとつ。多くの人にとって、家は人生でいちばん高い買い物といえるのではないでしょうか。

しかし、いざ家を建てようと考えると、何をどう始めたらいいのかわからないという人が多いのも事実。マイホームの夢はふくらんでも、実現に向けての第一歩を、どこに向けてどう踏み出せばいいのか迷ってしまうのです。

本書では、まず最初に考えるべきお金のことや、土地探しや依頼先の選び方、家づくりをする上で重要なチェックポイントを網羅し、具体的にどう進めていったらよいのかを、経験者の生の声や専門家のアドバイスをまじえて解説していきます。新築だけでなく

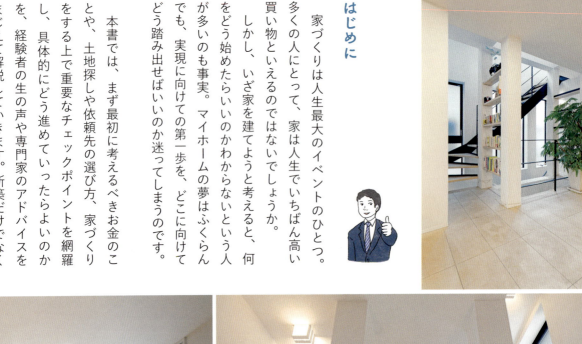

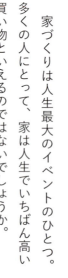

リノベーションも含めた豊富な家づくりの実例を掲載し、これから家を建てようとする方にとって参考にできる情報が満載です。

　さらに、住宅ローン減税、長期優良住宅など、家づくりに関連した気になるトピックも最新のものをカバーしていますので、本書を一読すれば建て主として必要十分な家づくりの知識を得ることができます。

　また、本書内で紹介しているチェックシートなどは、インターネットを通してダウンロードできます。家族との話し合いや、施工会社との打ち合わせなどに、本書とともに役立ててください。

　マイホームの夢をようやく実現するために本書をフル活用して、ぜひ希望通りの家づくりを成功させてください。

Contents

Part 3
長くつき合えるパートナーの選び方

Part 4
しっかり見極めたい土地選びと住宅の性能

Part 5

実例でチェック！満足できる設計プランを考えよう

Part 6

安全な家をつくるために確認しておきたいこと

特典

チェックシート ダウンロードサービス

もくじに上記のマークがついているページでは、家づくりの計画を立てるための記入シートやチェックシートを掲載しています。ページにあるQRコードにアクセスすると、各シートのデータをダウンロードすることができます。スマホに表示させたり、プリントしたりしてあなたの家づくりに活用してください。なお、ナツメ社ウェブサイトの本書紹介ページからもデータをダウンロードできます。

ナツメ社ウェブサイト

https://www.natsume.co.jp/

●ダウンロードしたデータは私的利用のみにご利用いただけます。改変や商用利用はできません。

●ダウンロードしたデータの利用により発生したいかなる損害について、監修者および株式会社ナツメ社は一切の責任を負いかねますのでご了承ください。

Part1

実例でわかる！
こだわりの
マイホーム探訪

家づくりにこだわる点は人それぞれ。
家族構成やライフスタイルによっても目指す家は変わってきます。
どんなところにこだわって家づくりをしたのか、
５つのマイホーム実例を紹介していきます。
イメージをふくらませて、プランづくりの参考にしましょう。

実例

01 Y邸

DATA
建設地：東京都杉並区
家族構成：夫婦＋子ども2人
構造：木造SE工法・3階建て
敷地・延床面積：敷地面積69.39㎡、延床面積122.91㎡

スキップフロアを採用し、狭さを克服。家族の気配をいつも感じられる住まいに

リビング側からのダイニングの眺め。スケルトン階段なので視線が抜け、家族の様子がよくわかる。

都心の狭小地でありながら4LDK＋駐車スペースを確保

当時住んでいた社宅の近くに土地を購入したYさんご夫妻。都心のため、約70㎡の狭小地でしたが、4LDKの間取りと駐車スペースが必要でした。なかでも重視したのは、「住まいのどこからでも子どもの気配を感じられる間取り」。これらの条件をクリアするために、設計士が提案したのがスキップフロアでした。

　スキップフロアのメリットは狭小地でも部屋数を確保でき、室内空間に一体感を醸し出せること。さらに蹴《け》込み板のないスケルトン階段を住まいの中央に配置することにより、1階から3階まで通じる吹き抜け空

間が生まれ、縦にも横にも視線が抜け、狭さをあまり感じさせない住まいが実現しました。

入居から数年が経過した今も、「階段空間が住まい全体をつなげてくれて、家族がどこにいるのかすぐに把握できる」、「狭小地なのに本当に明るく暖かい」という夫妻の言葉から、計画時に目指した通りの住まいが実現できたことがわかります。

階段の照明はブラケットのみ。夕暮れどき、薄暗くなった室内にブラケットだけ灯すと、なんともいえない雰囲気に。ニッチを活かした収納棚やクローゼットも階段横に設置。

アイアンの質感にこだわり、階段はメーカーへのオーダー品に。「価格は少々高くなりましたが、アイアン感は譲れませんでした」（奥様）。階段手すりの隙間が小さな吹き抜けの役割を果たし、「子どもがどこにいるのか、すぐにわかります」（奥様）。

ここも知りたい！

Q スキップフロアとはどんなものですか？

住まいをふたつに分け、フロアの高さを半階ずつずらして積み重ねていく間取り。たとえば天井高が2.4mなら、フロアの半分を1.2m上げることでスキップフロアにすることができます。つねに上下階が目に入るため、空間の高さを感じやすく、実際以上に広く見える効果があります。

スキップフロアのメリットは、各部屋を隔てる壁がないため、空間を広く使えること。狭小地でも部屋数や収納スペースを確保しやすいとされています。また、各フロアが壁や天井で完全に仕切られていないため、室内に一体感があり、いつでも家族を身近に感じることができます。

一方、デメリットは大空間のため、空調が行き渡りにくく、音や匂いが漏れやすいこと。階段が多いため、落下やつまずき、高齢になってからの移動の大変さを考慮する必要があること。フロアが細かく分かれているため、掃除が大変であることなどが挙げられます。設計時の図面からイメージしづらいことも特徴で、実邸見学会に参加するなどし、事前に間取りをよく想像しておく必要があります。

スキップフロア Y邸の対策

冷暖房対策

- 構造材の外側に断熱材を貼り付ける外断熱と、構造材の間に断熱材を入れる内断熱（充填断熱）を併用。
- 窓は断熱性が高いLow-E複層ガラスのアルミ樹脂複合サッシ（➡P33）を採用。

↓

室内に間仕切りがほとんどないため、家をまるごと冷暖房する魔法瓶のような構造を実現。冬は床暖房だけで過ごすことができる。

掃除対策

- フロアが多くて掃除が大変。お掃除ロボットが使えず、掃除機の配線コードがわずらわしい。

↓

各フロアにコードレス掃除機を設置。気になったときに部分掃除を心がける。

Entrance

エントランス

玄関横に小さな洗面コーナーを設置。コロナ禍前の施工だったが、帰宅時の手洗いや掃除の際に便利。

交通量の多い生活道路に面しているため、玄関前にポーチを設けて外から目隠し。植栽の奥にルーバーがあり、採光と通風の一助に。

Soundproof room

防音室

狭さを感じさせない住まいにするため、防音室の入口ドアもガラスタイプに。

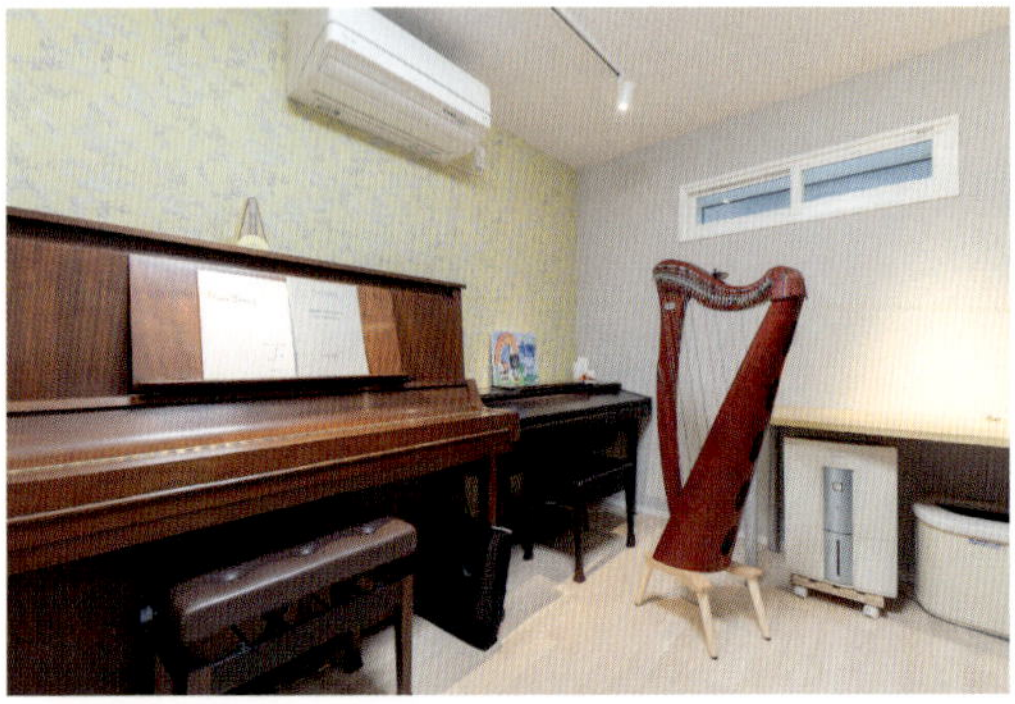

1階奥にある防音室は、音楽家でもある奥様のために設置。現在はピアノやハープを演奏しているそう。専門業者に施工を依頼し、ドアも窓も二重にして音漏れを防いでいる。半地下にあるため、湿気対策で特別な換気装置も設けた。

玄関から階段を上がると、そこには明るいダイニングが広がる。「はじめてのお客様は階段を上がった瞬間、歓声を上げられます。“居心地がいい”“狭さを感じない”ともいわれます」（奥様）。

Dining & Kitchen

ダイニング・キッチン

「アプローチしやすい場所にトイレが欲しい」という希望から、キッチン横に設置。

キッチン奥に設けたパントリーには食料品と日用品がぎっしり。キッチンには家族や友人が一緒に作業できる幅を確保した。

ダイニングの奥は通称「ゴロゴロスペース」。畳ベッドを置き、いつでもくつろげる空間を確保した。畳ベッドの下には収納引き出しがある。

「ダイニングテーブルの上に極力モノを置きたくない」と吊り下げ収納を多用。あとから追加工事をすることも想定し、設計時に下地補強を考えておくとベター。

Living room

リビング

リビングにはワークスペースと収納棚を造り付けた。ここで仕事をしたり、テレビを見たり、軽い運動をしながら過ごす時間が長い。

Kids room

子ども部屋

斜線規制による傾斜屋根を活かした子ども部屋。背の高い息子さんにも不自由なく使える空間だ。

Roof balcony

ルーフバルコニー

ルーフバルコニーへと続く階段には、天窓を配置した。一般的に天窓の明るさは壁面の窓の3倍といわれており、「階段を暗がりにしたくなかったので天窓は正解でした」（ご主人）。夏の日射しはロールスクリーンで防ぐ。

サニタリー
Sanitary

家族で入浴できるように一般的な浴室の約1.5倍の広さを確保。

3階の東南角に水廻り設備を集中させた。ここでも家族の気配がわかるようにガラス扉を採用。浴室を使用するときはブラインドを下ろし、プライバシーを確保する。

トイレは空間を仕切らず、洗面室の壁の向こうに設置することでホテルライクな雰囲気に。

洗面室と、その奥に連続する家事室を配置。洗濯する→干す→アイロンをかける→たたむ、という一連の動作が最短の動線で完結する。

オーナーに聞く

家づくり成功の秘訣とは？

設計士と施工店が同席して打ち合わせることでスムーズに

　実はこの家を建てる前に、別の設計事務所と数カ月かけて設計を詰めたのですが、工務店に工事費の見積りをお願いした段階で大幅な予算オーバーとわかり、断念しました。そこで一から設計を見直し、打ち合わせには必ず設計士と工務店に同席してもらうことに。「この予算ならできる」「この工事は技術的に不可能」など、その場その場でコストと施工技術をすり合わせ、可否判断を下したところ、スムーズに進みました。

設計士より

家づくりでは設計上は可能でも、いろいろな理由で施工上できないことがあります。設計士・工務店・施主の三者が揃って検討できたことは、時間をムダにしないいい判断でした。

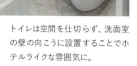

実例

02 N邸

DATA
建設地：東京都世田谷区
家族構成：夫婦＋子ども1人
構造：木造ストローグ金物工法・3階建て
敷地・延床面積：敷地面積80.08㎡、延床面積118.15㎡

建築のプロが選んだ構法・仕様・間取り

一級建築士として店舗設計やギャラリー設計を得意とされているNさんは、マイホーム建築においても、プロフェッショナルならではの美意識とこだわりを詰め込んだ住まいを完成させました。

素材とディテールの追求により、木造でありながら鉄筋コンクリート造のような重厚感を生み出し、訪れる人に木造であることを忘れさせる外観と室内。性能面でも壁厚を通常の2倍にし、一般的には住宅に使用しないビル用サッシを選ぶことで、

木造のイメージを超える重厚感。住む人の志向を徹底させたデザイン

2階全体がオープン空間のLDK。南東角にはビル用のサッシを採用し、2〜3階を連結。たっぷりと光が入ることはもちろん、近隣の学校の緑を借景として活用している。

高い断熱性・遮音性を実現しました。さらに1階に駐車スペース、2階以上には十分な居住空間を確保するため、キャンティ構造を採用。木造では難しい施工条件でしたが、専用の金物コネクタを使い、建物全体の強度を確保するストローグ金物工法を採用することで、1・4mもの跳ね出しを可能にしました。

室内設計で徹底したのは空間をすっきりと保ち、なおかつ高い収納力をもたせること。「モノが飛び出している状態が好きではない」ことから、ドアノブを極力排除し、木製ドアにスリットを入れてネオジウム磁石で固定させる仕様を住まい全体で統一させました。照明器具の露出も避けるため、間接照明を多用。リビングには大画面テレビがあるものの使用するとき以外は収納し、収納壁にNさん自身が撮影した作品をあしらいました。ほかにも住まいの随所にアート作品が飾られており、まるで住まい全体がギャラリーのような空間です。

ここも知りたい！

Q キャンティ構造とはどんなもの？

上階が1階よりもせり出した構造のことで、「跳ね出し」とも呼ばれ、狭小地の有効活用のために採用されることがあります。N邸の場合、駐車スペースを確保しつつ2階以上の室内空間を広くとるために、キャンティ構造が採用されました。

キャンティ構造では上階の床面積が下階よりも大きくなるため、建物全体の強度やバランスに問題が生じることがあります。一般的に跳ね出し部分は1m程度のケースが多いですが、N邸はストローグ金物工法を採用することで1.4mのキャンティを実現しました。

夜のN邸。2〜3階の連続窓から漏れる光が美しい。「大判のビル用サッシのためコストは高くつきましたが、満足しています」（Nさん）。

ⓒKAI NAKAMURA

1階の駐車スペースの上に上階が大きくせり出したキャンティ構造。構造柱を設けずにすむため、車の出し入れもスムーズ。

ⓒKAI NAKAMURA

カースペースの屋外床は、コンクリートに大理石風の型を押し付け着色した「スタンプコンクリート」仕上げ。大理石のタイルを貼ったような高級感がある。

「玄関は住まいの顔」という言葉通り、来客への印象を考慮して広めのスペースを確保し、ディスプレイコーナーを設けた。アート作品はときどき入れ替え、気分を変えている。

玄関ドアからエントランスを見る。上がり框(かまち)はごく低く、玄関たたきと同素材を用いることで一体感をもたせている。洗面室・浴室へ続く壁は一部をガラスにし、抜け感をつくった。

Entrance

エントランス

モノトーンの組み合わせがスタイリッシュな玄関。黒壁はモールテックスの塗り壁。左官職人により壁の模様が異なるため、3Dパーツを作成してオーダーした。床材はテラゾー(人造大理石)。いずれも「住宅らしくない非日常性」を求めて注文した。

階段下のニッチ空間を活用したトイレ。天井高が低いため、トイレ内に段差を設けた。「もともと敷地が少し傾斜しているので、その高低差を活かしました」(Nさん)。

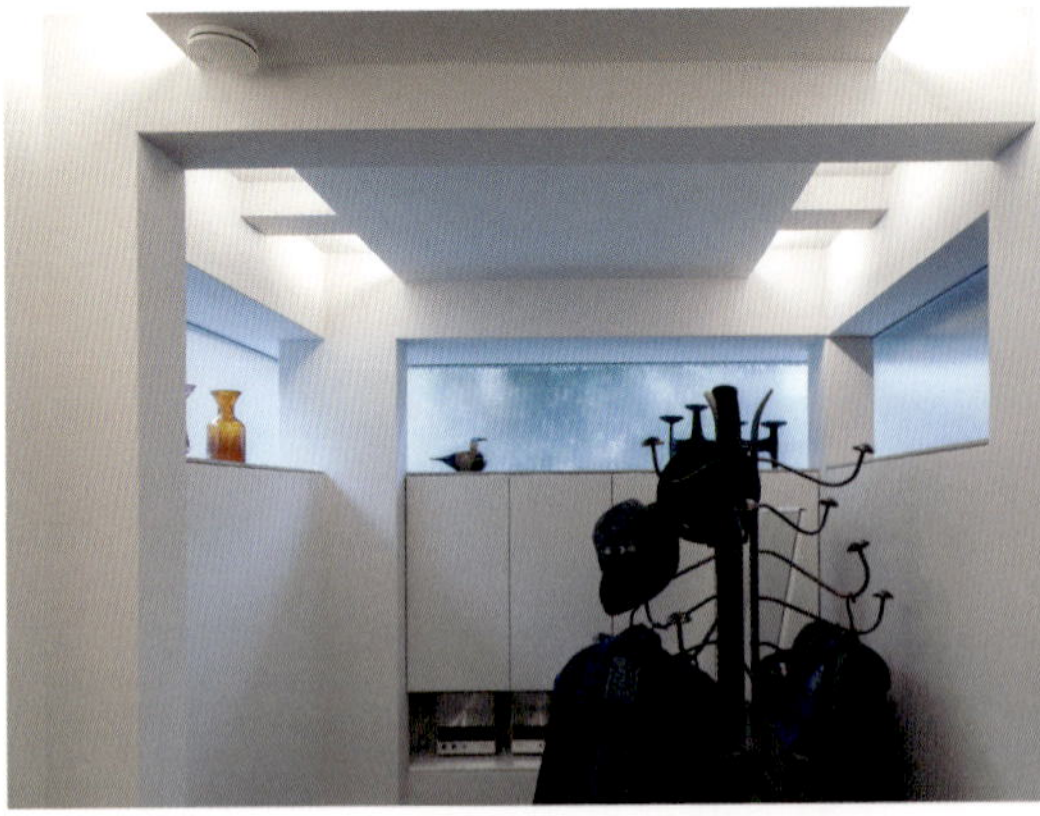

玄関横の多目的ルーム。上部三面にガラスをはめ込み、外光を存分に取り入れている。

Living, Dining & Kitchen

LDK

変形敷地いっぱいに建設し、東側に小さな角が生まれたため、縦長窓をはめ込んだ。ほぼ間接照明しかない室内空間だが、窓からの自然光も加わって暗さをまったく感じない。

2階LDKは柱のない大空間。収納はすべて隠し、家具以外のモノが露出しないよう考え尽くされている。

リビング側からキッチンダイニングを臨む。ダイニングテーブルはアイアンに無垢材をあしらったオーダー品。キッチンもオーダーにし、シンプルな造形に徹した。

リビングにはソファ、テーブル、音響機器が整然と並ぶ。「家具類は自分で図面を描き、家具職人にオーダーした。ここで音楽を聴くのが私のリラックスタイムです」(Nさん)。

傾斜天井の活用事例

子ども部屋

厳しい北側斜線規制があるN邸は、3階フロアの半分以上の面積が傾斜天井です。どうしても高さが取れず、空間を狭く感じてしまうため、さまざまな工夫が施されています。

一般的には小屋裏収納に利用する空間を子ども部屋にし、斜線制限ギリギリにはめ殺しの三角窓を設置。収納スペースも空間に合わせてつくった。

階段

天窓を設けたのは採光面の理由もあるが、天井をくり抜くことで廻り部分の高さを確保できるため。「背が高い人は頭が傾斜天井に当たる可能性がありましたので、大きな横長天窓をつくりました」(Nさん)。傾斜天井と壁が接するラインに凹みをつくることで空間の奥行感も違ってくる。

トイレ

天井が低いため、段差をつけて高さを確保している。

©KAI NAKAMURA

Private room

個室

もっとも日射しが入り、緑が楽しめる3階東南角の部屋は主寝室に。右側の傾斜天井の下には寝室よりも広いウォークインクローゼットを併設した。

Nさんの趣味が凝縮された1階の個室。「収納力を維持しつつ空間を圧迫しないこと」がコンセプト。造作した棚や窓台の活用で、限られたスペースに必要な機能を詰め込んだ。

Staircase

階段

廻り階段の中心にあえて小さな空間を設け、書棚として活用。

オーナーに聞く

家づくり成功の秘訣とは？

コストと優先順位を考える

誰しも住まいにかけるコストには限界があります。ですから、“ここはコストを抑えても影響がない”“ここはコストがかかってもするべき”という点を家族でよく話し合い、見極めるといいでしょう。私の場合は断熱性・遮音性などの住宅性能についてはコストがかかっても標準以上のものを選び、デザインは住みながら考えるようにしました。

設計士より

建築後に後悔しても遅いものに構造体の選択や断熱性・気密性などがあります。木造なのか鉄骨なのか。断熱材は何mmのものを選ぶのか。ハイスペックの断熱材を選ぶとイニシャルコストは高くつくかもしれませんが、数十年暮らしたときの光熱費を含めると、結果的にランニングコストが低く抑えられる可能性があります。建築前に想像するのは難しいですが、長い目で考えることをおすすめします。

光あふれる吹き抜け階段が長く住まうためのポイントに

3階から階段の吹き抜けを見下ろした眺め。将来はこの空間にホームエレベーターの増設を計画する。

実例

03　A邸

DATA
建設地：東京都中央区
家族構成：夫婦＋子ども2人
構造：木造SE構法・3階建て
敷地・延床面積：敷地面積138.20㎡、延床面積195.14㎡

将来のリフォームまで考えて快適な3階建てを設計

タワーマンションが建ち並ぶ東京ベイエリアで、3階建てのマイホームを新築されたAさん。共働きで多忙な日々を送る一方、家族でアウトドアを楽しむライフスタイルから、「2台の駐車スペース」「高い耐震性」「全館空調がある暖かい家」などの条件をマストと考えました。

依頼先の情報収集はインターネットを活用。建築事例を見て、自分たちの趣味に合いそうな住宅メーカー、

廻り階段が見せるさまざまな表情

4つ並んだ大きな縦長窓から入る自然光と1階まで見渡せる開放感。スケルトン階段とアイアン手すりがリゾートホテルのような雰囲気を演出。

広々とした玄関ホールの左手から階段がスタート。各フロアにある本棚もあえてスケルトンに統一し、光と視線を通している。

工務店、デザイン会社など数社をピックアップ。プラン提案をお願いして、希望を最大限にかなえてくれそうな業者に絞り込みました。

そして検討の末に3階建ての間取りがほぼ固まり始めた頃、Aさんの中に「将来、足腰が弱ったらホームエレベーターを設置したい」という思いが芽生えたといいます。「この面積では難しいのでは？」と思いつつ設計士に相談したところ、「階段を吹き抜け空間にし、将来はそこにエレベーターを増設してはどうか」という提案がありました。

将来のリフォームまで見据えた設計で、自分たちでは絶対に思いつかないアイデアです。階段のプランは施工会社ごとに大きく異なり、依頼先を振り分ける際の材料になったそうです。

こうしてできあがった大きな廻り階段と吹き抜け空間は住まい全体に開放感をもたらし、ほかではあまり見られない個性をA邸にもたらしました。

Entrance & Parking

エントランス・駐車スペース

玄関の内部。右のドアはシューズクロークへ、奥のドアは1階ホールへと続く。広々としているため、来客を迎えやすく、モノも片付けやすい。

駐車スペースからアプローチできる収納スペース。趣味のアウトドア用品をまとめて収納でき、クルマにも積み込みやすいため、施主の満足度が高い。屋内ではシューズクロークとつながっている。

1階ホールの手前にあるコンパクトなトイレ・洗面コーナー。帰宅時やアウトドア用品の手入れをする際に洗面コーナーが活躍する。

駐車スペースの外壁には電気自動車(EV)充電器を設置した。EVは今後普及が進みそうなので、設計時に考慮に入れておくと後付けの手間が省ける。

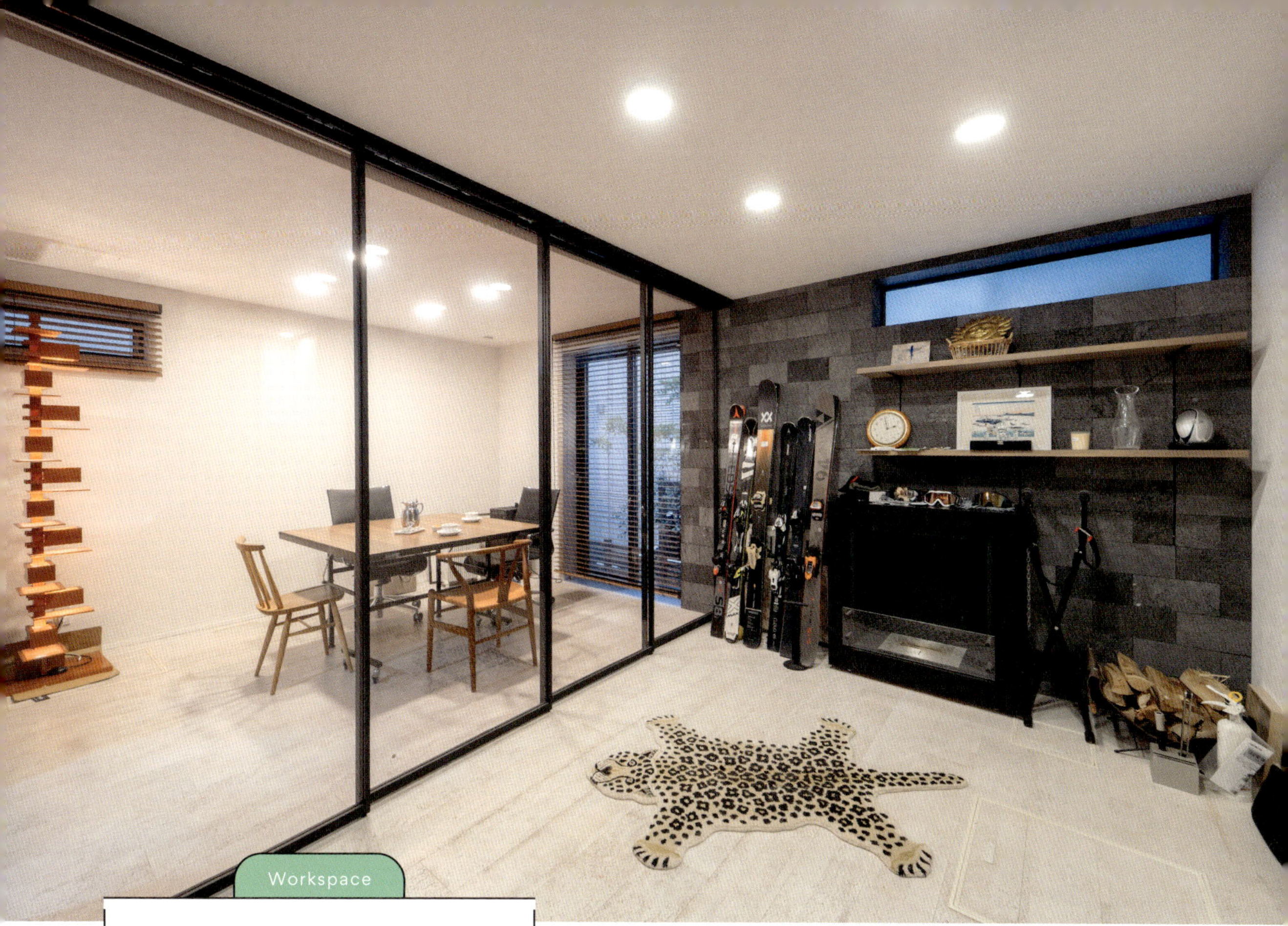

Workspace

ワークスペース

暖炉がある1階ホールは家族が自由にくつろげるスペース。奥のワークスペースとはガラスのパーティションで仕切り、奥行き感や広がり感を確保した。

ワークスペースの木製3枚ドアの向こう側はミニキッチン。壁面は造作棚で、仕事の資料なども収納できる。

広めのワークスペースは来客時のもてなしにもとても便利。ときには子どもが勉強に使うこともある。

Living, Dining & Kitchen

LDK

2階はLDKが一体となった大空間。吹き抜け階段からたっぷり入る光や、明るいカラーの床タイル、温かい電球色のペンダントライトが居心地のよさを感じさせる。

木質素材を感じさせる2階バルコニー。3階との間に吹き抜けを設け、大型の洗濯物を干せるパイプを設置した。「布団類を屋上に持って上がるのは体力的に大変。ここならラクに干せます」(Aさん)。

バルコニーに面するリビングには、あえて段差を設けて天井高を十分に確保した。テレビを可動式のラックに載せ、好きな位置に動かせるようにしたところ、リビングを広く使えるように。

オーダーキッチンは片側が壁に接した対面式のペニンシュラ型に。家族の姿を見ながら料理ができるようになり、コミュニケーションも活発になった。

洗面室と浴室を仕切る壁は空間を広く感じられるようにガラスを採用し、タイルで連続性をもたせた。「家族の誰かが入浴しているときはそもそも近づかないので、ガラスはとくに気になりません」（Aさん）。

浴室

Bathroom

オーナーに聞く

家づくり成功の秘訣とは？

要望に耳を傾けてくれる業者を選ぶ

家づくりの過程では、当初は思いつかなくてもプランを検討するうちに“こうしたい”と思う要素があとから出てくる場合があります。わが家の場合は「将来はホームエレベーターを設置したい」「全館空調にしたい」という要望がそうでした。こうした要望を伝えたとき一蹴するのではなく、検討してくれる相手を依頼先に選ぶべきです。

設計士より

施主の要望をひと通りお聞きし、キャッチボールをくり返すのが設計のセオリー。とくにA様邸の場合、防火地域にあるため、耐火建築物にする必要がありました。木造住宅の耐火構造は設計の難易度が高く、施工工程も複雑です。不燃材である石膏ボードも一般的な住宅の2倍使用しており、その結果、耐火性だけでなく耐震や遮音性にも優れた住まいになりました。

ルーフバルコニーへ続く階段の吹き抜け天井にはシーリングファンが回る。

ルーフバルコニー

Roof balcony

「無味乾燥としたルーフバルコニーにはしたくない」（Aさん）と、天然芝＋木製デッキを組み合わせた。夏は友人を招いてバーベキューを楽しんだり、近隣の花火大会を鑑賞したり。「エアマットを敷いて寝転がるだけでも空が広くて気持ちがいいですね。夜景もきれいですよ」（Aさん）。

敷地に余裕があるため、LDK空間をL字型に設計し、南東側からの光をたっぷり招き入れた。アイランドキッチンに立てば空間をすべて見渡すことができ、子どもを見守りながら家事ができる。

回遊プランを効果的に採り入れ、仕事と家事・育児をスマートに両立

実例

04

S邸

DATA

建設地：埼玉県久喜市
家族構成：夫婦＋子ども1人
構造：木造SE構法・2階建て
敷地・延床面積：敷地面積195.69㎡、延床面積105.16㎡

着想から1年3カ月でマイホームが完成

子どもの誕生を機に、通勤に便利な沿線にマイホームを建てようと考えたSさんご夫妻。資金計画→土地探し→プランニングを一貫して同じ建築士に相談することで、最初の打ち合わせから新居への引越しまで、わずか1年3カ月という早ワザでマイホームを完成させました。

資金計画と土地探しは夫、住まいのプランニングやインテリアは妻、とご夫妻で上手く役割分担ができ、決断が早かったことが早い時期の入居につながったそうです。

さまざまな回遊プラン

回遊プラン①
LDK⇔パントリー⇔浴室・洗面室⇔LDK

浴室・洗面室へアプローチする際、LDK側からとパントリー側からのふたつの動線を設定。料理、洗濯、浴室掃除などの複数の家事を同時進行できるようになっています。さらに洗面室のドアを閉めれば、リビングでくつろぐ家族や来客の目に触れることなく作業ができます。キッチンもアイランド型なので回遊できることもポイント。

手前の引き戸は洗面室、奥がパントリーへの入口。

回遊プラン②
玄関⇔シューズクローク⇔玄関ホール

玄関から室内に入る動線はふたつ。来客はまっすぐ玄関ホールに上がるが、家族はシューズクロークでコートを脱ぎ、靴をしまい、手を洗ってから室内に入る習慣ができました。

壁の向こう側にシューズクロークを設け、通り抜けられる仕様にした。

回遊プラン③
廊下⇔寝室⇔ウォークインクローゼット⇔廊下

一般的に、主寝室に併設されたウォークインクローゼットは主寝室からしかアプローチできない事例が多いのですが、S邸は廊下からも出入りできるように工夫。モノを出し入れする際に主寝室を通る必要がなく、動線の短縮に成功。

右側の開き戸は主寝室へ、左側の引き戸はウォークインクローゼットへつながる。

家事ラクでストレスのない回遊プランを複数採用

ご夫妻がプランニングでこだわったのは回遊型の動線です。回遊型は動きのムダがなく、効率的に家事をこなすことができる動線。人と人がすれ違うストレスがなく、子どもがお昼寝中も回遊ルートがあるとそばを通らずにすみます。1階にはふたつ、2階にもひとつの回遊プランが盛り込まれ、共働きで多忙な夫妻の暮らしに役立っています。

住まいの基調カラーは、ブルー系で統一。外観、建具《たてぐ》、壁や床のアクセントカラーなど、濃度や彩度の異なるさまざまなブルーで、心落ち着く空間を創り上げています。

ほかにも広々としたLDK空間を活かしたアイランドキッチン、収納するモノと機能を考えて見事に収めたパントリー、効率的に収納スペースを設けた主寝室など、子育て世代の参考になるアイデアが満載です。

左扉の奥にあるシューズクロークにモノを集約し、シンプルに片付いた玄関。暗くなりがちな廊下には横長の天窓で採光を図る。

Entrance

エントランス

玄関にミニ洗面台をしつらえることで、外出時やゴミ出し、掃除の際の手洗いが便利に。

Dining & Kitchen

ダイニング・キッチン

アイランドキッチンと、横への連続性をもたせたダイニングテーブル。キッチン扉のサックスブルーが空間全体を引き締める。

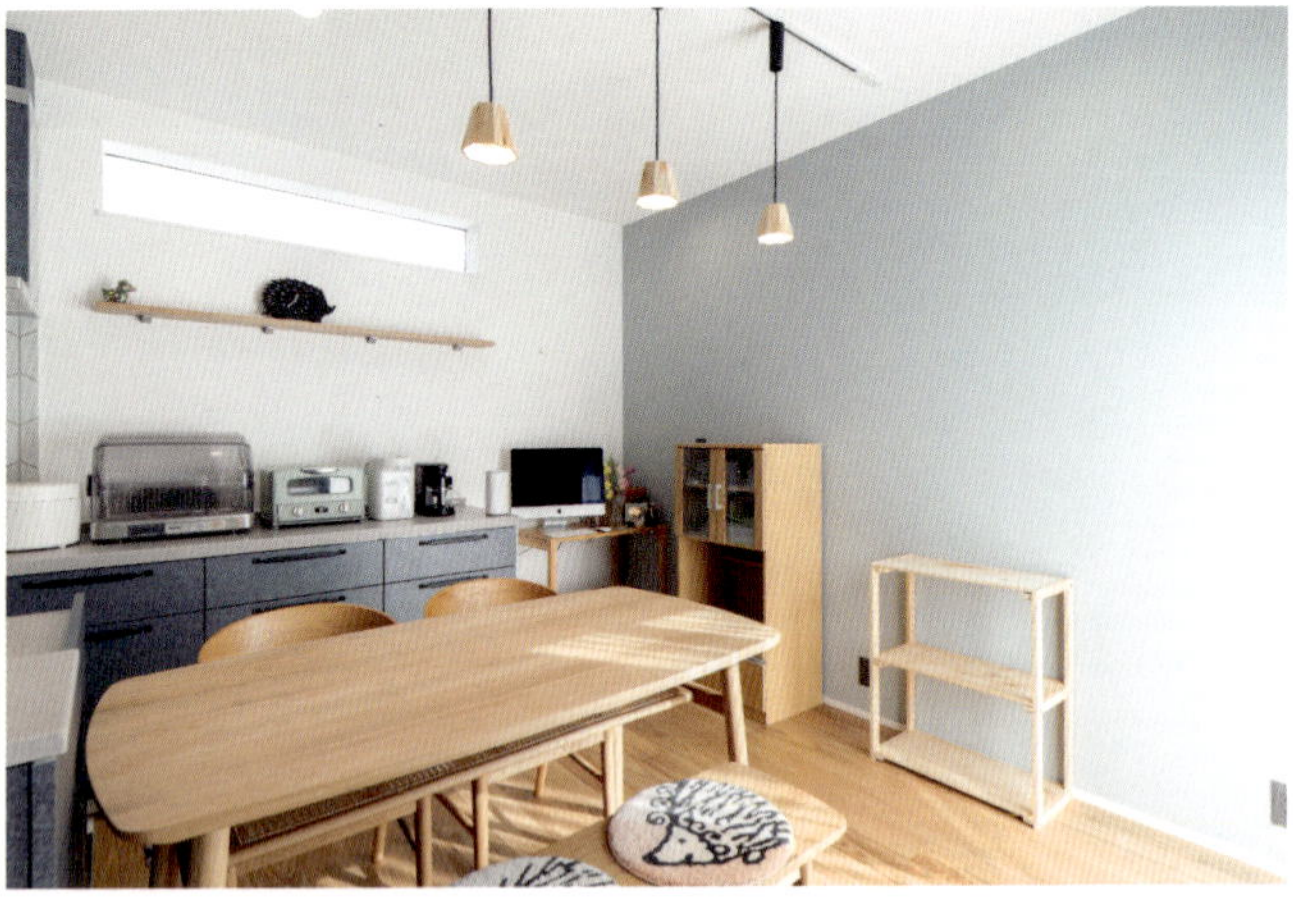

ベイビーブルーの壁面と木製家具に日射しが降り注ぐと、空間になんともいえない幸福感が漂う。奥のパソコンコーナーはネット検索をする際に利用する。

思い通りの土地を入手でき、アプローチや外構は十分すぎるほどの広さに。

住まいの基調カラー

主寝室の壁は落ち着きのあるサックスブルー。ベッドサイドのスポットライトはツインベッドなら頭上で照らし、ダブルベッドなら両脇にサイドテーブルを置いて照らすことができる。

ウォークインクローゼットの収納家具はL字型のコーナー棚板があるものをセミオーダー。「バッグ類などを収納するのに、収納力のあるL字棚が欲しくて探しました」（奥様）。壁クロスは大好きなハリネズミ柄を全面に採用した。

面積が小さいトイレと浴室の壁は、濃いめのインディゴブルーを選択。

オーナーに聞く

家づくり成功の秘訣とは？

建物をイメージして土地を探すと失敗がない

二十数年のサッカー歴があり、「庭でリフティング練習がしたい！」「ウッドデッキでバーベキューがしたい！」という希望がありました。そのためには広い土地が必要で、希望通りの物件が見つかったときは即決しました。カーポートも余裕で2台分駐車でき、とても満足しています。

設計士より

S様ご夫妻とは資金計画から土地探し、プランニングまで一貫してお手伝いをさせていただきました。そのため早い時期からお好みを聴く機会があり、建物をイメージして土地探しができたことがよかったです。土地に資金をかけすぎて希望通りの住宅が建てられない事例や、高さ制限などが厳しい土地を買ってしまい、3階建てが難しくなる事例などがありますので、早い時期からファイナンシャルプランナーや設計士に相談されることをおすすめします。

開放感たっぷり! 20畳のLDK+ウッドデッキ

Kさんご夫妻が通勤しやすい鉄道路線沿いに土地を探し、マイホームを新築したのは6年前のこと。狭い賃貸住宅を脱出し、新居に移ったときはひとりだった子どもは、その後双子の誕生もあって3人に増え、現在は仕事に子育てに多忙な毎日を送っています。

プランニングにあたり、Kさんがいちばんに出した要望は「広さと明るさのある住まい」。2台分の駐車スペースを確保したうえで、リビングにも水廻りにも廊下にも広さと明るさを求めました。K邸の最大の特徴であるリビングの大開口は一般的に木造住宅では設置が難しい仕様ですが、構造躯体の強度を高めるSE構法を採用することで実現することができました。

「とにかく開放感が欲しくて、リビングとウッドデッキがひと続きに見えるように2連続の大開口をお願い

実例

05 K邸

DATA

建設地：東京都八王子市
家族構成：夫婦＋子ども3人
構造：木造SE構法・2階建て
敷地・延床面積：敷地面積183.01㎡、延床面積127.68㎡

リビングも水廻りも余裕の広さ。子どもたちがのびのびと育つ住まい

約20畳あるLDK空間にウッドデッキが連続しているため、見た目にも広々とした木造住宅とは思えない大空間に。窓は既製品では最大のサイズ。複層ガラスの樹脂サッシを選ぶことで、断熱性を確保した。

しました。子どもたちはこのウッドデッキでプール遊びをしたり、庭でブランコに乗るなどして楽しんでいます」とKさん。

子どもたちの巣立ちや将来の身体変化も考えて

K邸ではLDKだけでなく、洗面室、浴室も一般的なプランの1・5倍程度の面積をとり、子どもたちと一緒に入浴を楽しんでいます。

さらに子育てが終わった将来のことも考え、車いすでもアプローチしやすいように廊下は標準サイズより幅広に設計されています。室内ドアはできる限り引き戸にし、車いすでも移動しやすいバリアフリーな住まいを実現しました。

ほかにも吹き抜けのある玄関、窓からの光を内部に招き入れるスケルトン階段など、随所に自然光を採り入れる工夫がされており、当初の要望通りの広く明るい住まいになりました。

大開口と暑さ寒さ対策の両立

K邸の場合

「開口」とは窓やドアなど建築物の内外をつなぐ部分のこと。人の動きに合わせて開け閉めがあり、壁もないことから、室内の熱がもっとも失われやすい部分でもあります。とくに大きな開口を設けると冷暖房した空気が逃げやすくなるため、住宅全体の断熱性を上げる配慮が必要です。

外張り断熱＋複層ガラス＋床暖房

外断熱

K邸では外張り断熱工法により、建物全体を外側から断熱材で包み込み、内部の暖かさ涼しさを保っている。さらに樹脂製サッシと複層ガラスを組み合わせた窓の採用で、大開口から冷暖房した空気が逃げにくいようにしたうえで、リビングには床暖房を設置。

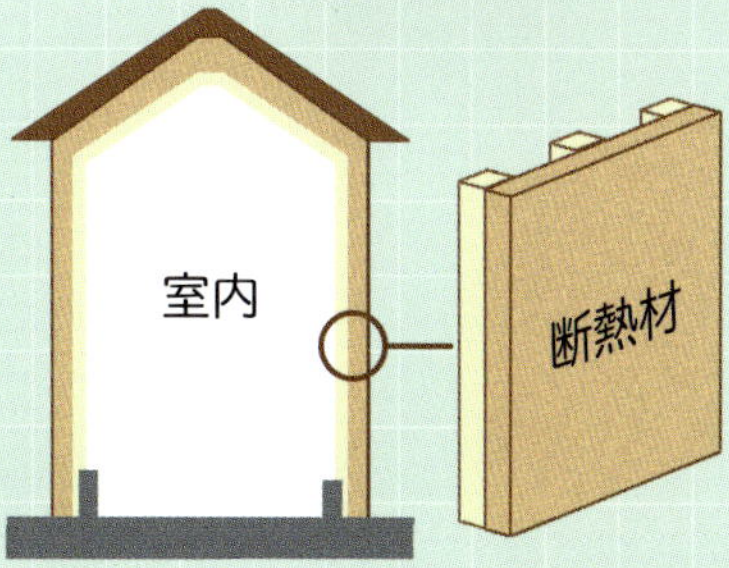

複層ガラスの構造

2枚のガラスの間に空気を封入し、断熱性能を高めたもの。さらに室外側にLow-E金属膜があるタイプは、日射のコントロール能力に優れている。

Living room

リビング

リビングのテレビ収納は造り付けで、壁には調湿・消臭機能のある壁材エコカラットを用いた。南側だけ天井を折り上げ、横長の天窓を設けて光を採り込んでいる。

最近ではめずらしい和室。奥様の着物を収納し、着付けなどをするために設けた。収納量を優先し、床の間はコンパクトに。

建《たて》具《ぐ》の工夫

K邸の室内ドアには、天井高いっぱいの高さがあるフルハイトドアが多用されています。ドア上の垂れ壁がないため、開放したときに空間全体の広がり感や明るさが高まる効果があります。

また、スペースをとらず、開け閉めしやすい引き戸が多いのもK邸の特徴。吊り下げタイプのため、床にレールがなく、つまずきにくく掃除もしやすいと好評です。

ペットの猫が外へ出ないよう、玄関の上がり框に大きな網戸を設けた。採光と通風が図れるのと同時に、視線が抜けて広がりも感じられる。

天井に接する部分までドアが伸びている。

主寝室に併設されたウォークインクローゼットは、主寝室が8畳、ウォークインクローゼットは4畳という面積割合に。「夫婦の洋服はここにすべて収納できています」(Kさん)。

Sanitary
サニタリー

1階のトイレ空間も通常サイズの約1.5倍。子育て中のトイレトレーニングや、高齢期の車いすにも対応できる広さを確保した。

Storage
収納

トイレ横の空間を収納スペースに活用。「モノが捨てられない」と語るKさん。随所に分散収納できる場所が確保されている。

Staircase
階段

室内から見た玄関、エントランスホール、スケルトン階段。玄関には吹き抜け空間があり、階段の踊り場には大きな窓が設けられている。「玄関や階段を明るい場所にしてほしい、という要望通りの住まいになりました」(Kさん)。

コートヤードの役割を果たすウッドデッキ

K邸の「顔」ともいえるウッドデッキは、LDKと和室から出入りができ、住まいの動線の役割も担っています。1面はあえて掃き出し窓にせず、カウンターを設けてワークスペースに。ワークスペースはリビングにたまりがちな書類や郵便物の保管場所になるほか、奥様が仕事をしたり、子どもが宿題をすることもあります。

雨や夏の日射しを避けるため、ウッドデッキ上には庇やシェードを設けておくと便利です。

オーナーに聞く

家づくり成功の秘訣とは?

家族構成の変化に柔軟に対応する

わが家には8歳の娘と3歳の男女の双子がいます。入居当初は上の娘がいるだけで、「もうひとり子どもを」と考えていましたが、入居後まさかの双子が誕生。子ども部屋のプランが変わりました。2部屋しかない子ども部屋をどう分けるのか、設計士と相談中です。

設計士より

K様邸の子ども部屋は傾斜天井で、もっとも高いところで3.27mあります。この高さを活かしてロフトをつくるのも一案ですし、ロフトベッドを置くのも一案。また、2つの子ども部屋を隔てる壁は耐力壁ではないので、将来的には思い切って壁を取り除いて一部屋にすることもできます。

2階に2つ並んだ子ども部屋はそれぞれ約4畳に抑え、あえて収納も設けなかった。縦2連の窓から光がたっぷり降り注ぐ。

Part2

最初に考えておくべき マイホームの 資金計画

マイホームがほしいと思ったときに
いちばん気になるのはお金のことではないでしょうか。
家づくりにおいて資金計画はとても重要なものです。
納得できる予算で納得できる家をつくるために、
まずはマイホームに関するお金のことをしっかり学びましょう。

マイホーム取得のスケジュールと段取り

注文住宅のスケジュールは、おおむね左の流れ図通り。一般には8～17カ月程度かかるといわれています。¥マークは支払いが発生するところです。

START!

1 情報を集める

・マイホームを建てるための情報を集める。広告、住宅情報誌、インターネット、不動産会社など。モデルハウスに足を運んだり、経験者の話を聞くのも◎。

2 希望をリストアップする

・なぜマイホームが必要かを再確認する。
・家族それぞれの希望や条件をリストアップする。
・希望条件には優先順位をつけておく。

3 資金計画を立てる

・マイホームにかけられる資金を把握する。
・土地と建物の予算バランスもイメージしておく。最初に高い土地を購入してしまい、建物の予算が不足したというケースも多い。
・住宅ローンをいくら組む必要があるのか試算する。

4 土地探し

・予算、立地、広さ、条件で選ぶ。
・必ず現地に出向いて周辺環境をチェック。

5 土地の売買契約 ¥

・売買契約を結び、手付金を支払う。

6 建築プランを立てる・見積り

・ハウスメーカー、工務店、建築家から候補を選定。
・希望のプランで詳細な見積りをとる。

16 工事完了

・完了検査を行う。
・役所より検査済証の交付を受ける。

17 竣《しゅん》工《こう》検査

・図面通り仕上がっているか竣工検査を行う。
・竣工検査には建て主、設計士、工事責任者が立ち会う。
・補修工事が必要な場合は、ここで補修工事リストを作成。

7 地盤調査 ¥

・業者に依頼して敷地の地盤調査を行う。
・地盤が弱い場合は、補強工事を行う。
・地盤調査・補強工事とも費用負担は買主が一般的。

8 依頼先の決定・請負契約 ¥

・見積りを受けて依頼先を決定。
・契約を結び、手付金を支払う。
・本設計を開始し、納得のいく建築プランを作成する。

9 住宅ローンの申請

・資金計画に基づいて、正式に住宅ローンを申し込む。
・一定の期間がかかるので余裕をもったスケジュールで。

10 見積りの調整

・決定プランに沿って、最終的な見積りを確認する。
・請負契約時からの差額は追加変更契約を結ぶ。

11 建築確認申請

・建築予定地の役所に建築確認申請書を提出。
（通常は建築家や施工業者が行う）

12 確認済証交付

13 地鎮祭《じちんさい》 ¥

・着工の前に、工事の無事と安全、家内安全を願う。
（必須ではないが、ほとんどの人が行う）

14 着工 ¥

・着工時に、工事着工金を支払うこともある。

15 上棟式《じょうとうしき》 ¥

・基本構造が完成したら行う。
（必須ではない）
・このタイミングで中間金を支払うこともある。
・必要な場合は中間検査を受ける。

18 登記手続き ¥

・建物の表示登記・所有権保存登記を行う。
・司法書士に依頼した場合は登記申請料のほか費用がかかる。

19 住宅ローンの正式契約

20 引渡し ¥

・工事費・設計費用の残金を支払う。

21 入居 ¥

・引越し、ご近所へのあいさつ。

GOAL!

マイホーム取得に必要なお金

マイホームを建てるのに必要なお金は、建築費だけではありません。事前にどんなお金がかかるのか知り、資金計画を立てましょう。

どんなお金がかかるのかしっかり理解してから建てる

家を建てる際には、土地や建物の購入費のほか、物件の事前調査費用、各種手続きの申請費用、仮住まいや引越しの費用、購入後には固定資産税などもかかります。

マイホームへのこだわりが強いと、価格が高くなる傾向がありますし、新居に合わせて家具やインテリアを新調すると、出費はさらに増えます。ハウスメーカーが提示する坪単価だけを頼りに予算を組むと、予想外の追加工事費がかかって慌てることも。

どんな費用がかかるのかをしっかり理解することが大切です。

マイホームの取得にかかる費用の全体図

資金

- **住宅ローン** 資金の70〜80%。金融機関からの借入れで用意する。
- **自己資金** 資金の20〜30%。諸費用＋その他費用は原則として自己資金で支払う。

総費用

- **物件価格** 物件そのものにかかる費用。設計監理費は諸費用に含めることもある
  - **土地取得費** 土地を購入する場合は必要。
  - **本体工事費** 物件価格の70%程度。基礎、木工、屋根、左官、建具など本体工事の費用。
  - **別途工事費** 物件価格の25%程度。地盤改良、ガスや電気、給排水、空調工事などの費用。内装のグレードアップ費用やソーラーパネルなどのオプション工事をここに含めることもある。
  - **設計監理費** 設計事務所に依頼する場合は、総工事費用の10〜15%の設計監理費がかかる。
- **諸費用** 物件価格の5%程度。登記の費用や火災保険料、税金、ローン関係のさまざまな費用。
- **その他の費用** 引越し費用や新居の家具の購入費用など。

家を建てるのに必要な費用

本体工事費

建物の土台、骨組み、屋根、内装、配管・配線工事などその建物の基本性能をつくり上げるのが本体工事です。

●基礎工事（⬇P214）

建物の基礎となる土台をつくる工事です。地面を掘ってコンクリートを打ち込む作業がおもですが、傾斜地では盛土や切土が必要です。

●木《もく》工《こう》事《じ》（⬇P216）

大工職人が中心になって行う柱や梁などの作業です。使用する木材や加工法、家の形状によって費用が変動します。

●屋根工事

屋根下地、雨どい、軒、屋根葺き、天窓などの工事です。瓦屋根は初期費用が高いですが、維持費は低くなります。

●左官工事

基礎部分や外壁のモルタル、内壁の漆喰などの工事です。

●石・タイル工事

土間や外部の石工事、浴室や台所のタイル工事です。不揃いのタイルほど高価格です。

●塗装工事

ペンキ、ニス塗り、ラッカー、外壁の吹き付け工事、家具の表面塗装などです。面積が広いほど、材料費が増加します。

●給排水設備工事

給排水の配管工事です。浴室、キッチン、洗面所、トイレなどの配置を一直線にすることで配管を短くし、費用を削減できます。

●住宅設備工事

システムキッチンやお風呂、トイレなどのユニット設備の取り付け工事です。オプション扱いの設備（食器洗浄機や浄水器など）は別途費用がかかります。

●内装工事（⬇P218）

壁や床、天井などの室内仕上げ工事です。フローリングの敷設、壁のクロス貼り、カーペットや畳の設置などが含まれます。

●建《たて》具《ぐ》工事

ふすま、障子、ドアなどの屋内建具の取り付け工事です。部屋数が多いほど、ドアの数が増え、費用が上昇します。

●造《ぞう》作《さく》工事

大工による階段、壁の下地など、木工事で基本的な骨組みを完成させた後の作業です。

●雑工事

木工事以外の細かな工事です。手すり、棚、タオル掛け、下足箱などの造り付け工事が含まれます。

●電気設備工事

配電盤、スイッチ、コンセント、インターホンなどの取り付けを含む、電気配線全般の工事です。

●仮設工事

地縄張りなどの作業、足場やシート、トイレ、電気、水道など、工事現場で必要な設備の工事です。

●その他

建設業者が各工事会社を管理するための費用や、工事中の電気・水道代、運搬費用など諸経費も本体工事費に含まれます。

別途工事費

本体工事以外の工事費用です。照明の取り付けなど自分たちで行えば節約できる費用もありますが、地盤改良工事など安全のため予算を削れないものもあります。

●解体工事

既存の住宅を取り壊す費用。建て替え時には、解体費用のほか、不要物の分別処理費やリサイクル費用も発生します。解体工事は解体後に家を建てる施工業者に依頼するほうが、コストも作業も効率的です。

●照明器具工事

照明器具の取り付けに関する工事費用です。入居後に自分で取り付ける場合は工事費はかかりません。

●ガス工事

ガス管の引き込みやメーターの設置などの工事です。ガス工事は指定業者が行うため、別途工事費に計上されます。

●外構工事

門扉廻り、カーポート、植栽など、エクステリアの工事です。

●冷暖房設備工事

空調や床暖房の設置工事です。エアコンは入居後の取り付けも可能ですが、埋め込み式は建築中に取り付けます。

●地盤改良工事

軟弱地盤の場合に必要な工事です。家を建てる上でもっとも重要な部分なので、予算削減は避けるべきです。

設計監理費

設計事務所に設計を依頼する場合に必要です。監理は設計図通りに工事が行われているかを図面や現場で確認することで、設計士が行います。

住宅ローン関係の諸費用

● 事務手数料

住宅ローンを組む際に必要な手数料です。

● 印紙代

ローン契約書に対する印紙税です。

● 抵当権設定関係費用

抵当権を設定するための費用です。

● 火災保険料

ローンを組む際、加入が義務付けられることが多いです。

● 地震保険料

加入は任意です。

● ローン保証料（信用保証料）

住宅ローンの支払いが滞った場合に一時立て替え金として使われる保証料です。ローンを借入れる金融機関によっては、不要な場合もあります。

● 団体信用生命保険料（団信）

ローン契約者が死亡や高度障害などで支払い不能になった場合に備える保険。銀行ローンの場合、銀行が負担することが多いです。

税金・登記関係の諸費用

● 不動産取得税

不動産を取得した際に一度だけ課される税金です。

● 登録免許税

不動産の登記に関する税金です。

● 司法書士・土地家屋調査士報酬料

登記等の手続きを行う専門家への報酬です。

● 印紙代

売買契約書・建築工事請負契約書に対する印紙税です。

● 固定資産税等精算金

固定資産税は毎年1月1日の所有者に課される税金です。年の途中で売買などにより所有者が変わった場合は日割りで分担することが多くあります。

● 所有権保存登記

登録免許税および司法書士への手数料です。

● 建物表示登記（手数料）

土地家屋調査士への報酬です。

● 都市計画税

市街化区域にある土地や建物に対して課税されます。

その他の諸費用

● 不動産業者への仲介手数料

不動産業者を通じて土地や家を購入する場合は、購入価格の3％＋6万円とその消費税。

● 測量費用

現地測量にかかる費用です。建築確認申請に必要です。

● 地盤調査費用

地盤の硬さや地質を調査するための費用です。地盤改良自体の要不要の判断や、建物本体の構造を決めるためにも必要です。

● 建築確認申請料

住宅建設の申請にかかる費用です。

● 水道加入金（水道負担金）

新たに水道を引く際に必要な費用です。場所によって金額は異なります。

● 地《じ》鎮《ちん》祭《さい》費用

神主さんへの玉串料やお供物代、工事関係者へのご祝儀です。

● 上《じょう》棟《とう》式《しき》費用

上棟式の際の工事関係者へのご祝儀、食事代、酒代です。

● 近隣へのあいさつ費用

着工前に工事のお詫びのため、近隣へのあいさつ品にかかる費用です。

● 引越し費用

新居や仮住まいへの転居費用です。

● お茶・お菓子代

工事関係者への差し入れです。

● 粗大ゴミ処分費用

不要な家具の処分にかかる費用です。

●仮住まい費用

建て替えの場合は、その期間の仮住まいが必要になります。

●耐久消費財購入費

新居の家具や大型家電などの購入費も見込んでおきましょう。

建築後のランニングコスト

●住宅ローン

物件引き渡し後は、毎月の住宅ローン、ボーナス時の増額分などがかかります。

●固定資産税・都市計画税

毎年1月1日時点での持ち主に4～6月頃、固定資産税、都市計画税の支払い用紙が届きます。

●光熱費の増額分

マイホームを建てて家が広くなるとその分かかります。

●火災保険料・地震保険料

入居時だけでなく、更新のたびに支払いが必要です。

●町内会費

町内会に入会すると発生します。お金がかかっても入会するほうが、ご近所との良好な関係が築きやすくなります。

●メンテナンス費用

外壁や屋根、設備機器のメンテナンス費用や交換費用が必要になります。

●リフォーム建て替え費用

現在日本の住宅の寿命は50年ほどだといわれています。リフォームや建て替えに備えて資金の用意をしておきます。

Point

坪単価は単純に比較できない

坪単価は、家の価格を評価するひとつの方法で、1坪(約3.3平米)あたりの建築費用を指します。坪単価を知ることで、家の建築にどれくらいの費用がかかるのかを大まかに把握することができます。

ただし、坪単価の計算方法には決まりがありません。たとえば、家の床面積を計算する際に、ベランダや車庫などを含める業者もいれば、室内の床面積だけをもとに計算する業者もいます。広い面積をもとに計算すると、坪単価は低く見えますが、実際の建築費用が低いわけではありません。また、使用する材料、キッチンやバスルームの設備のクオリティなどでも変わります。

そのため、坪単価だけの単純な比較は注意が必要です。坪単価が安いというだけで判断するのは避け、総費用やその他の条件も考慮することが大切です。

土地の購入も考えているときは

マイホームを建てるにあたって、土地の購入も検討している場合は、土地代金や諸費用も考慮する必要があります。資金調達の方法も確認しておきましょう。

必要に応じてつなぎ融資も活用する

土地を購入して家を建てるときは、土地の購入費用も必要です。

多くは、土地購入と建築計画が一体であるという書類を金融機関に提出することで、ひとつの住宅ローンに一本化できますが、なかには土地購入費用に住宅ローンが使えないケースもあるので注意が必要です。

土地購入費用が住宅ローンに一本化できず、自己資金ではまかなえない場合は「つなぎ融資」も検討しましょう。「つなぎ融資」は、住宅ローンが下りるまでの間、必要額を一時的に借りるものです。

土地取得にかかる費用

土地代金		購入申込時に手付金(土地代金の10％程度)、売買契約時に残金を支払う
＋		
諸費用	仲介手数料	不動産会社を通じて土地を購入する場合、(価格×3％＋6万円)＋消費税が上限(価格が400万円超の場合)
	登記費用	土地の登記にかかる費用
	固定資産税(都市計画税)	購入した年度の残り月数分の固定資産税や都市計画税。
＋		
その他の出費(状況によって)	測量費	土地の境界を明確にするための測量が必要な場合。
	土地改良費	軟弱地盤などの改良費用が発生することがある。
	古家解体費	取得した土地の建物を解体する場合、解体工事費用が発生する。
	引き込みの費用	電気ガス水道などの引き込み費用。

Point

土地を先に購入する場合のメリットと注意点

メリット

- 理想的な条件の土地を確保した上で、その土地に合った建物を設計できる。
- 土地の形状や周辺環境を把握してから家づくりができ、新築後の生活をイメージしやすい。
- 施工会社にとって見積りや設計がしやすく、建築時の業者選びがスムーズになる。

注意点

- 土地によっては法令上の制限により、理想的な家が建てられないことがある。
- 通常の住宅ローンが使えず、「つなぎ融資」「土地先行融資」を利用することになるケースもある。
- 建物完成までの期間、土地に対する固定資産税を支払う必要がある。

つなぎ融資と土地先行融資

住宅ローンの融資は、完成した家を担保に設定するため、通常は家が完成してから融資が行われます。しかし、土地の購入を考えている場合、土地代などが自己資金ではまかなえないこともあるでしょう。そんなときに利用を検討したいのが、つなぎ融資です。

つなぎ融資は住宅ローンとあわせて契約するのが一般的で、住宅ローンがスタートするときに、つなぎ融資は一括で返済されます。

また、金融機関によっては、**まず土地の分を融資してもらい、建物が完成した時点で建物分の融資**をしてもらえる「土地先行融資」に対応しています。土地先行融資を受ければ、金利が高い「つなぎ融資」で土地を購入する必要がありません。

しかし、つなぎ融資は着工金や中間金など複数回利用できるのに対し、土地先行融資は**マイホームを建てる土地の購入にしか利用できない**というルールがあります。

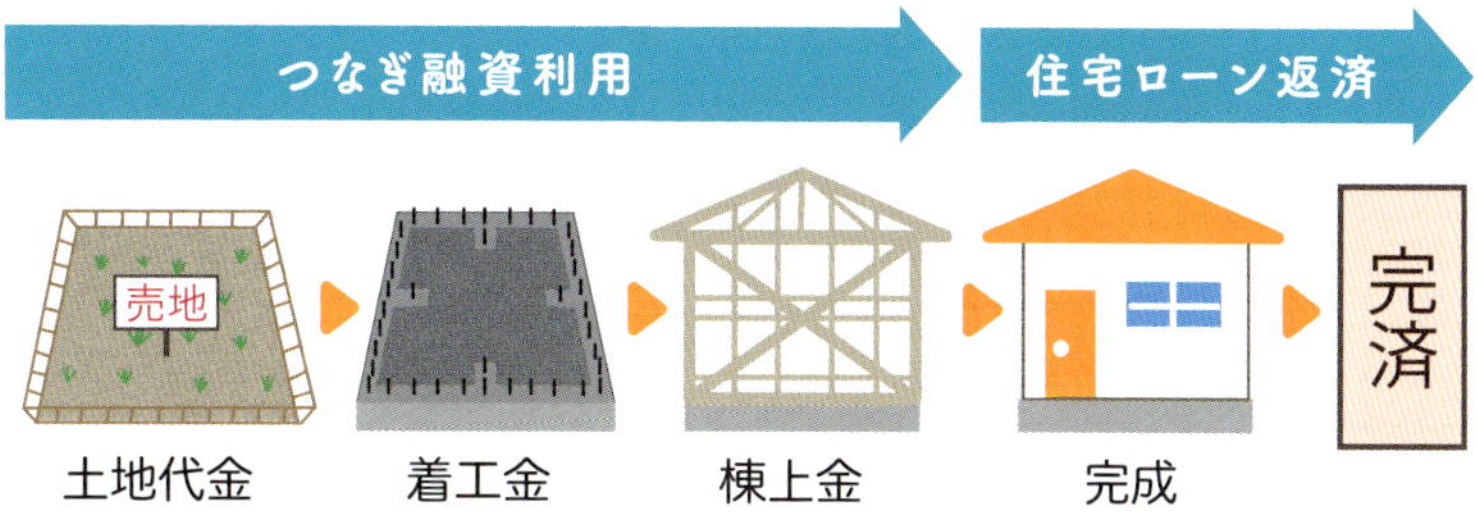

注意点

- **「建設計画」の提出が必要**
  どちらの融資も利用する際には、金融機関に家の建築計画を提出する。
- **金利が高い**
  つなぎ融資は短期融資で、住宅ローンと比較して金利が高いのが一般的。
- **融資対象が限定的**
  土地先行融資は土地代金のみだが、つなぎ融資も金融機関によっては諸費用に関わる融資は対象外としている。
- **土地と住宅の名義**
  土地と建物の名義が異なる場合、本来の住宅ローンの利用ができないことがある。
- **一括返済が必要**
  つなぎ融資も土地先行融資も本来の住宅ローンに借り換える形で一括返済する。

ここも知りたい！

Q 借地にマイホームを建てるときは？

家を建てたい土地はあるが事情で購入できない、親族の所有する土地に家を建てたい、など借地にマイホームを建てることも少なくありません。

借地に建てるメリットとしては、所有しているわけではないので固定資産税などがかからないこと。地主が納めることになるので家の持ち主には課税されません。

反面、借地料がかかり、住宅ローン審査で不利になる可能性があります。また、家を売却、譲渡、増改築する場合に地主の許可が必要になるケースもあります。借地にマイホームを建てる場合は、以下の点をよく確認しましょう。

- **契約期間の確認**……土地の利用制限はいつまでか。
- **地代（借地料）の条件**……いくら支払うのか。
- **住宅ローンの取り扱い**……土地に抵当権を設定できないため不利になることがある。

自己資金と住宅ローンについて

住宅ローンの負担は、事前に準備できる自己資金の額で大きな差がつきます。まずは自分の購入可能額を計算して、堅実な計画を立てましょう。

自己資金が多いほどローン返済は楽になる

住宅ローンは、借りた金額とその利息を返済するものです。ですから借入額が少なければ、支払う利息も減り、返済総額も少なくなります。

借入額を減らすには、自己資金をできるだけ増やし、住宅費用の頭金を多く用意するのがベストです。

不動産広告で「自己資金ゼロでもOK」という言葉を見かけることがありますが、基本的には自己資金なしで家を建てるのは避けるべきこと。住宅購入時の頭金としては、物件価格の最低2割、できれば3割を確保することが目安です。

住宅取得時の資金の内訳

自己資金　住宅購入のために利用可能なお金。諸費用や頭金に使う。

頭　金　自己資金から支払う。頭金を多く支払うことで、住宅ローンの借入額を減らすことができる。

自己資金が少なめのAさん

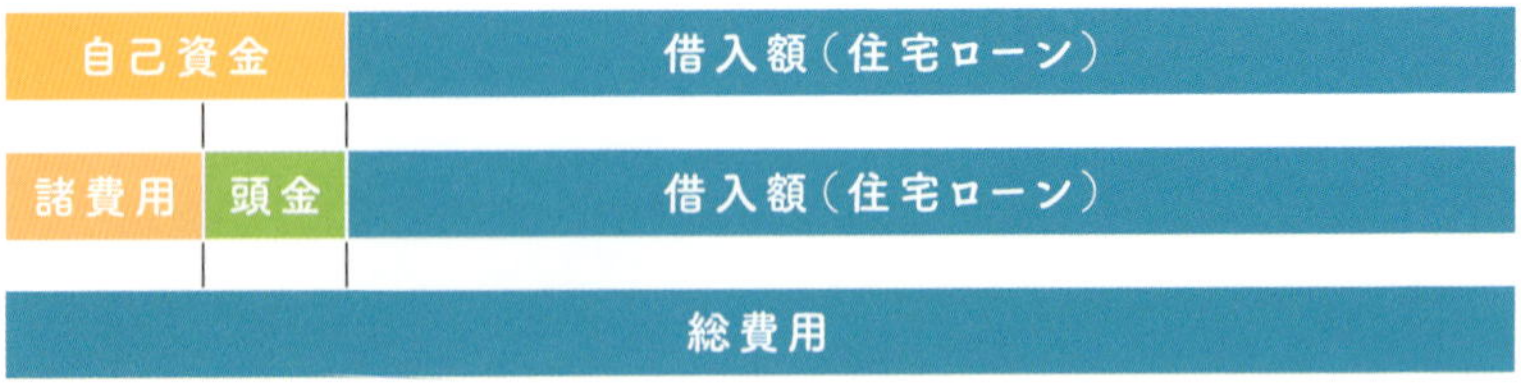

自己資金を多く用意したBさん

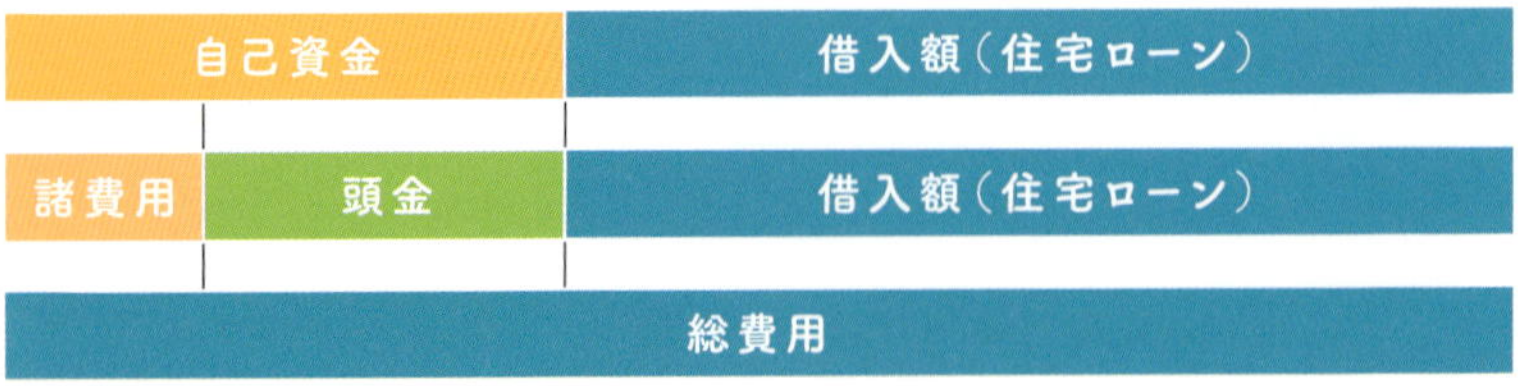

※自己資金が少なめのAさんは諸費用を支払うと頭金に回せる金額が少なくなるため、住宅ローンの負担が大きくなる。自己資金を多く用意したBさんは、頭金を多く支払うため、住宅ローンの借入額は減り、負担が軽くなる。

※諸費用はつなぎ融資（➡P45）などで借入も可能だが、自己資金から捻出する計画にしたほうが負担が軽くなる。

自己資金を増やす7つの工夫

自己資金は工夫して増やすことができます。
次のような方法を検討してみましょう。

工夫 1 毎月コツコツと貯める

マイホーム資金専用の口座をつくり、毎月、定期積立預金などで計画的に貯める。普段利用している銀行もいいが、利回りのよいネット銀行を検討するのもよい。

工夫 2 財形貯蓄などの給与天引きで貯める

職場に制度があれば、活用しよう。財形住宅貯蓄は給料やボーナスから自動的に天引きされ、財形積立の残高の10倍まで（上限4000万円）融資を受けられるメリットがある。さらに550万円までの元利合計に対する利子は非課税。

工夫 3 夫婦で資金を出し合う

共働き夫婦で資金を出し合う際は、お互いの資金の割合や出所を明らかにし、共有名義にする。共有名義にしないと贈与と見なされて贈与税がかかる可能性がある。持分は出資した金額に応じた割合で決める。

工夫 4 身内から資金援助を受ける

両親や祖父母からの贈与も検討。年間110万円を超えると贈与税がかかるが、一定の条件下で贈与税が非課税になる制度や「相続時精算課税制度」を利用できる（➡P69）。

工夫 5 自治体の助成を利用

都道府県や市区町村によっては、助成や優遇策がある。内容は自治体によってさまざまなので、まずは家を建てる自治体のホームページをチェックする。

工夫 6 身内から資金を借りる

金融機関ではなく、両親や祖父母から借りる方法も。身内からの借入は贈与と見なされないよう、金利を設定した借用書を作成して毎月返済する、公証人役場で私署証書の借用証を作成するなど、客観的な実績を残す。

工夫 7 個人向け国債

個人向け国債は、国が発行する低リスクの投資商品で、満期時には元本の返還が保証されている。1年、3年、5年などの満期があり、住宅購入の予定時期に満期を迎える国債を選ぶとよい。

ここも知りたい！ Q 自己資金が足りないときはどうしたらいい？

自己資金は、あなたが所有するすべての資産から生活するために必要なお金を残し、住宅購入のために使える金額を計算して出すものです。

自己資金が足りなくてもローンを多く借りれば、家を建てることはできます。しかしその分住宅ローンは重くのしかかり、せっかくのマイホームで過ごす時間が余裕のないものになってしまう可能性があります。十分な自己資金がないときは、無理をせずに

- **計画の見直し**（**縮小**）
- **計画の延期**　を検討しましょう。

借入可能額と返済能力は別のもの

金融機関が判断する借入可能額と、実際に生活レベルをそれほど落とさず無理なく払える返済額との間には、開きがあることが少なくありません。銀行の審査を通過できたとしても、それが十分な返済能力があるという証明にはならないのです。

「これだけ借りられるんだから返せるはずだ」という思い込みは禁物です。借入額は自身の返済能力から決めることが、無理のない返済計画につながります。

緊急時でもあわてない資金計画を立てる

金融機関から提示される融資金額を全額借りてしまうと、ボーナスのカットや病気など、予期せぬ事態が発生した場合に、返済が困難になるリスクがあります。月々の収入と、固定費、生活費などの支出、子どもの誕生や進学といった将来の予定など、さまざまな要素を考慮に入れて、無理のない範囲で住宅ローンを組むことが重要です。

借入前に、家計簿をつけ1カ月の生活費を計上し、住宅ローンにいくら使えるか検討してみましょう。家計簿をつけることで、使途不明金やムダ遣いを減らすことにもつながり、より資金に余裕が生まれるという効果もあります。

借入可能額と返済能力の違い

借入可能額 ➡ **いくら借りられるか**　金融機関が決定する、借入者に貸し出せる最大のローン額。

返済能力 ➡ **いくら支払えるか**　借入者自身が安全に返済できると判断する月々の支払い額。

	概要	計算方法	注意点（考え方）
借入可能額 金融機関が決定	金融機関が貸し出すことができる最大のローン額。年収や信用状況に基づいて決定される。	**年収の5〜7倍程度** （金融機関の審査による）	金融機関の審査基準や個人の信用状況によって異なる。他の借入れや財務状況も影響する。最大限借りる必要はない。
返済能力 借入者自身が決定	生活費や他の支出を考慮して算出される。	**年収の25〜30%** （月々の返済額として設定する）	返済負担率が高すぎると生活に影響が出る。将来の収入変動や緊急時の支出も考慮する。無理のない範囲で計画を。

借入可能額ではなく、自身の返済能力に合った額を借りる、つまり無理せず自分の身の丈に合った住宅ローンを組むためには、**「返済比率」を意識**しよう。

返済比率（%）＝年間のすべてのローン返済額÷年収×100

※住宅ローンの返済比率とは、収入における返済額の割合。

※たとえば、年収800万円の人が、20%の返済比率とすると、年間返済額は160万円（＝800万円×20%）となります。理想は額面年収の20%以内。少なくとも手取り月収の25%を超えない返済額がひとつの目安。

住宅ローンと保険

住宅ローンに関わりの深い保険に、「火災保険」「団体信用生命保険」があります。どちらもローンを組む際に、加入を義務付けられることが多い保険です。どんなものか知っておきましょう。

火災保険

火災保険は、**住宅や家財が火災、自然災害などで被害を受けた場合に、その損害を補償**する保険です。

住宅ローンを組む際には、**多くの金融機関が火災保険への加入を義務**としています。火災保険によって、住宅ローンの担保である住宅の価値が守られるため、金融機関のリスクが低減できるからです。

住宅ローン利用者にとっても、火災保険は万が一のとき、大きな出費になる修理費用や建て替え費用が保険から出るという安心感があります。

地震保険がセットになっているものなど、保険の内容は保険会社やプランによって異なります。また保険料は住宅の立地や構造、 契約する補償の範囲によっても変わります。

団体信用生命保険（団信）

住宅ローンとセットで提供される生命保険の一種です。**住宅ローン利用者が亡くなったり、一定の障害を負ったりした場合に、残されたローンの返済を免除**する保険です。

住宅ローンの借主が亡くなったり障害により返済能力を失ったりした場合、家族にローン返済の負担が残らないため、家族は住宅を失うリスクを軽減できます。

保険料は通常、住宅ローンの利息に含まれていることが多く、別途支払う必要はありません。保障内容や条件は金融機関や保険会社によって異なりますが、死亡だけでなく、重度の障害にも対応しているプランが多くあります。

大多数の金融機関のローンで加入義務がありますが、加入時の健康状態や年齢によっては、加入できない場合や追加の医学的審査が必要な場合があります。

団信に入れなかった場合は…

団信に加入できなかったときには、
- **加入条件が緩和される「ワイド団信」に入る**
- **ローン名義を配偶者にする**
- **フラット35など団信の加入が不要な住宅ローンを検討する**

などの方法があります。

ここも知りたい!
Q

これまでの保険の見直しは必要でしょうか？

「住宅を買ったら保険の見直しが必要」と聞いたことはないでしょうか？

これは「団体信用生命保険」（団信）が生命保険の役割を果たすため、これまで加入していた生命保険と保障内容が重複することが多いからです。

しかし団信でカバーできるのはあくまでもローン借入分のみで、家族の生活費や教育費などは考慮されていません。そのため一定額の生命保険には加入しておくほうが安心です。「団信で契約した金額分＝ローン借入れ分」の死亡保障を減らすという考え方で保険を見直すのが合理的です。

住宅ローンの申請のしかた

住宅ローンを申請しても、金融機関の融資審査を通らなければローンを受けることはできません。申請の準備から融資が実行されるまでの審査の流れを確認してみましょう。

住宅ローンを受けるには金融機関の審査が必須

住宅ローンの融資審査の内容は、勤続年数や収入、年齢、健康状態、ほかのローンの履歴などが影響するといわれています。ただし、審査内容は金融機関によって異なり、その基準は非公開です。市場状況や金融機関の審査基準は変わることがあるため、一度落ちても対策しだいで別の審査に通ることはよくあります。柔軟な姿勢で臨むようにしましょう。

住宅ローンの申請・審査の流れは金融機関によって異なりますが、おおむね下図のようなステップで進んでいくのが一般的です。

住宅ローン申請のステップ

1《ステップ》 事前準備

- ☐**予算の設定** 自己資金と返済可能額を考慮して、借入額を検討。
- ☐**物件の選定** 新築、中古、建築予定の物件など、購入住宅を決定。
- ☐**金融機関の選定** 複数の金融機関の住宅ローンを比較し検討。

2《ステップ》 事前審査の申込み

- ☐**必要書類の準備**
- ☐**事前審査の申込み** この段階で借入れ可能額や金利などの条件が概算で示される。複数の金融機関に申し込みが可能。

3《ステップ》 本審査の申込み

- ☐**物件情報の提出** 購入予定の物件情報を金融機関に提出。
- ☐**本審査の申込み** 詳細な借入条件が決定。

4《ステップ》 審査結果の受領

- ☐**審査結果の確認** ローン契約の詳細を確認し最終決定。

5《ステップ》 ローン契約の締結 → **6《ステップ》 融資の実行**

- ☐**返済開始** 融資が実行されたら、約定に従って返済を開始。

住宅ローン申請の必要書類

金融機関によって必要書類が異なることもあるので、申請時に確認しましょう。

種類	書類名	備考
個人情報関連	身分証明書	運転免許証、パスポート、住民基本台帳カードなど
	住民票	現住所が記載されたもの
	戸籍謄本または抄本	新築や物件の名義変更が必要な場合に求められる
収入証明関連	源泉徴収票	最新の1年分
	所得証明書	自営業者などに必要、税務署発行
	給与明細書	直近数カ月分
物件関連	物件購入契約書	購入する物件の契約書
	物件の図面や仕様書	新築や建築予定の物件の場合
	登記簿謄本	物件の登記情報
その他	金融機関の指定する申込書類	申込書、ローン申請書など
	健康保険証のコピー	一部の金融機関で求められる
	勤務先の在籍確認書類	勤務証明書など

住宅ローン準備チェックリスト

住宅ローンを組む際には、金利や月々の返済金額に注目しがちですが、以下の点も考慮しておくことが重要です。自分に合った住宅ローンを組むために、次の点を確認しておきましょう。

- □毎月の家計で、住宅取得にまわせる金額はいくらが適切か検討したか。
- □固定資産税や維持費など購入後にかかる費用は調べたか。
- □住宅購入以外にかかる大きな出費（出産、子どもの進学など）について考えたか。
- □住宅のために使える預貯金はいくらか計算したか。
- □父母や・祖父母からの贈与の可能性は検討したか。
- □最近の住宅ローンの金利について調べたか。
- □借入額や毎月返済額の試算はしたか。
- □職場の住宅取得に関する支援制度について確認したか。
- □家を建てる地域の住宅取得に関する支援制度について確認したか。
- □申し込みたい住宅ローンの仮審査申し込みから資金実行までにかかる時間を確認したか。

Point

審査に落ちてもあきらめないで

住宅ローンの事前審査（仮審査）に落ちてしまっても、ほかの金融機関へ再度申し込むことは可能です。その際は、次のようなことに留意しましょう。

●審査落ちの原因を明確にする
銀行の担当者に質問すれば教えてもらえる。理由を把握することで、次の申請で改善すべき点が見える。理由を教えてくれない場合は信用情報に問題があると考えるのが妥当。

●条件に合う金融機関を検討
金融機関によって審査基準は異なる。審査落ちの原因を踏まえて、自分の条件に合った別の金融機関を探そう。たとえば、自営業者に対して柔軟な審査をしている金融機関もある。

●申請条件を見直す
借入額を減らす、返済期間を延長するなど、申請条件を再検討する。返済能力が向上し、審査に通る可能性が高まる。

住宅ローン減税を受けるには？

住宅ローンを利用して家を取得すると、税金の優遇措置が受けられます。優遇措置の要件などを確認しておきましょう。

控除を受けるには確定申告をすることが必要

住宅ローン減税は「住宅借入金等特別控除」ともいい、住宅ローンを借入れて住宅を取得した人のための税金優遇の制度です。年末時点の住宅ローン残高の0・7％を所得税から控除します。所得税から控除しきれない場合、翌年の住民税から控除します（上限額は9万7500円）。

ただし、減税の対象となるには、建物の省エネ基準やローンの条件など、一定の要件を満たしていることが必須です。

住宅ローン減税を受けるには、住宅を購入した翌年の2月16日～3月15日の間に税務署に確定申告をする必要があります。給与所得者の場合は最初の年のみ自分で申告し、翌年からは勤務先に必要書類を提出して年末調整をしてもらいます。自営業者は、毎年の所得申告と同時に行います。初年度の確定申告では、多くの書類が必要になるので、余裕をもって準備しておきましょう。

確定申告で住宅ローン控除を申告すべきだったのにできなかった場合は、5年間はさかのぼって申告可能です。自営業などで事業所得があり、住宅ローン控除だけ申告しそびれた場合は、申告期限から1年間のみ「更正の請求」で確定申告の内容を訂正することができます。

住宅ローン減税の要件

- □自らが居住するための住宅であること。
- □床面積が50㎡以上あること。（※）
- □合計所得金額が2,000万円以下であること。（※）
- □住宅ローンの借入期間が10年以上あること。
- □引渡しまたは工事完了から6カ月以内に入居していること。
- □2024年1月以降に建築確認を受けた新築住宅については省エネ基準に適合していること。

※2024年末までに建築確認を受けた新築住宅の場合は、合計所得金額1,000万円以下に限り、床面積要件が40m²以上となっている。

控除対象となる借入限度額と控除期間

住宅ローン控除の対象となる借入限度額は、住宅の種類によって異なります。2024年1月以降に建築確認を受けた新築住宅は、省エネ基準に適合していないと住宅ローン減税を受けることができません。

住宅の性能環境など		2024-25年入居の限度額			控除期間
		2024年入居		2025年入居	
新築住宅	長期優良住宅・低炭素住宅	子育て世帯・若者夫婦世帯	5,000万円	4.500万円	13年間
		その他の世帯	4,500万円		
	ZEH水準省エネ住宅	子育て世帯・若者夫婦世帯	4.500万円	3,500万円	
		その他の世帯	3,500万円		
	省エネ基準適合住宅	子育て世帯・若者夫婦世帯	4,000万円	3,000万円	
		その他の世帯	3,000万円		
	その他の住宅（※）	0円			—
既存住宅	長期優良住宅・低炭素住宅・ZEH水準省エネ住宅・省エネ基準適合住宅	3,000万円			10年間
	その他の住宅	2,000万円			

※省エネ基準を満たさない住宅。2024年以降に新築の建築確認を受けた場合、住宅ローン減税の対象外。2023年12月末までに新築の建築確認を受けた住宅で、2024〜25年に入居する場合は、借入限度額2,000万円。控除期間は10年間。

Point

住宅検討は早めがおすすめ

現行の制度は2025年12月31日までとされています。2024年6月現在では2026年以降の延長や内容の変更はまだ公表されていませんが、住宅ローン減税は長期的に続いてきた制度であり、建築業を支える重要な役割を担っているため、まったくなくなる可能性は低いと考えられます。

ただし、最近の税制改正では、住宅ローン控除の金額とローン金利の間の「利ざや」問題があり、控除率は年1%から0.7%に引き下げられました。今後、この控除率が再び上がる可能性は低いとされています。

将来的に住宅購入を検討している人は、制度が今後よりよくなることを期待して購入時期を延期するよりも、現行の制度を活用するほうが賢明かもしれません。また、住宅ローン控除の適用は「購入時期」ではなく「入居時期」に基づくため、購入を考えている場合は早めの行動をおすすめします。

住宅ローン減税の必要書類

- □**確定申告書**　国税庁ホームページや最寄りの税務署
- □**（特定増改築等）住宅借入金等特別控除額の計算明細書**　国税庁ホームページや最寄りの税務署
- □**住宅ローンの借入残高証明書**　借入れした金融機関
- □**勤務先の源泉徴収票**　勤務先
- □**土地建物の登記簿謄本**　法務局の窓口またはオンライン申請システム
- □**マイナンバーカード（本人確認書類）**　市区町村役場
- □**住宅性能を示す書類（※）**　工務店や不動産会社

※省エネ基準に適合していることを証する証明書
①建設住宅性能評価書（登録住宅性能評価機関のみが発行）
②住宅省エネルギー性能証明書（登録住宅性能評価機関等のほか建築士も発行可能）

住宅ローンの種類とそれぞれの特徴

公的なもの、民間のものなどさまざまな種類がある住宅ローン。自分に合ったローンを選ぶためには、それぞれの特徴をつかんでおくことが大切です。

公的、準公的、民間のローンがある

住宅ローンを大きく分けると、国の機構や自治体の「公的ローン」、フラット35に代表される「準公的ローン」、銀行などの民間金融機関の「民間ローン」があります。

公的ローンの代表は、財形貯蓄をしている会社員を対象にした財形住宅融資で、ほかに自治体が用意している住宅融資もあります。準公的ローンのフラット35は、民間の金融機関と住宅金融支援機構が提携して提供するものです。民間ローンは銀行のほか、信用金庫・農協（JA）・住宅ローン専門会社、保険会社、公務員共済、労働金庫などで扱われています。

それぞれ、金利や審査基準、融資条件、手続き、手数料などが異なります。住宅ローンは金額が大きいため、金利が1％違うだけでも返済額に大きな差がでます。自分にとって最適なローンを選ぶためには、各種ローンの基礎知識を理解し、ローンを受ける前に内容をチェックすることが大切です。

民間融資の前に、職場や自治体の融資を調べてみるとよいでしょう。

Point

住宅金融支援機構について

住宅金融支援機構は、公的ローン、準公的ローンの融資事業を行う独立行政法人です。おもに次のような事業を行っています。

- **フラット35など、長期にわたり金利が変わらない住宅ローンを提供。**
- **金融機関が提供する住宅ローンのリスクを軽減するための保証サービスの提供。**
- **住宅ローンに関する情報提供や、購入を検討している人々への相談。**
- **住宅市場の安定化の支援。**

公的ローン

財形住宅融資

財形住宅融資は、職場で財形貯蓄を行っている会社員を対象とした住宅ローンです。金利は5年ごとに見直される固定金利のため、金利変動リスクがありますが、利率は低めに設定されています。

利用条件

□一般財形貯蓄・財形年金貯蓄・財形住宅貯蓄のいずれかを1年以上継続している。
□ローン申込日前2年以内に財形貯蓄の預け入れを行っている。
□ローン申込日に財形貯蓄の残高が50万円以上ある。

財形住宅融資の特徴

- 最高4,000万円まで借入れが可能(財形貯蓄残高の10倍以内、購入額の90%まで)。
- 固定金利借入申込み日の金利が適用される。
- 勤務先から住宅手当、利子補給、社内融資などの援助が受けられる場合がある。
- 民間金融機関の融資やフラット35とも併用できる。

財形住宅融資の申し込み先

財形住宅融資には申し込み先が4つあり、それぞれ手数料などが異なる。自社の場合はどうすればいいのか担当者に確認しておこう。

①財形住宅金融株式会社➡会社員で、勤務先企業や所属する中小企業団体が財住金に出資している場合

②勤務先の担当部署➡会社員で、勤務先が事業主転貸(財形持家転貸融資)を行っている場合

③勤務先の共済組合➡公務員などで、共済組合等で窓口がある場合

④住宅金融支援機構➡上記①〜③に当てはまらない場合

Point

自治体の住宅融資も検討を

公的資金には、住宅金融支援機構とは別に、各自治体(都道府県や市町村など)で実施している自治体融資もあります。

自治体融資はその自治体に在住、在勤している人の、新築、購入、増改築などの費用が対象です。最近では防災や耐震などの街づくり施策を反映した融資条件が増加しています。自治体によって内容や方法は異なりますので、新居を建てる自治体にどんな支援があるか調べてみることをおすすめします。

【自治体融資の例】

- **融資あっせん**…特定の金融機関と提携し、一般の住宅ローンより有利な条件で融資を提供する。
- **利子補給**…住宅ローンの利息の一部を自治体が援助する。
- **助成金**…耐震性や環境に優しい住宅構造・設備の導入費用の一部を自治体が補助・助成する。

準公的ローン　フラット35

フラット35は、民間金融機関と住宅金融支援機構が提携して提供している住宅ローンです。長期固定金利ローンであることから、金利の上昇リスクを避け、長期間にわたり安定した返済計画を立てたい人に適しています。

金融機関によって金利や事務手数料が異なるため、比較検討することが重要です。

向いている人

□長期間にわたる安定した返済計画を立てたい人。
□金利の上昇リスクを避けたい人。
□健康上のリスクや将来の不確実性を考慮している人。
□安定した収入があるが、会社員ではない自営業者やフリーランスなど。

メリットとデメリット

メリット❶返済期間中金利が変わらないため、返済計画が立てやすい。
メリット❷くり上げ返済手数料が無料で、柔軟な返済プランが可能。
メリット❸審査が比較的通りやすいため、多くの人が利用できる。
メリット❹他の住宅ローンからの借り換えも可能。
デメリット❶変動金利型に比べて金利が高めに設定されることが多い。
デメリット❷借入額が住宅価格の9割を超える場合、金利が上がることがある。
デメリット❸土地のみの取得には利用できない。

注意点

●年間返済金額が年収の一定割合以内でなければならない。
●物件の審査は厳格で、審査期間は通常1カ月以上。
●団体信用生命保険の加入が義務ではないが、自己責任での加入が必要。
●金利は金融機関によって異なるが、融資実行時の金利が適用される。
●「買取型」と「保証型」の2つの方式がある。
●融資限度額は建築費または購入価格の100%かつ8000万円以内。
●金融機関によって金利や事務手数料が異なる。

フラット35のバリエーション

バリエーション	特徴	向いている人
フラット20	20年以下の返済期間で、低い借入金利を利用可能。	短期間で返済を完了したい人、低金利を重視する人
フラット50	最長50年の全期間固定金利住宅ローン。	長期間にわたる安定した返済計画を望む人
フラット35リノベ	中古住宅＋リフォーム、リフォーム済み中古住宅購入時の金利を引下げ。	中古住宅の購入とリフォームを考えている人
フラット35S	省エネルギー性や耐震性を備えた住宅の購入時に金利引下げ。	環境性能の高い住宅購入を計画している人
フラット35維持保全型	維持保全・維持管理に配慮した住宅や既存住宅の流通に資する住宅の購入時に金利引下げ。	住宅の長期的な維持や環境への配慮を重視する人
フラット35地域連携型	地方公共団体の子育て支援や地域活性化の取組と連携して金利を引下げ。	地域活性化に貢献したい人、地方での子育てを考えている人
フラット35地方移住支援型	地方公共団体による移住支援金とセットで金利を引下げ。	地方への移住を検討している人
フラット35（保証型）	住宅金融支援機構が保険を引き受ける全期間固定金利住宅ローン。	保証を重視し、安定した金融計画を求める人

民間ローン さまざまな民間融資

多くの金融機関がさまざまなプランを提供しており、選択肢が豊富で自身の経済状況や将来計画を考慮し、複数の金融機関の条件を比較検討することが重要です。

種類	特徴	メリット	デメリット	向いている人
銀行・信用金庫	もっとも一般的。金利タイプ、返済期間、返済方法が選べる。	金融機関によっては独自の特典やサービスがある。	金利や条件が金融機関によって異なるため、比較検討が必要。	さまざまな住宅ローンを比較検討して選ぶ人
住宅ローン専門会社	住宅ローンに特化したサービスを提供。	専門性が高く、柔軟な対応が期待できる。	大手銀行に比べると知名度や信頼性が低い場合がある。	専門的なアドバイスや柔軟なサービスを重視する人
保険会社	保険商品とセットで提供されることがある。	保険との組み合わせで、総合的な金融プランニングが可能。	保険商品とセットになっている分、複雑になる可能性がある。	総合的な金融プランニングを希望する人
ネット銀行	インターネットを通じてサービスを提供する銀行。	手数料が低い、オンラインで手続きが完結する。	対面での相談が難しい場合がある。	手数料の低さやオンライン手続きの利便性を重視する人
農協(JA)	農業関係者に特化しているが、一般の人も利用可能な場合がある。	地域に根差したサービスが期待できる。	地域によっては利用できない場合がある。	地域密着型のサービスや農業関係者向けの特典を重視する人
勤務先の融資制度	一部の企業が従業員に対して提供する住宅ローン。	低金利であることが多い。	利用できるのは従業員に限られる。	勤務先の融資制度が利用可能な人

Point 審査が早い提携ローン

提携ローンとは民間住宅ローンの一種です。特定の住宅会社から住宅を購入する人限定で、住宅会社や不動産会社が金融機関と提携して提供します。

審査が早く、一般の住宅ローンよりも有利な条件で融資されることがメリットですが、利用できる物件が限られていること、住宅会社や不動産会社に手数料を払う必要があること、金利が有利といっても最低金利とは限らないことなど注意しなければならない点もあります。

	金利	手数料	審査	手続き
提携ローン	優遇金利制度を使用し、低金利での融資が可能。	銀行の手数料の他に、住宅会社や不動産会社への手数料が必要な場合がある。	物件情報が事前に提供されるため、審査や手続きが迅速。	住宅会社が融資に関する手続きを代行し、顧客は手間が省ける。
非提携ローン	さまざまな金融機関を比較して最適な金利を探せる。	金融機関の手数料のみが発生することが一般的。	複数の金融機関を比較するため、審査や手続きに時間がかかる可能性がある。	顧客自身で融資の申込み手続きを行う必要がある。

ローンの金利タイプとそれぞれの特徴

住宅ローンを借りる際に、絶対に避けては通れないのが金利です。それぞれの金利の特徴を確認しましょう。

住宅ローン金利の種類は3つ。特徴を知って選択を

住宅ローンを選ぶ際に気になるのが「金利」です。金利とは、借入額に対し、どのくらいの利息が発生するかを計算する利率のことです。

住宅ローンの金利には、ローンの返済期間中に金利が変わらない「固定金利」、市場の状況に応じて金利が変わる「変動金利」、初期は固定で後に固定または変動を選択できる「固定金利期間選択型」があります。

金利が上昇すれば返済額は増加します。住宅ローンの返済は期間がかなり長いため、わずかな金利の違いが大きな差になります。

なお利息には、借入額の元本のみに利息を適用させる「単利」と、一定期間に発生した利息を元本に加えた額に利息を適用させる「複利」があります。通常の住宅ローンは、複利計算が一般的です。ようするに「利息が利息をうむ」方式です。

ですから住宅ローンでは、できるだけ早く元本を返すことが返済総額を減らすポイントになります。

Point ローンの5年ルール

住宅ローンの変動金利には、金利が上昇しても、5年間は毎月の返済額が変わらない「5年ルール」があります。金利が上昇した場合、5年経過後の6年目からは毎月の返済額は上がりますが、それまでの返済額の125％の金額までしか上げることができないというルールもあります。

いっぽうで、ローンの返済期間には、よく5年刻みの目安が示されていますが、ローンは必ずしもキリのよいい年数でなければならないわけではありません。たとえば、28歳の方が定年の60歳でローンを完済する32年ローンを組むこともできます。ただしこの場合、30年ローンの金利ではなく、35年ローンの金利が適用されます。

3つの金利タイプ

金利タイプを選ぶ際は、それぞれのリスク許容度、将来の金融市場の見通し、
家計の安定性などを総合的に検討しましょう。

変動金利

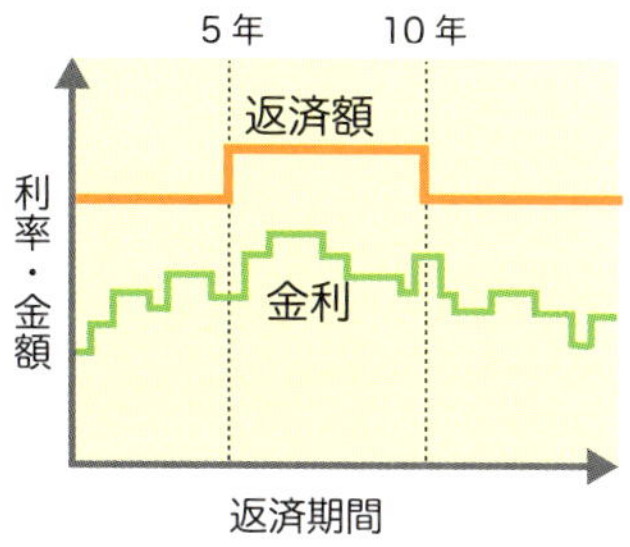

特徴

- 金利が市場の状況に応じて変動する。
- 市場金利が下がれば返済額も減少し、逆に金利が上がると返済額が増加する。
- 通常、金利は6カ月ごとに見直され、経済状況が良好な場合には金利が低く抑えられる可能性がある。

メリット

- 初期の金利が低め。
- 最初の5年間は返済額が変わらない安心感。

デメリット

- 金利の変動により返済額が増えるリスクがある。
- 長期間で見ると不確実性が高い。

向いている人

- □金利の変動に対応できる柔軟性をもつ人。
- □初期の低金利を活用し、将来的な金利上昇に備える計画がある人。

一定期間固定金利

（固定金利期間選択型）

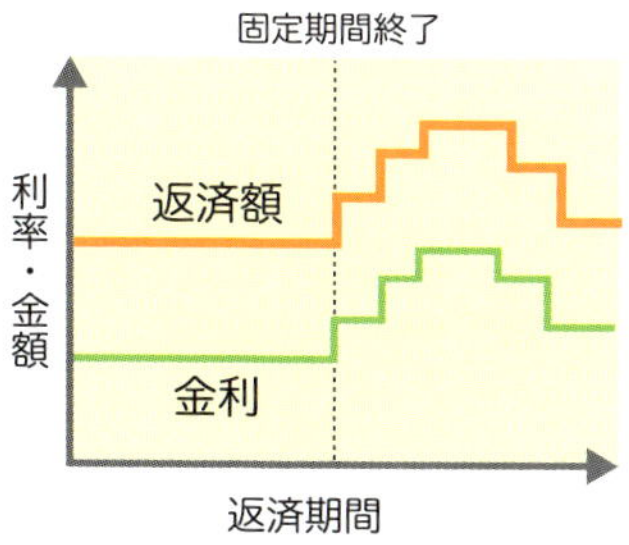

特徴

- 選択した一定期間は金利が固定。
- 固定期間中は金利の変動によるリスクがなく安心感があるが、固定期間終了後には返済額が急に増加する可能性がある。
- 固定期間が終了した後は、変動型や再び固定金利期間選択型などに設定を変更することが可能。

メリット

- 一定期間は金利が変わらず、返済計画が立てやすい。
- 初期の金利が全期間固定より低め。

デメリット

- 固定期間終了後の金利変動リスクがある。
- 期間終了後の返済額が不確定。

向いている人

- □当面の金利上昇リスクを避けたいが、将来的な金利変動にも対応できる人。
- □固定期間後の金利変動に備えた返済計画をもつ人。

全期間固定金利

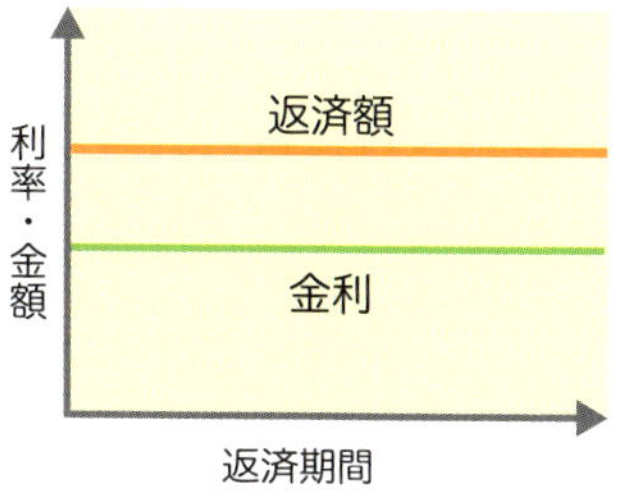

特徴

- 借入れから完済までの期間、金利が固定。
- 金融情勢の変動に影響されず、返済額が安定する。
- 将来の金利上昇リスクを避けたい場合に適しており、返済計画を安定させたい場合に有利。

メリット

- 金利上昇の心配がなく、長期計画が立てやすい。

デメリット

- 金利が、変動型や一定期間固定型に比べ高い。
- 市場の金利が下がっても恩恵を受けられない。

向いている人

- □長期にわたる金利の変動リスクを避けたい人。
- □一定の返済額で安心して計画を立てたい人。

ローンの返済方法とそれぞれの特徴

住宅ローンは金利だけでなく、返済方法も重要です。知らずに借りると損をすることもあるので、しっかり確認しておきましょう。

支払額が一定の「元利均等」返済総額が低い「元金均等」

住宅ローンの返済方法には、毎月の支払額が一定の「元利均等返済」と、毎月の支払額が徐々に減る「元金均等返済」の2種類があります。民間の住宅ローンは、元利均等返済のみを用意しているケースが主流ですが、選択できる住宅ローンも存在します。

元利均等返済は、毎月の支払額が変わらないため、返済計画が立てやすいメリットがあります。また、くり上げ返済を考えている人にはおすすめです。元金均等返済は、返済総額を抑えたい人に向いています。

「元利均等」と「元金均等」の返済

元利均等返済

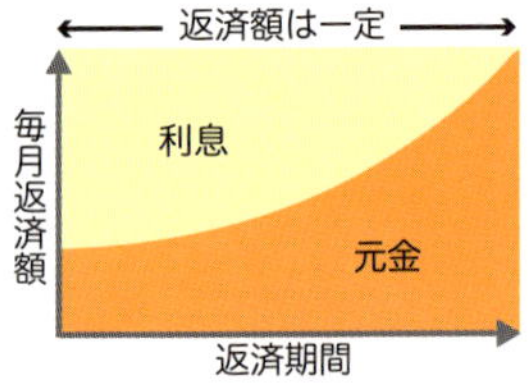

特徴

- 元金と利息を合わせた一定額を毎月支払う返済方法。
- 返済当初は利息の割合が高い。
- くり上げ返済の効果が出やすい。

メリット

- 将来の家計収支を予想しやすく、返済計画を立てやすい。
- 元金均等返済に比べて、返済開始当初の負担が軽い。

デメリット

- 借入残高の減り方が遅い。
- 元金均等返済よりも総返済額が多い。

向いている人

- 子育てなど住宅ローン以外の出費が増える可能性がある人。
- 家を長期間売るつもりがない人。

元金均等返済

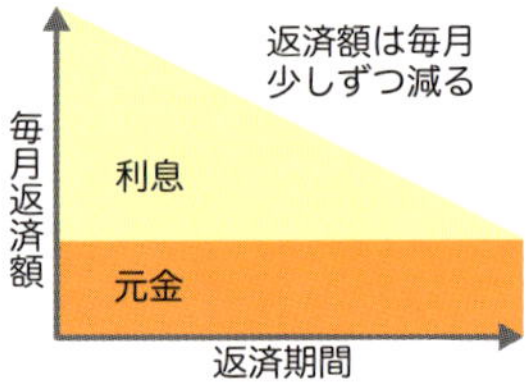

特徴

- その時点での元金に見合った利息を含めた金額を毎月支払う返済方法。
- 返済期間中、元金分の返済額は一定だが、利息は残った元金に基づいて計算される。

メリット

- 元金の減り方が速く、しだいに月々の返済額が小さくなっていく。
- 元利均等返済に比べて総返済額が少ない。

デメリット

- 元利均等返済に比べて、返済開始当初の負担が重い。

向いている人

- 収入や貯金に余裕がある人。
- 物件の売却も視野に入れている人。

さまざまな返済プラン

住宅ローンは返済方法の違いだけでなく、ローン商品によってさまざまな返済プランを検討することできます。ローンの組み方などは家族で話し合いましょう。

ミックスローン

同じ物件に対して１人が複数のローン契約を結びます。異なる金利タイプや借入機関を組み合わせることで、**金利変動リスクに備えたり、ライフプランに合わせて支払額を調整したりできるというメリット**があります。

ペアローン

１つの物件に対して、夫婦が別々に２つのローン契約を結びます。連帯債務型ローンは、夫婦が共同で１つのローンに対して責任をもつ形式ですが、ペアローンは夫婦それぞれが別々のローン契約を結ぶ形式です。

親子ペアローン

借入時の年齢が高い場合、返済期間が短くなることがあります。親子ペアローンでは、子ども（後継者）を連帯債務者としてローンを引き継ぐことで、支払い期間を長く設定できます。自分自身の**年齢が高く家族に住宅を継承したい人におすすめ**です。

連帯債務型住宅ローン

1つの住宅ローン契約に対して夫（または妻）が主たる債務者となり、妻（または夫）が連帯債務者となる**共働き夫婦向けの契約**です。

ステップ返済ローン

当初数年間（ステップ期間）は返済額が低く設定され、返済負担を軽減できます。しかし、ステップ期間終了後は返済額が増加するため、家計に余裕がない場合には注意が必要です。ステップ返済は**数年後に収入アップが見込める20～30代の人向き**のローンです。

Point 損をしない借り方・返し方のコツ

ローン契約は金融機関の提案通りに進めるのではなく、家庭の経済状況や生活スタイルを考慮することが大切です。損をしないためにも次のような点を確認しておきましょう。

●返済期間はケースバイケース
多くの人は定年までにローンを完済したいと考えていますが、完済する年齢や期間は個々の状況によって異なります。将来のライフプランに基づき、自分に合った返済計画を立てることがなにより重要です。

●キャンペーン期間を把握する
優遇金利のキャンペーンは大きく2つのタイプがあります。最初の数年間の金利が低く設定され、その後は通常の金利に戻るタイプと、ローン期間全体を通じて同じ優遇金利が適用されるタイプです。どちらのケースも、借入前に総支払い額を計算し、総コストを把握しましょう。

●「家賃並みの返済」はワナ？
家賃はひとつの目安ですが、住宅には固定資産税がかかり、メンテナンス費用も別途必要です。住宅ローンそのものは家賃並みでも費用を合わせると家賃以上になることも。さらに金利変動によって、将来的に返済額が増える可能性があります。家賃並みの返済という言葉に惑わされず冷静に検討しましょう。

●ボーナス返済の利用は○、頼りすぎは×
ボーナス返済は大きな金額を年に2回、一括で返済できるため、毎月の返済額を軽減できます。ただし最近の経済状況では、ボーナス額やその支給自体が不安定。ボーナスに過度に依存しないプランを立てましょう。

●いつ時点の金利で確定するかを確認する
財形住宅融資では申し込み時点の金利が採用されますが、多くのローンでは融資実行時（資金受け取り時）の金利で確定します。変動金利の場合、申し込み時と実行時で金利が異なる可能性があるため、ローンが決定した後に再計算を行うことが重要です。

住宅ローンの3つの見直し方法

十分に検討した住宅ローンも、借りっぱなしの状態では損をする可能性も。定期的に見直し、メンテナンスしましょう。住宅ローンの見直しは「借り換え」「くり上げ返済」「金利プランの変更」が一般的です。

借り換えは、現在の住宅ローンをより金利の低い別のローンに変更することです。毎月の返済額や総支払額を減らすことができます。

くり上げ返済は、ローンの一部または全部を前倒しで返済することです。支払う利息が減るため、ローンの総返済額も減らせます。

金利プランの変更は、同じ金融機関内で金利タイプを変更することです。金利動向を見極めながら、そのときに有利な金利を選択できます。別の金融機関への借り換えよりも手続きが容易ですが、金融機関によって変更のルールが異なるので事前にしっかり確認する必要があります。

住宅ローンの借り換え

住宅ローンの借り換えでは、今のローンよりも金利の低いローンに借り換えて、利息の負担を軽減します。現状の借入先とは別の金融機関で新規にローンを借り、それを原資に元のローンを完済します。

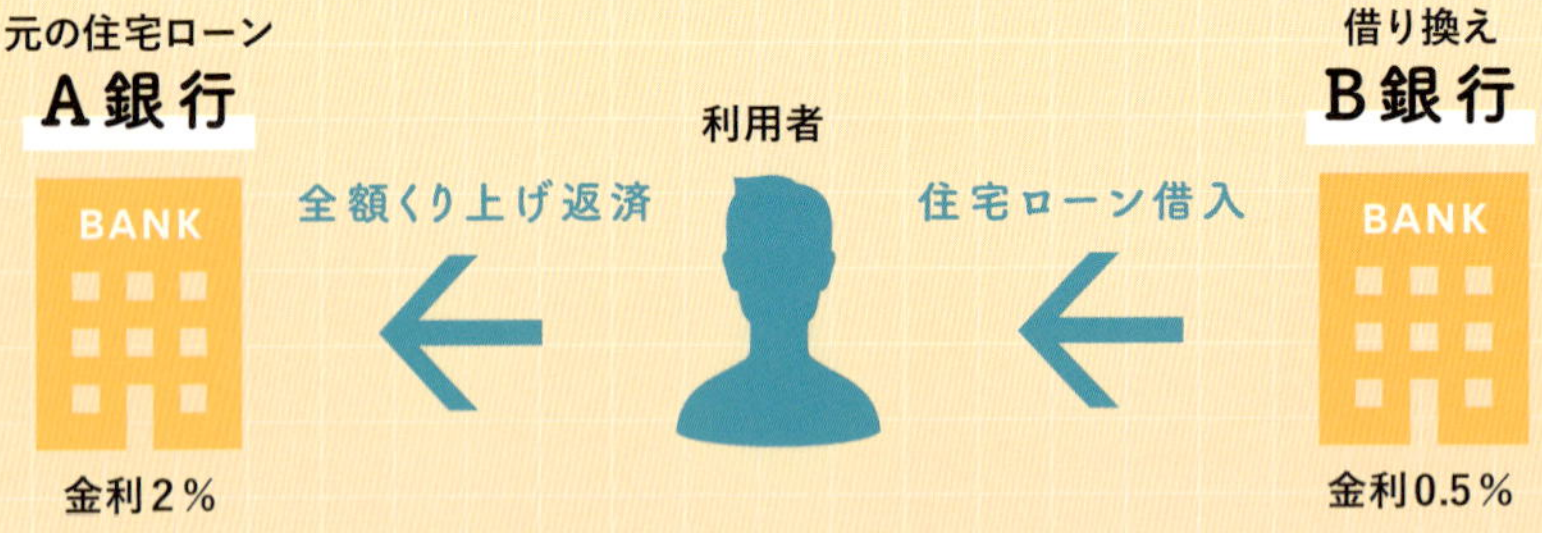

・利用者はA銀行からB銀行に借り換えることで金利を2％から0.5％に下げることができる。
・A銀行の住宅ローンはB銀行に借りるローンで完済する。
・以降はB銀行に住宅ローンを返済する。

メリット

- 総支払額や総返済額を減らせる。
- 毎月の返済額を減らせる。
- 返済期間を短くできる。
- 変動金利から固定金利への借り換えなら、将来の金利変動への不安をなくせる。
- プランによっては団信保障（➡P49）を充実させられる。

タイミング

- 借り換え後の金利差が年1％以上になるとき。
- 住宅ローンの残高が1,000万円以上あり、残りの返済期間が10年以上あるとき。

注意点

- 新しい金融機関への手数料やローン申請に関する諸費用がかかる。
- 申請書類をそろえるなどの手間がかかる。
- 住宅ローンの審査が厳しくなる可能性もある。
- 金利の変動は借り換え後も起きるため、金利だけで判断するのはNG。

くり上げ返済のしくみ

くり上げ返済には、残高の全額を前倒しで返済する「全額くり上げ返済」と、毎月の返済とは別に残高の一部を前倒しで返済する「一部くり上げ返済」があります。さらに一部くり上げ返済には、「期間短縮型」と「返済額軽減型」の2つがあります。

①期間短縮型

くり上げ返済した金額に応じて返済期間が短縮

●元利均等返済

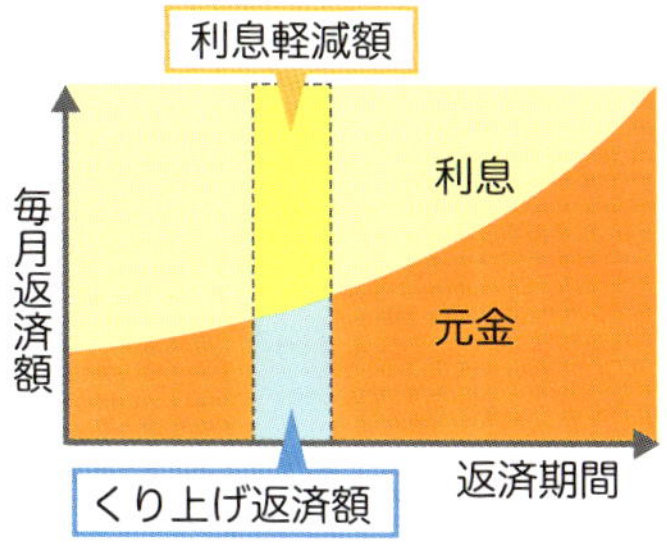

●元金均等返済

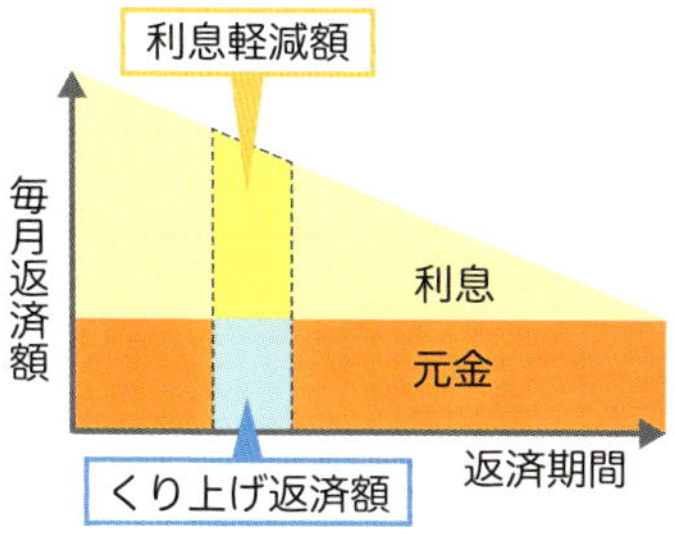

- 返済期間が短くなるが、月々の返済額は変わらない。
- 支払利息の総額が少なくなる。
- 短くした返済期間を再延長することはできない。
- 資金に余裕があり、少しでも早く返済を済ませたい人に向いている。

②返済額軽減型

くり上げ返済した金額に応じて月々の返済額が軽減

●元利均等返済

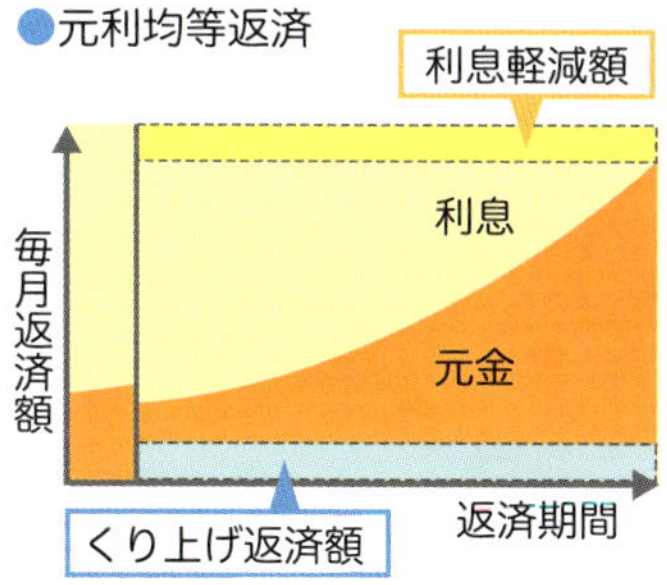

●元金均等返済

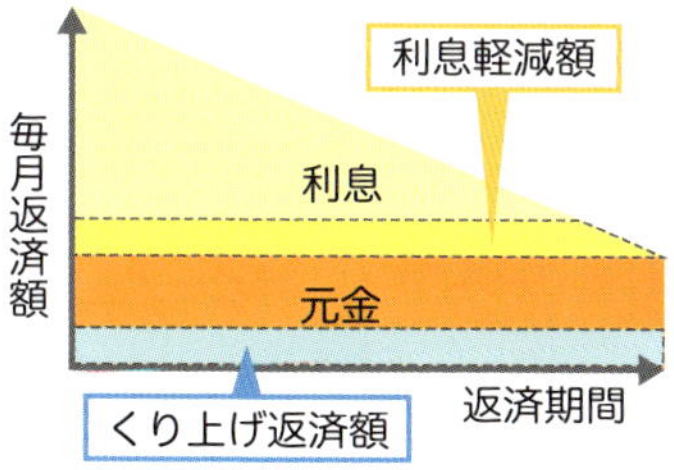

- 月々の返済額は減るが、返済期間は変わらない。
- 期間短縮型に比べると、支払利息の総額は多くなる。
- 毎月の返済額が減るため、家計にゆとりが生まれやすい。
- 教育費や生活費を確保したい人、金利上昇で増えた月々の返済額を少しでも減らしたい人に向いている。

Point

くり上げ返済の注意点

大きな効果のあるくり上げ返済ですが、いくつか注意点もあります。

●住宅ローン減税への影響を考える

住宅ローン減税(➡P52)を受けている期間にく上げ返済を行うと、減税の適用額が減る可能性があります。なお、住宅ローン減税は年末の残高で控除額が決まるので、12月の返済より1月の返済のほうがおすすめです。

●手数料がかかることがある

くり上げ返済には手数料が発生します。返済のたびに手数料がかかると、節約の効果が薄れてしまうことがあります。

●生活資金や緊急資金まで使わない

くり上げ返済は利息を減らす効果はありますが、一時的に大きな出費です。教育費や緊急時用の資金など、確保すべき資金には手をつけないのが原則です。

マイホームのための税金について

マイホーム取得費用のなかで思っている以上に大きな負担となるのが税金。どの段階でどんな税金がかかるのか理解しておきましょう。

マイホームには さまざまな税金がかかる

マイホームを取得し、維持する際に避けられないコストのひとつが税金です。

取得時には、建物代金や仲介手数料に適用される「消費税（↓P65）」のほか、売買契約書やローン契約書を交わす際に「印紙税（↓P65）」がかかります。取得した家や土地を登記（↓P224）する際には「登録免許税（↓P66）」が、入居した後には「不動産取得税（↓P67）」が発生します。

購入資金を親族に援助してもらう場合は、「贈与税（↓P68）」や「相続時精算課税（↓P69）」の知識も必要です。住宅の所有によって発生する「固定資産税（↓P66）」や「都市計画税（↓P67）」は、毎年払わなければなりません。

住宅購入時には、これらの税金を事前に理解し、資金計画に組み入れておきましょう。

各税金の支払い時期

建築請負契約締結
↓
□印紙税
□消費税

工事着工
↓

完成・引渡し・表示登記
↓
□登録免許税

住宅ローン契約
↓
□印紙税
□登録免許税

入居後
↓
□不動産取得税

翌年2月16日～3月15日
↓
・確定申告をして
住宅ローン減税を受ける

年4回（毎年）
□固定資産税
□都市計画税

●そのほか
・贈与税がかかる場合は、贈与を受けた翌年に確定申告
・相続時精算課税制度は相続時

消費税

マイホームを購入するとき消費税がかかるのは建物代金のみ。土地は消費税非課税です。購入した土地にも、借地権にも消費税はかかりません。

不動産会社に払う仲介手数料、登記に関わる司法書士への報酬、住宅ローンの手数料にも消費税がかかります。

課税対象

- 住宅の建物部分の費用(ただし法人から購入する場合のみ。売主が個人の場合はかからない)
- 不動産会社の仲介手数料
- 司法書士への報酬
- 住宅ローンの融資手数料や事務手数料

印紙税

法律で定められた特定の文書(課税文書)に対して課せられる税金で、課税文書に収入印紙を貼り、割り印(消印)をすることで納税が完了します。

マイホームの購入に関連する課税文書には、不動産の売買契約書、建物の建築請負契約書、土地賃貸借契約書、ローン借入れのための金銭消費貸借契約書などがあります。文書が複数作成される場合、たとえ同じ内容の契約書でも、ひとつの文書につき1枚の印紙が必要です。たとえば、契約書を3通作成した場合は、それぞれに印紙を貼る必要があります。

複数の金融機関からローンを受ける際も、それぞれの契約ごとに印紙税が発生します。

マイホーム取得に関わるおもな課税文書

- 金銭消費貸借契約書(ローンの契約書)
- 請負契約書(建築工事の契約書、設計契約書など)
- 工事注文請書
- 売買契約書
- 売渡証書
- 領収書(5万円未満は非課税)

印紙税の過怠税

印紙税は郵便切手のような小さな紙ですが、れっきとした税金です。適正に支払わない場合、過怠税が課せられてしまいますので注意しましょう。

- **印紙に割り印をしなかった場合**……印紙の額面相当の過怠税がかかります。
- **課税文書に印紙を貼らなかった場合**……過怠税として、貼るべきだった印紙額の3倍が課せられます。

印紙税の税額

印紙税の税額は契約書の記載金額によって決定します。建築請負契約書の税額は2027年3月末までの軽減措置のものです。

建築請負契約書

記載金額	税額
500万～1,000万円以下	5,000円
1,000万～5,000万円以下	10,000円
5,000万～1億円以下	30,000円
1億～5億円以下	60,000円

ローン借入れのための金銭消費貸借契約書

記載金額	税額
500万～1,000万円以下	10,000円
1,000万～5,000万円以下	20,000円
5,000万～1億円以下	60,000円
1億～5億円以下	100,000円
5億～10億円以下	200,000円
10億～50億円以下	400,000円

登録免許税

不動産の登記を行う際に必要な税金です。家を取得したときや住宅ローンを利用して抵当権設定登記を行う際にもかかります。不動産の登記は司法書士に一任するのが一般的なため、通常は登記費用として司法書士への報酬に含めて精算します。

軽減措置を受けるためには、自己の居住用家屋で床面積50㎡以上で、新築または取得後1年以内に登記する必要があります。

登録免許税の計算

不動産の評価額[*1]（課税標準）× 税率

登記の種類		本来の税率	軽減税率
新築住宅	保存登記	0.4%	0.15%[*2]
中古住宅	移転登記	2%	0.3%[*2]
相続した住宅	保存登記	0.4%	–
	移転登記		–
購入した土地	移転登記	2%	1.5%[*3]
相続した土地	移転登記	0.4%	免税[*4]
抵当権設定登記		0.4%	0.1%[*2]

＊1 市区町村役場の固定資産課税台帳で確認できる。固定資産課税台帳に価格の記載がない場合は法務官が認定した価格になる。

＊2 軽減税率の適用は2027年3月31日まで

＊3 軽減税率の適用は2026年3月31日まで

＊4 免税措置は2025年3月31日まで

抵当権設定登記

どの金融機関でも住宅ローンを組んだ際には、抵当権設定登記が必要になります。万が一、ローン利用者が返済不能になった場合に、金融機関が土地・建物を競売などで売り、その利益で住宅ローンを弁済するための登記です。住宅ローンを完済した際には、抵当権の抹消手続きを忘れないようにしましょう。

固定資産税

不動産を所有している人に課される市町村税（東京23区では都税）で、毎年1月1日時点で固定資産課税台帳に登録されている人に自治体から送付される「固定資産税納税通知書」で納付します。

年の途中で不動産を売却しても納付義務が生じるため、不動産の引き渡しが行われた年には、固定資産税と都市計画税を、売り主と買い主で基準に応じて分担し共同で負担するのが一般的です。

固定資産税の計算

2026年3月31日までは軽減措置の適用あり

固定資産税評価額 × 1.4％

軽減措置

一定範囲内の床面積（50㎡以上280㎡以下）の場合、固定資産税額が半額（2分の1）になります（居住部分120㎡分まで減額対象）。軽減期間は、新しく固定資産税が課税される年度から、通常は3年間（長期優良住宅の場合は5年間）です。

地域によって適用条件や詳細が異なるため、具体的な内容は市町村役場や都税事務所で確認してください。

固定資産課税台帳とは

固定資産税課税台帳は、土地や建物の所有者、所在地、面積などの情報を記録した公的な台帳です。毎年1月1日時点の固定資産税課税台帳の情報が、固定資産税の評価や税額の算出、納税通知書の発行に使用されます。

固定資産税課税台帳は、土地や建物の所有者が各市町村役場（東京23区では都税事務所）で閲覧することが可能です。台帳に記載されている地番や住所は登記簿と異なることがあるため、事前に調べておくとよいでしょう。また、台帳の閲覧には本人確認が必要なので、身分証を持参します。

不動産取得税

土地や住宅の購入、贈与、住宅の建築などで不動産を取得した際、取得した人に対して1回だけ課税される税金。登記の有無にかかわらず課税されますが、相続取得の場合は原則として課税されません。

不動産取得税は新居に引越してから半年ほどで都道府県から納税通知書が届きます。

軽減措置を利用する場合は不動産を取得した日から60日以内に所管する役所に申請が必要です。

不動産取得税の計算

2027年3月31日までは3％の軽減措置が適用される

取得した不動産の固定資産税評価額×4％

軽減措置

①「新築住宅」の「建物部分」の軽減措置

建物部分の固定資産税評価額から、さらに1,200万円が控除される。

（建物の固定資産税評価額－1,200万円）×3％

長期優良住宅の場合は、控除額が1,300万円に拡大する。

（建物の固定資産税評価額－1,300万円）×3％

●「新築住宅」の「建物部分」の軽減措置

・居住用の不動産であること（居住の用途のためであれば基本的に適用対象）
・住宅の延べ床面積が50㎡（一戸建て以外の賃貸住宅は40㎡）以上、240㎡以下

②土地の軽減措置

課税標準額を固定資産税評価額の1／2とし、さらに一定の軽減額を差し引く。

（土地の固定資産税評価額×1/2×3％）－軽減額

●軽減額は次のどちらか高いほうが適用される。

・45,000円
・（土地1㎡あたりの固定資産額*1×1/2）×（住宅の課税床面積*2×2）×3％

*1 固定資産評価額を地積（土地の面積）で除した額　*2 上限200㎡

都市計画税

「市街化区域」内の不動産に課せられる税で、毎年1月1日時点で固定資産税課税台帳に登録されている人に、自治体から固定資産税の納付通知書とともに都市計画税の納税通知書が送られます。

都市計画税は固定資産税とは別に課せられるため、対象者は固定資産税と都市計画税の両方を支払う必要があります。

都市計画税の計算

固定資産税評価額×税率（上限は0.3％）

税率は市区町村ごとに異なるが、上限は0.3％に定められている。住居用の土地のみ2026年3月31日までは軽減措置の適用あり

軽減措置

①小規模住宅用地

一戸につき面積が200㎡までの小規模住宅用地の課税標準は3分の1とする。

②その他の住宅用地

小規模住宅用地以外の住宅用地の課税標準は3分の2とする。

都市計画税の課税対象者

都市計画税は、道路、水道、公園などの公共施設の整備や土地区画整理事業を行うために、市町村（東京23区は東京都）に納める税金で、市街化区域内に土地や家をもっている人が対象です。

市街化区域とは、人が家を建てて住んだり事業や商売をしたりする区域で、街として整備されるエリアです。農地や緑地として保全が優先されるエリアは、市街化調整区域と呼ばれます。

市街化区域の具体的な範囲の判断は、各市町村に委ねられています。また、税率も自治体の条例ごとに異なりますが、上限は0.3％と決められています。

贈与税

親や祖父母などから住宅資金を援助してもらう場合、贈与税がかかることがあります。

贈与税がかかるのは、1月1日から12月31日までの1年間に受けた贈与（暦年贈与）の合計額が基礎控除額（年間110万円）を超える場合です。親族間であっても、贈与される金額が年間110万円を超える場合や、財産を無償で譲渡された場合も贈与と見なされ、贈与税がかかります。

以前は住宅取得等資金の贈与には非課税制度がありましたが、2023年12月31日に終了しました。現在では夫婦間贈与の特例と、相続時精算課税制度のみが利用可能です。

暦年贈与の基礎控除

贈与税には基礎控除があります。1月1日～12月31日までの1年間で、贈与された合計額が110万円以内であれば、贈与税が控除されます。これはひとりの人からの贈与に限らず、複数の人から、贈与された金額の合計が110万円を超えた場合も同様に控除対象にはならなくなってしまいます。

贈与税の配偶者控除

マイホーム取得のための現金（またはマイホーム）を婚姻期間20年以上（入籍した日から贈与のあった日までの期間）の夫または妻から、贈与された場合、贈与財産から最高2,000万円を控除することができるというものです。同一の配偶者からは、生涯に一度のみ。夫→妻、妻→夫、どちらの贈与でも適用可能です。

Point

名義預金に注意

贈与するお金を銀行口座に振り込む場合には、その口座を「名義預金」にしないよう注意しましょう。

名義預金とは、「お金の所有者と口座の名義人が異なる預金」で、たとえば、親や祖父母が子や孫の名前で預貯金をしていたり、専業主婦（夫）が配偶者の収入を自分名義の口座に入れているなどといったものです。名義預金は違法であり、場合によっては脱税を疑われることがあります。

名義預金と見なされないためには、名義だけの移動ではなく、実質的な資産の移動があったと示すことが重要です。贈与契約書を結んだり、基礎控除以上の額を贈与して確定申告するなどの方法もありますが、もっとも手軽なのは、贈与するお金は贈与を受ける人が普段使っている口座に振り込み、通帳や印鑑の管理は贈与を受ける人がすることです。

相続時精算課税制度

60歳以上の親(父・母)からの贈与の贈与税は、相続時に相続税として精算するという制度です。この制度を利用すると、2,500万円の特別控除が適用され、非課税になります。しかし、相続が発生したときに、それまでの贈与分をあわせた財産が相続税の対象になります。

制度を利用する場合は、贈与を受けた翌年の2月1日から3月15日までの間に、贈与税の申告書に「相続時精算課税制度」を選択することを記入して税務署に提出します。なお、一度制度を適用すると、その贈与者(父または母)からの贈与は、相続が発生するまで相続時精算課税となります。

相続時精算課税と暦年贈与の違い

	相続時精算課税	暦年贈与
贈与する人	贈与する年の1月1日時点で年齢60歳以上	誰でも可
受けとる人	贈与を受ける年の1月1日時点で18歳以上の贈与者の直系卑属(子や孫)	誰でも可
控除額	受贈者ごとに年間110万円(基礎控除)	受贈者ごとに年間110円(基礎控除)
税率	贈与者ごとに累計2,500万円(特別控除)	10〜55%
利用時の手続き	一律20%	不要
贈与税の申告	相続時精算課税選択届出書の提出	基礎控除内の場合は申告不要
相続財産への加算	基礎控除内の場合は申告不要	基礎控除分を含む相続開始前3年以内の贈与財産すべて加算。(2027年〜30年は2024年1月1日〜相続開始日までの期間、2031年以後は相続開始前7年以内)
相続財産への加算評価額	基礎控除分を除いて、相続時精算課税制度を適用した贈与財産すべてを加算(期間制限なし)	ただし3年超7年以内の贈与財産に関しては総額100万円まで控除

ここも知りたい!

Q 税務署から「お尋ね」が届いたら?

不動産を購入し、確定申告すると、税務署から「お尋ね」という通知が届くことがあります。

これは、税務署が個人に対して確定申告の内容について問い合わせるための書面です。

税務署にとっては、不動産購入時は税金の申告漏れを防ぐための重要なチェックポイントとなっているのです。

「お尋ね」では、不動産所得の内訳や現在の不動産の利用状況などが問われます。

問われていることに対して、できるだけ正確かつ詳細に記載して返送する必要があります。内容が不正確であったり、書類を返送しなかったりすると、税務調査の対象となる可能性があります。

面倒に思わず、必ずきちんと返送しましょう。

マイホームのお金試算シート

マイホームに使える自己資金を試算

内容			金額
預貯金	預貯金の残高1		円
	預貯金の残高2		円
	定期預金の残高		円
	積立預金の残高		円
有価証券	株式・投資信託・債券		円
	その他の有価証券		円
身内からの援助	両親からの援助予定額		円
	祖父母からの援助予定額		円
	その他親族からの援助予定額		円
身内からの借入	両親からの借入予定額		円
	祖父母からの借入予定額		円
	その他親族からの借入予定額		円
その他	退職金(予定含む)		円
	生命保険の解約返戻金		円
	不動産の売却予定額		円
	その他の資産		円
自己資金合計		(A)	円

住宅ローンの借入可能額

年間ローン返済可能額(G)　[　　　　]円 ÷ 100万円あたりの年間返済額(下表)　[　　　　]円 × 100万円 = 借入可能額(H)　[　　　　]円

■100万円あたりの年間返済予定額

返済期間	35年	30年	25年	20年	15年
年金利1.5%	36,732円	41,412円	47,988円	57,900円	74,484円

購入可能なマイホームの額

借入可能額(H)　[　　　　]円 + 自己資金合計(A)　[　　　　]円 = マイホーム額　[　　　　]円

Check!

毎月の返済可能額を試算

収入	給与×12カ月	円	
	ボーナス（年間計）	円	
	収入　計	円	……B
年間の基本生活費	食費（外食費含む）	円	
	水道・電気・ガス・灯油代など	円	
	電話・インターネット代など	円	
	駐車場代	円	
	通勤・通学交通費	円	
	育児・教育費	円	
	医療費	円	
	保険料	円	
	その他（家賃など住居費除く）	円	
	基本生活費　計	円	……C
年間の貯蓄	将来の教育準備金	円	
	車の買い替え費・車検費	円	
	家族旅行のための積立	円	
	予備費（冠婚葬祭費など）	円	
	その他（教育費など将来のための必要準備金）	円	
	貯蓄　計	円	……D
マイホーム取得後増える見込みの年間の生活費	修繕のための積立金	円	
	固定資産税	円	
	団体信用生命保険料	円	
	火災保険料	円	
	セキュリティー費（警備会社との契約など）	円	
	水道・電気・ガス代・灯油代など（増加分）	円	
	駐車場代（増加分）	円	
	通勤・通学交通費（増加分）	円	
	その他（単身赴任費用・町内会費など）	円	
	マイホーム購入後増加する生活費　計	円	……E
	年間支出額（C＋D＋E）	円	……F
	年間ローン返済可能額（B－F）	円	……G
	毎月のローン返済可能額（G÷12）	円	

Check!

ライフプラン表

住宅ローンは長期にわたって支払いが発生するため、資金計画では10年後、20年後の家族や暮らしを想像することが大切です。具体的にイメージするために、下の例のようなライフプラン表を作成し、家族の将来のお金を一覧できるようにしてみましょう。

（単位：万円）

	2024年	2025年	2026年	2027年	2028年	2058年	2059年
自分の年齢	35	36	37	38	39	69	70
自分のライフイベント							
配偶者の年齢	32	33	34	35	36	66	67
配偶者のライフイベント		第二子出産					
第一子の年齢	1	2	3	4	5	35	36
第一子のライフイベント			幼稚園入園				
第二子の年齢		0	1	2	3	33	34
第二子のライフイベント		誕生			幼稚園入園		
第三子の年齢							
第三子のライフイベント							
家族全員のライフイベント		出産準備					
ライフイベントにかかるお金…①		50	10		10		
食費など基本の生活費	200	200	200	200	200		
教育費	36	36	36	36	36		
住宅ローン	120	120	120	120	120		
その他の出費	110	110	110	110	110		
生活費合計…②	466	466	466	466	466		
自分の年収	500	500	500	500	500		
配偶者の年収	110	50	0	0	0		
その他の収入	0	70	10	0	15		
収入合計……③	610	620	510	500	515		
支出合計（①＋②）……④	466	516	476	466	476		
年間収支……③－④	144	104	34	34	39		

ファイナンシャルプランナーに相談するとライフプランシートを作成してもらえます。

Part3

長くつき合える パートナーの 選び方

家づくりの依頼先を決めてから家が出来上がるまでは、
半年〜1年ほどかかるのが一般的です。
依頼先とは、家が出来上がってからもメンテンスなどでつき合いが続きます。
長い道のりだからこそ、信頼できるパートナーを得たいもの。
依頼先の探し方や決定するポイントなどを確認しましょう。

いろいろある家づくりの相談窓口

家を建てたいと思ったときに相談ができる窓口はいくつかあります。相談先の種類とそれぞれの特徴などを紹介します。

設計・建築に直結する会社か仲介がメインのコンサル会社

家づくりの相談先には、大きく2つのタイプがあります。

ひとつは建築設計事務所、ハウスメーカー、工務店など、ダイレクトに設計・建築を任せられるところです。一般的な相談先ですが、それぞれで家づくりに関する得手不得手があります。

もうひとつは、どういったところに設計・建築を頼んだらいいのか、依頼先の選定から相談にのってくれる住宅コンサルタントなどの会社です。依頼先の選定で終わるケースもあれば、家の引き渡し段階まで、適宜アドバイスやサポートをしてくれるケースまでさまざま。資金計画の相談ができるところも多く安心感はありますが、ダイレクトに設計・建築を任せられるところと比べると全体の費用がかさみます。

前者も後者も、最初の相談は無料というところは多いですが、どこまでが無料の範囲になるかは事前に確認が必要です。

お金のことや土地探しから相談できるところもあれば、小規模の工務店などでは、純粋に家づくりのみというところもあります。どういったことから相談したいのか、相談内容を明確にしてからコンタクトしましょう。

ここも知りたい!

Q ファイナンシャルプランナーへの相談は必要ですか?

家づくりとお金は切り離せない関係のため、お金の話ができるファイナンシャルプランナー(FP)は心強い相談相手です。住宅ローンを扱う金融機関でもFPを紹介してくれますが、金融機関側のスタッフより外部のFPのほうが冷静な診断が期待できます。ただし、FPが関われるのはお金のアドバイスだけ。家づくりの成功そのものには関係がありません。

家づくり全般を相談したいのなら、最近ではFPの資格をもつ建築家も増えています。住宅設計が得意な建築家なら、両方をカバーしてくれます。FP単独でなく、そういった建築家に相談してみるのも選択肢のひとつです。

家づくりの相談先

	建築設計事務所 	ハウスメーカー 	工務店 	住宅コンサルタント会社 
探し方	●住宅雑誌や建築士の紹介サイト、事務所や建築家本人のSNSなどで探す。 ●多くは過去の実績を写真で紹介しているので、**住宅のテイストが好みの建築家を何人か候補に**挙げる。	●カタログを請求するか、モデルハウスを確認する。 ●**住宅展示場なら、さまざまなメーカーのモデルハウスを見学できる**。同じメーカーでもテイストの違う商品を出店していることもあるので選択肢が広がる。	●**知人の紹介というケースが多い**が、最近はインターネットで探すこともできる。 ●住宅雑誌などに記載されている施工会社名でチェックする方法もある。	●知人の紹介または、**インターネットなどで探すのが一般的**。
特徴	●建築士の個人事務所が多く、設計と施工監理のみを担当する。 ●建築工事は案件ごとに施工する工務店を選定するため、**おおむねどんな工法でも対応でき、設計の自由度が高い**。ほかと比べると提案力も高い。 ●土地探しの相談にのってくれるところもあり、**敷地条件に合わせた提案をしてくれる**ので、狭小地、変形敷地などにも対応できる。	●地域密着から全国展開の会社までさまざまで、設計から建築工事まで一括して請け負う。 ●自社が**得意とする工法や間取り設計があり、それ以外のものには基本的には対応できない**。 ●系列に不動産関係の会社があるメーカーは、土地探しの相談も可能。	●地元密着の小規模経営の会社が多く、設計から建築工事まで一括して請け負うのが一般的。外部の設計事務所と業務提携しているところもある。 ●**木造軸組構法などオーソドックスな工法が得意なところが多い**。 ●設計の自由度は比較的あるが、自社内で設計している場合は、新しい**デザインの提案や最新技術の施工などに弱いところもある**。	●**資金計画、土地の取得、設計相談、施工業者の選定など相談内容に応じて対応**してくれる。建物ができあがるまでサポートしてくれる会社も多い。 ●会社によっては資金計画、設計相談など個別のテーマを専門にするところもある。 ●施工業者などとのトラブル相談をできるところもある。
コスト	●**建築工事費の10～15％程度を設計監理費として支払う**のが一般的。設計料と工事監理費が含まれている。 ●建築**工事に関わる費用は、実際に行った会社に支払う**。	●部材の大量仕入れや施工のシステム化などで、**全体のコストのうち材料費や工事費の割合は低い**。 ●坪単価で表示されているのは標準仕様の場合が一般的。**オプション仕様、グレードダウンなどで坪単価も変わる**。標準仕様でも不要なものは削れる。	●同じように設計から建築工事まで請け負うハウスメーカーと比べると、広告宣伝費などは抑えられているので割安感がある。ただし、部材や設備のクオリティを上げればコストも高くなってくる。 ●昔ながらの工務店では**見積書の項目があいまいなこともあるので、しっかりと確認**が必要。	●**コンサルタント料金の体系はさまざま**。トータルで建築工事費の数％と決まっている場合もあれば、相談案件ごとに費用が発生する場合もある。 ●**設計・建築工事に関わる費用は、実際に行った会社に支払う**。
工期・施工	●建築主の条件に合わせて一から設計プランを考えるため、**相談から着工までに4～6カ月ほど**かかることも。**工期は5～6カ月程度**が目安。 ●設計プランに適した工務店をプロの目で選び、工事の監理も行うので比較的安心。	●工場生産の部材を、工場や現場で組み立てるので工期は短く済む。**相談から着工までは2～3カ月、工期は3～4カ月程度**が目安。 ●決まった形に組み立てる据え付け工事がメインになるため、比較的安定した施工・仕上がりになる。	●設計、施工ともそれほど長引くことはない。 ●**相談から着工までは3～4カ月、工期は4～5カ月程度**が目安。 ●職人によって工法や作業に得手不得手があるため、施工技術は職人の腕によって差が出る。	●工期も施工も、仲介された施工会社による。
アフターサービス	●保証制度は施工会社との契約になるが、良心的な設計事務所なら不具合があったときの窓口になってくれることが多い。 ●**メンテナンスやリフォームなどの相談にものってくれる**。	●アフターサービスの専門部署を設け、**独自の保証制度を用意しているところが多い**。 ●保証期間内でも有料になるサービスもあるので確認が必要。	●保証内容などは会社によってさまざま。 ●**地域密着型の工務店の場合は、細かいトラブルにもすぐに対応してくれる**ことがある。	●保証制度は施工会社との契約になる。 ●**竣工後のトラブル相談を有料で受けるところもある**。

家づくりのパートナーの選び方

実際に家づくりをお願いできるパートナーはおおむね、建築設計事務所、ハウスメーカー、工務店の3つです。選ぶポイントを確認してみましょう。

急がず冷静に選ぶことが家づくり成功のカギ

注文住宅なら自分たちの希望がすべて叶えられると考えるのは間違いです。注文といっても、外観・間取り・設備などどこまで自由に選択できるかは、家づくりを依頼するパートナーによって変わるからです。

家づくりを任せることのできる依頼先には、建築設計事務所、ハウスメーカー、工務店などがあります。「昔ながらのつき合いだから」「知り合いの勤務先だから」などと安易に依頼先を決めてしまう人もいますが、やはり家づくりの成功は依頼先選びがカギとなります。

自分たちのこだわりを形にしてくれるところを選ぶ

依頼先の選定は、建て主の家に対するこだわりに関係します。希望の家、ゆずれない点などを確認し、それを形にしてくれる依頼先を見つけるのです。依頼先候補は最初からひとつに絞らず、複数の窓口に相談するのも家づくりの鉄則です。

まずは、それぞれの依頼先候補の特徴、メリット・デメリットを知り、自分たちのこだわりと照らし合わせていきましょう。担当者に話を聞き、実際の物件やモデルハウスを見学し、多くの候補先から、納得できそうな先を2～3社に絞ります。「予算が合えばぜひお願いしたい」という業者を探し出せれば、家づくりも半分成功です。ここまでの段階に時間をかけて損はありません。

最終的には、絞り込んだ2～3社に詳しい見積りを出してもらい、内容と予算を確認します。数社に同時に見積りを依頼することを「相見積り」といい、それぞれの見積りを比較して、依頼先を決定します。

こだわりが多いほど業者選びには時間がかかるが、慌てないことが大切。

依頼先の特徴と建て主のこだわり

	建築設計事務所	ハウスメーカー	工務店
	設計の自由度が高く個性が出せる！ 条件の悪い環境もクリアしてくれる！	完成イメージがつかみやすい！ 信用度が高く、品質や性能に安定感がある！	地域密着はアフターフォローも頼みやすい！ コストが安く、標準的なものができる！

注意点	●設計の自由度が高い分、部材や設備にお金をかけられるため、コスト高になりやすい。 ●事務所によってデザインの指向に偏りがあることが多いので、自分の好みのテイストの人を探す必要がある。 ●事務所によっては住宅を「作品」と捉え、建て主の希望よりもデザインやコンセプトを優先されてしまうこともある。	●会社として広告宣伝費などにお金がかかっているため、家づくりの実費以外のコストが加味されている側面がある。 ●独自の工法にしか対応できず、間取りなどに制約のあることが多い。 ●気に入った設備などがあっても、規格外だと入れることができない場合もある。	●得意な工法以外のものは、施工技術に不安がある。 ●新しい技術や法基準などにうといことがある。 ●口コミなどで、業者としての良し悪しを見極めるのが難しい。
建て主のこだわり	●作家の作品に住みたい。 ●変形敷地、狭小敷地など土地に制約があるが、生かしたい。 ●設計者とじっくり話し合って、納得のいく家づくりをしたい。 ●資材や設備にこだわりがあり、できればそれを取り入れたい。	●企業の信用度を優先している。 ●メーカーの住宅コンセプトや工法が気に入り、安定した品質保証を希望する。 ●自分たちで考えるより、ある程度の設計プランを提案してもらいたい。 ●工期はできるだけ短くしたい。 ●アフターサービスの体系がしっかりしているほうがいい。	●顔が見える地域密着の業者がいい。 ●コストをできるだけ抑えたい。 ●デザインに大きなこだわりがなく、標準的な間取りと設備であればよい。 ●大工などの職人技を家に取り込んでみたい。

Point

相見積りの取り方

家づくりは段階的にさまざまな工事があり、部材の種類や数も多く、見積りの内容も細かくなります。そのため、たくさんの業者に相見積りを取っても、比較するのが難しくなるだけ。相見積りは、ある程度の打ち合わせを重ねて自分たちの希望を理解してもらい、予算の折り合いがつけば家づくりを任せたいという業者を2～3社に絞った段階で行うようにします。

相見積りを取ることは各社に伝えて問題ありません。当然ですが、条件はみな同じもので依頼します。とはいっても、見積書の体裁は各社で異なります。細目名や工事名が違ったりするので、単純な比較が難しいこともあります。相見積りでは、金額の確認ではなく、なぜ金額に差が出るのかを見る必要があります。上手な比較法は188ページを参考にしてください。

要望はしっかり伝えつつ相手のこともチェックする

家づくりの依頼先には、自分たちの要望や状況を伝え、それを理解してもらうことが必要です。要望はリストアップし、「絶対に実現したいもの」「できれば叶えたいもの」など優先順位をつけておきます。何ごとも家族全員で話し合うのが賢明です。

要望を伝えると、それに沿った設計プランを提案してくれます。プランの良し悪しは依頼先を決める要素ですが、同時にそれ以外の部分も確認しておきましょう。プランはよくても実際の物件はどうか、施工事例や現場の様子などもチェックして依頼先の候補を決定します。

概算料金やプランに惑わされず、信頼して家づくりを任せられる業者かどうかも確認を。

依頼先に伝えておくこと

家族構成と将来の予想

現在の家族構成はもちろんですが、将来の変化も予想し伝えましょう。子どもが増えたり独立したり、親との同居の可能性も考えておきます。仕事の変化なども想定しておくと、間取りや将来のリフォーム対応などに配慮できます。

家族の希望

新しい家の希望は、子どもも含め家族全員のものをリストアップします。ただし、なかには両立できない希望が出る可能性もあるでしょう。リストアップしたものは、家族で話し合い、実現したい優先順位を決めておきます。

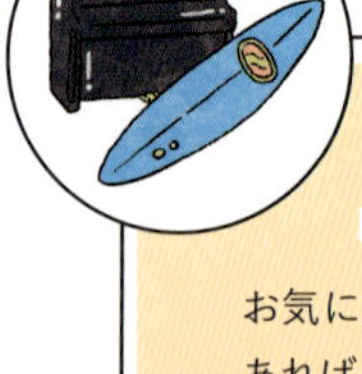

新居に運び入れたいもの

お気に入りの家具やどうしても使いたい設備機器があれば、伝えておきます。趣味の道具やコレクションなど数の多いものや特殊なものも、どんなものがどれくらいの量になるか把握しておきます。

今の住まいの不満

快適な住まいをつくるためには、新しい家への希望を伝えると同時に、現在の住まいの不満点も伝えておきましょう。不満の解消ができ、プランニングに迷ったときの参考にもなります。

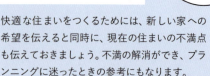

Check!

依頼先候補はここをチェックする

家づくりを任せてよい業者かどうか、見積りを依頼する前に確認しましょう。設計事務所や工務店が開催するオープンハウスや現地見学会では、実際の物件がチェックできます。

担当者の様子

- □「時間を守る」「身だしなみ」など社会人として基本的なマナーが身についているか。
- □ 話を最後まで聞いてくれ、メモをしっかり取っているか。
- □ 質問に対する回答が早く、誠実に答えてくれているか。
- □ 説明がわかりやすく、不明なことをごまかしたりしていないか。
- □ 要望に添えないことには代替案を出す提案力があるか。
- □ 契約を急かしたり、営業トークばかりしていないか。

事務所などの様子

- □ 電話や接客対応がていねいで、事務所はきちんと片付いているか。
- □ 工務店など施工を行う業者の場合、壁に建設業の業者登録票が表示されているか。
- □ 小規模の業者の場合、経営者、窓口担当者、現場責任者などが信頼できそうか。
- □ 経営者、窓口担当者には住宅建築の知識が十分にあるか。
- □ 窓口担当者と連絡が取りにくいということはないか。
- □ 建築現場の見学を快く受けてくれるか。

オープンハウス・現地見学会でのポイント

- □ 基礎、工法、構造などはざっと事前勉強しておき、疑問点は質問する。
- □ オーナーがいれば、住み心地、部材の経年劣化、ランニングコスト、アフターサービスなどについて話を聞いてみる。

建築現場の確認点

- □ 資材や工具、ゴミなどが整理整頓されているか。
- □ 周囲に配慮して足場が組まれているか。
- □ 仮設トイレは周囲に配慮して設置されているか。
- □ 子どもなどが入り込まないように配慮されているか。
- □ 現場スタッフの態度が横柄ではないか。

見学会や住宅展示場でのチェックポイント

見学会や住宅展示場などは、家づくりのパートナーを決める判断材料のひとつ。機会があればぜひ足を運びましょう。

工事の様子などを確認し業者の信頼度をチェック

実際の施工現場を確認できるのが現地見学会で、工事の様子や完成物件を見られます。建売住宅を考えている人が販売予定の物件を見学するケースも多いですが、注文住宅を検討中なら、依頼先候補の仕事ぶりや仕上がりを確認するのに最適です。

住宅展示場では、さまざまなハウスメーカーのモデルハウスを見ることができます。建築士に依頼を考えている人も、間取りや設備など参考にできるものがあるでしょう。

事前に確認したいことをまとめてから参加すると有意義です。

現地見学会の見どころ

現地見学会はオーナーの好意で行われているもの。建材や家を破損したり汚したりせず、迷惑をかけたりすることがないように参加しましょう。

工事現場

建築途中の見学会は、基礎や構造など完成後見えない部分を確認できます。同じ木造建築でも、工法の異なる見学会に参加するのもおすすめです。働く人の仕事ぶりを見ることで、業者への信頼度も確認できます。

見どころ

□基礎の役割や形状
□シロアリ対策や断熱材の施工
□通気性と気密性を確保するための施工
□耐震、耐久性に対する施工
□工事全体のていねいさや働く人たちの様子
□近隣への配慮状況

注意点

●子どもからは目を離さず、とくに小さい子は常に手をつないで行動する。
●汚れても問題がなく動きやすい服装・靴で参加する。

完成した家

オーナーが入居する前の新築物件の見学会もあります。実際の家族構成にあった間取りや動線などを確認できるのがメリットです。入居後に行われる見学会では、家具の配置や実際の生活を見ることができ、新居での暮らしをよりイメージできます。

確認したい点

□家族構成と家のサイズ感
□間取りや動線
□こだわった点、工夫した点
□ハウスメーカーの物件は標準仕様とオプション仕様

注意点

●靴や靴下はきれいなものを。
●室内や設備を汚したり破損したりしない。子どもから目を離さない。

住宅展示場を見学する際

**住宅展示場のモデルハウスは、メーカーの最高級グレードで仕上げてあります。

それを念頭におき、自分たちの好みや予算などと照らし合わせてチェックしていきましょう。**

事前準備

- パンフレットやインターネットなどで各ハウスメーカーの特徴を確認し、目当てのメーカーを2〜3社に絞る。細部までチェックできるのは1日に3棟程度。
- 間取り動線、設備、壁や床の仕様、外観やデザインなど、見学の優先度を決めておくと無駄なく確認できる。質問したいことはまとめておく。
- 予約なしでも見学できるが、しっかりとした説明を受けたい場合は来場予約をしてから。土日や祝日など混み合う日はじっくり見学できない可能性もある。希望エリア、おおよその予算、家に対する希望やイメージなどをまとめておくと、営業担当者からのアドバイスも受けやすい。

持ち物

□筆記用具とメモ帳
□カメラ(スマートフォンで撮影してもOK)
□メジャー(スチール製が使いやすい)
□エコバッグ(カタログや資料をもらうことも多い)
□土地が決まっていればそれに関する資料

チェックポイント

□部屋の広さ、各部の寸法

床やソファに座ったり、キッチンからリビングを見たり、吹き抜けに立ったり、パンフレットの間取り図ではわからない実際の広さを体感で確認する。収納の大きさ、段差の高さなど気になるところはメジャーで測る。印象はメモに残しておく。

□間取り、動線

間取りや動線が自分たちのライフスタイルに合っているかどうか。間取りの変更は可能かどうかも確認を。

□デザイン、住宅設備

インテリアの仕上がり、キッチンシステム、浴室、トイレなどの住宅設備は、標準仕様かオプション仕様かを確認する。メーカーオリジナルの仕様や設備があれば確認する。

□構造・省エネ設備

断熱・防音・換気・耐震性などの仕様と性能、太陽光発電・家庭用蓄電池・HEMS(ホームエネルギーマネジメントシステム)などの省エネ設備の状況などを確認する。

□営業担当者の資質

見学をきっかけにそのメーカーで家を建てることになった場合は、見学時に案内してくれた人が担当になるのが一般的。説明を受けながら、担当者として適切かどうかもチェックしておく(➡P85)。

土地探しから始めるとき

家を建てる土地は、家づくりの成功にも大きく影響します。よい土地探しには、良心的な不動産業者を見つけることが必要。業者や営業担当者の見極めポイントを解説します。

土地と家は同時進行で良心的な業者を見極める

「建物は土地が決まってから」と考える人は多いのですが、土地探しを始めたら、建築依頼先も同時進行で探すのが鉄則です。先に購入した土地に、希望の家を建てることができないというケースは案外多いのです。

そのため可能なら、土地探しは建築依頼先と一緒に行うのが賢明。建てたい家と土地の相性を確認しながら、アドバイスしてもらえます。

なお、土地の購入は、不動産業者を通して売買契約するのが一般的です。良心的な業者であればよいですが、なかにはモラルに欠けた不動産業者が存在するのも事実。よい不動産業者を見極めるには、土地探しをあせらないことが重要です。

じっくりコミュニケーションをとり、信頼できると思った業者から納得できる土地を購入できれば、その後の家づくりもスムーズ。不利益を被らないためにも、業者の善し悪しを見抜くポイントを確認しておきましょう。

不動産取引の形態

不動産の取引の形態には3つの種類があります。
形態によっては、買主に手数料が発生します。

売主

売主と買主が直接取引する形態。売主が個人や法人の場合もありますが、多くはその不動産業者が自社物件を販売しているのが一般的。レインズ(➡P83)には登録されず、買主に手数料は発生しない。

媒介(仲介)

不動産業者が、売主と買主の間に立って契約を仲介する形態。レインズに登録され、売主・買主ともに手数料が発生する。手数料の上限は「不動産価格3.3%＋66,000円」。

代理

不動産業者が、売主に代わって販売活動や契約締結の権限を与えられている形態。レインズには登録されず、買主に手数料は発生しないことが多い。

Check!

不動産業者はここをチェックする

□宅建業免許番号

宅地建物取引業を行う免許を受けると与えられる番号で、「国土交通大臣免許(11)第××号」「○○県知事(13)第××号」などと表示されている。( )内の数字は免許の更新回数。番号なしの不動産業者は、不動産の売買、契約はできない。

□宅地建物取引業者名簿

国土交通省のウェブサイトか、知事免許の業者なら管轄都道府県庁内の不動産業をする部署で閲覧できる。業者名簿では次のようなことが確認できる。

- 指示処分と行政処分を受けた日付と内容
- 過去5年分の業者の実績
- 代表者、役員、専任の宅地建物取引士などの氏名や略歴
- 宅建業以外に兼業している業種　など

商号変更や、代表者や役員の入れ替わりが激しい業者は要注意。

□宅地建物取引士

不動産取引に関する国家資格者。不動産事務所は、従業員5人に対して最低1人は宅地建物取引士を置く義務がある。本人が常駐しているか確認する。

□指定流通機構(レインズ)

宅建取引の適正化と円滑化を目的として国土交通大臣が指定した不動産流通機構のことで、通称「レインズ」と呼ばれる。全国に4つのレインズがあり、各地域の不動産情報をネットワーク化している。レインズ加盟業者は、ネットワークでつながった豊富な物件情報を共有できるため、不動産探しの幅が広がる。

□加盟する業界団体

団体への加盟には相応の審査があるため、一定基準の信用はある。不動産業界の団体には次のようなものがある。

- (公社)全日本不動産協会
- (公社)全国宅地建物取引業協会連合会
- (一社)不動産流通経営協会
- (一社)全国住宅産業協会
- (一社)不動産協会　など

営業担当者とは良好な関係をつくっていく

良心的な不動産業者であっても、担当する営業担当者の力量によっては、よい土地に巡り合える可能性が下がってしまうこともあります。また、信用できる人柄でなければ、売買契約書を交わすのも不安でしょう。

社員教育が行き届いた会社もありますが、やはり営業担当者としての資質には個人差があります。土地探しを任せられる人かどうか、担当者の力量や資質は要チェックです。

一度担当が決まると担当替えを敬遠する業者も多いですが、信頼関係なくしてよい取引はできません。業者は変えたくないけれど担当者に問題がある場合は、担当者の上司などに相談してみる方法もあります。

担当者とは、よきパートナーとして付き合うことができればベストです。客だからと横柄な態度や無理な要求の押し付けはせず、良好な関係を築いていきましょう。

ここも知りたい！

Q どうしたらよい担当者を見極められるでしょうか？

営業担当者の役割はクライアントの要望を聞き、それを実現すること。自社で扱う物件の情報収集力と、クライアントへのヒアリング能力が営業担当者としての質につながります。

そのためには、こちらからできるだけ多くの要望を伝え、わからない点は遠慮なく質問しましょう。きちんとメモをとりながら話を聞き、こちらの要望や疑問を理解してくれているかを確認します。会話を重ねるなかで、人となりや仕事への向き合い方がわかってきます。

営業成績も指標のひとつ。契約数の多い人は、クライアントの要望を理解するのが早く、提案力にもすぐれています。社内の雰囲気でわかることもありますし、年間の契約数などをそれとなく聞いてみるのもありです。

Point こんな業者や担当者は避ける！

次のような態度が見られたら、関係を見直すほうがよいでしょう。

- すでに契約が済んでいる条件のよい物件情報を客引きのために掲示している。
- 時間を守らない、メモを取らない、質問してもはぐらかすなど、基本的なビジネスマナー・スキルがない。
- 書類を作成せずに口約束だけで事を進めようとしたり、こちらから質問しないと重要なことを説明しない。
- 契約を急がせる。
- 希望の条件と異なる物件をすすめたり、「この予算では難しい」などと予算を引き上げさせようとしたりする。

Check!

営業担当者はここをチェックする

ビジネスパーソンの基本

- □ 清潔感のある身だしなみをしているか。
- □ 正しい敬語を使い、しっかりとしたあいさつができるか。
- □ 時間を守っているか。

ヒアリング力

- □ こちらの話をさえぎらず、最後までしっかり聞いてくれるか。
- □ 要望や課題を把握してくれているか。
- □ 質問や問い合わせに対するレスポンスが早いか。
- □ 質問にはていねいに答えてくれているか。
- □ こちらの理解度を確認しながら、専門的な内容もわかりやすく説明してくれるか。
- □ その場でわからない質問はごまかさず、調べて回答してくれるか。
- □ 現地見学に同行し、案内・説明をしてくれるか。

提案力

- □ 要望にあった物件を提案してくれるか。
- □ 要望にあうものがないときは、代替案を提案してくれるか。
- □ 物件のデメリットやリスクもきちんと説明してくれるか。
- □ 購入を強要したり、契約を急がせたりしないか。
- □ 提携ローンでの契約を強要しないか。

建売住宅を考えているなら

新築一戸建ての購入を検討する際、注文住宅にするか建売住宅にするか悩む人も多いはずです。そこで建売住宅のメリット・デメリットなどを確認してみましょう。

「予算」や「入居日」などにこだわる人に向いた住宅

建売住宅とは、不動産会社などが土地を仕入れて建物を建築し、土地と建物をセットで販売する住宅です。「分譲住宅」ともいわれます。販売されるタイミングは、着工前から完成後までさまざま。魅力は、注文住宅と比べて安価ということでしょう。

物件探しには、インターネットのポータルサイトが便利。標準的な間取りや設備、価格相場などをチェックするにも最適です。エリアが決まっているなら、地域の不動産会社に相談したり、折り込みチラシでも地元情報を確認したりできます。

建売住宅の施工業者

建売住宅の施工業者には、ハウスメーカーや工務店のほか、ビルダーと呼ばれる業者がいます。地域密着の工務店のひとつといえますが、一般的な工務店よりも広い地域で事業を展開し、自社開発の住宅を施工販売しています。

ハウスメーカー

大型の分譲住宅地にたくさんの自社住宅を建てて販売します。

特徴

- 注文住宅と同じ部材を使っていることも多く、品質が安定している。
- 注文住宅のノウハウで、間取りやデザインを設計してくれる。
- アフターサービスが充実している。
- 建売住宅のなかでは高品質の建材を使うため、比較的高価。

工務店

地元の土地に1～2軒ずつ建てて販売する地域密着の業者です。

特徴

- 建売住宅のなかでも自由度が高く、間取りや仕様変更などに対応してくれる場合もある。
- 比較的価格は低い。
- 職人の力量により施工品質にばらつきがあるが、地元で長く営業しているところは信頼感もある。

ビルダー

全国規模ではないけれど、ある程度の規模で施工販売をする業者です。

特徴

- 独自の商品をもち、設計・施工を自社で行う。間取りの変更に融通がきくこともあるが、全体的なデザインは画一的。
- 施工品質は安定しているが、建材などは最低基準のものが多い。
- 利便性のよい立地の物件も多い。

建売住宅のメリット・デメリット

メリット❶

実際の家を見て購入できる

完成した家があるので、間取りや動線、デザインなどを設計図だけではイメージしにくい点をあらかじめ確認できます。

メリット❷

価格が手頃である

建売住宅は施工業者の基本プランで建てられています。業者は建材を大量発注で安価に仕入れることができ、販売価格も抑えられます。

メリット❸

土地代金も住宅ローンで支払える

注文住宅は土地と建物で別々のローンを組むことになりますが、建売住宅は住宅ローンを使って一括で支払えるのでわずらわしさがありません。

デメリット❶

自由なプランができない

着工前の物件であれば、多少の間取り変更ができるケースもありますが、通常は、間取りや仕様の変更はできません。

デメリット❷

安全面の確認がしにくい

悪質な業者や欠陥住宅は減っていますが、地盤や建築施工の状況を確認できないため、安全性をより重視する人には向いていません。

デメリット❸

他人が家の中に入っている

購入前に実物を見られるメリットは、一方で、販売中にさまざまな人が見学しているということ。新築とはいえ、他人が出入りした家となります。

こんな人に向いている

□新居での生活を早く始めたい人

注文住宅は請負契約を結んでから建築がスタートしますが、建売住宅は売買契約をすませればすぐに入居が可能です。引越し計画が立てやすく、学期の始まりなど新生活の見通しもつけやすくなります。

□家づくりに手間をかけたくない人

注文住宅は設計段階でも建築中でも、自分たちで決めなければいけないことが多く、手間が取られがちです。

□標準的な家ならよい人

間取りや仕様は施工業者のプランで建てられます。高級ではないけれど、標準的な仕様で安定した品質の住宅に住むことができます。

Point

建売住宅を購入するときのポイント

施工品質や安全性を確認しにくい建売住宅だからこそ、次のような点には注意して購入を検討しましょう。

●周辺の環境はしっかり確認を

通常の土地探しと同様に、候補物件の周辺環境は事前に確認しておきましょう（➡P96）。建物がよくても環境に不満があると長くは暮らせません。

●日当たり・通風・間取り

日当たりや通風が悪い家は、あとあと後悔することも。光の入り方などは、時間を変えて何度か足を運び確認するのがおすすめです。間取りや動線も、生活スタイルとあまりにもかけ離れていては使い勝手が悪いだけ。建売住宅であっても要チェックです。

●アフターサービスと保証

施工品質が確認しにくい建売住宅は、保証期間や内容、アフターサービスの充実度でフォローしましょう。対応の早さや、フットワークの軽さも業者選びのポイントです。

中古住宅を考えているなら

限られた予算のなかで、広さや環境を重視したい場合、中古物件は魅力的です。どんな点に注意したらいいか確認しておきましょう。

新築よりも2～3割安く買えるのが魅力

中古住宅を購入してリノベーションするというニーズが広がり、中古住宅の注目度は高くなっています。

木造住宅の場合、建築から22年経つと、法律上では建物の価値がゼロになるため、中古住宅は新築と比べると2～3割程度安くなります。同じ価格であれば、立地や広さなどの条件は中古物件が有利です。

購入後の費用も考慮して予算を考える

中古住宅の価格は、次のような点を査定し決まります。

- **土地の価格**…駅からの距離、広さ、形、道路との関係など
- **建物の価格**…築10年で5割、22年でほぼゼロ
- **周辺環境**…学校、病院、スーパーなどの有無、生活のしやすさはプラスの要素に。大規模開発が予定されていると価格が高くなる。
- **売主の事情や要件**…早期売却の希望があると安くなる。再建築不可やセットバック（⬇P101）が必要な物件は価格が下がる。

古すぎる物件は、リノベーションや建て替えで予算オーバーになる可能性もあります。家の状態、購入後の住み方などを想定し、物件選びをすることが重要です。

Point 購入後の住み方

中古物件は、建物の状態によって購入後の住み方が変わります。

- **そのまま住む**…基礎、構造、設備、内装に問題がなければ住める。
- **リノベーションして住む**…基礎や構造に問題はないが、設備が古かったり内装が好みでない場合はリノベーションがおすすめ。
- **耐震補強などをして住む**…基礎や構造に問題があっても、補強や修繕で対応できる場合は、骨組みだけを残した大幅リノベーションに。
- **建て替え**…基礎や構造の修繕対応が無理なら、更地にして新築する。

中古住宅で注意すること

注意①

見た目で判断しない

とくにリフォームされて売り出されている物件は、見えない劣化があると思いましょう。新しい壁紙の下がカビだらけだったりすることも。断熱や耐震性能も実際に住んでみないとわからないこともあります。

対策

ホームインスペクションを受ける

住宅診断士（ホームインスペクター）が、第三者的な立場から住宅の欠陥の有無、劣化状況、改修が必要な部分などを診断してくれる検査です。売主が行っていることもありますが、一般には買主負担で行います。売主の承諾を得て、購入の意思を示した買付証明書を提示した後に実施。費用は5万円前後、結果によっては購入を見送ることもできます。

注意②

ご近所トラブル

家も環境もよかったのに、住んでみたらご近所との関係がうまくいかないということもあります。境界線問題や植栽問題など、以前の家主があやふやにしていたことが表面化してくることもあります。

対策

売主が家を手放す理由を確認

どんな物件でも、なぜ売主が家を手放すのかその理由を確認しておきましょう。手狭になったり転勤のためなど、建物や周辺環境そのものが原因でなければよいですが、隠れた近隣トラブルがあるとやっかいです。私道に面した物件は、通行ができなくなるなどのトラブルもあるので、道路の権利関係について必ず確認しておきます。

ここも知りたい！

Q 格安の中古物件を買うべきでしょうか？

近隣相場と比べて格段に安い物件は注意が必要です。確認したいのは、「再建築不可物件」や「既存不適格物件」ではないかどうか。前者は、一度更地にすると新しい家を建てることができない土地にある物件です。リノベーションは可能ですが、将来的な建て替えはできません。後者は建て替えや増改築に制限がある物件です。どちらも自治体の建築指導課などで確認できます。

権利関係も確認が必要です。土地が借地権でないか、建物や土地が第三者の担保物件になっていないか、建物に賃貸権をもつ賃借人がいないかなど。土地と建物の登記記録（➡P224）を確認しましょう。

Point

中古住宅は「安心R住宅」のマーク付きを

安心R住宅

「安心R住宅」は、中古物件取引の不安を解消するために国が設けた制度です。「安心R住宅」の商標使用の許可を受けた業者は、①耐震基準に適合している　②インスペクション（建物状況調査）を受けて構造上の不具合や雨漏りなどの心配がなく既存住宅売買瑕疵保険の検査基準に適合している　③リフォーム実施済みまたはリフォームの提案資料がある中古住宅の広告に「安心R住宅」のマークをつけることができます。

商標使用の許可は、国の審査によって認められた不動産の業界団体（➡P83）が管理しています。

Check!

中古物件はここをチェックする

土地・周辺環境

- □ 災害被害の可能性や地盤はどうなっているか（➡P95）。
- □ 敷地内に第三者の排水施設や占有物がないか。
- □ 前面道路の幅は４m以上あるか（➡P101）。
- □ 交通や周辺環境はライフスタイルにあっているか。
- □ 近隣の家に違和感はないか。
- □ 駐車スペース、駐輪スペースは確保されているか。

基礎・外観

- □ 基礎が浮き上がったり、傾きがないか。
- □ 基礎や壁にひび割れがないか。
- □ シロアリの被害がないか。
- □ 屋根や外壁に破損や塗装の剥がれがないか。
- □ 天気がいいのに外壁や土台が湿っていないか。

その他

- □「再建築不可物件」や「既存不適格物件」ではないか。
- □ 土地の権利は問題ないか。
- □ 建物に賃貸権をもつ賃借人がいないか。

設備・室内

- □ 日当たり、風通しはよいか。
- □ ガス、電気、給湯設備が問題なく稼働し、容量は十分か。
- □ キッチン、浴室、洗面室、トイレなどに水漏れ、詰まりはないか。排水溝から悪臭がしないか。
- □ コンセントやモジュラージャックの数や設置場所は十分か。
- □ 床に傾いていたり、きしんだりする場所がないか。
- □ 押入れ、壁、天井にカビあとやシミがないか。
- □ 壁紙が浮いたり、凸凹したりしていないか。
- □ ドア、窓などがスムーズに開閉するか。
- □ 壁、床、畳などの状態はどうか。
- □ 間取りや動線は家族のライフスタイルにあっているか。
- □ 収納スペースは十分か。
- □ 手持ちの家具や電化製品を搬入し、設置できるか。

Part4

しっかり見極めたい
土地選びと
住宅の性能

間取りやインテリアばかりに目を奪われがちですが、
安心して住める住まいは、土地の状態や住宅の性能にかかっています。
周辺の環境や地盤の状態、災害にどう対応していくかなども
家づくりには欠かせない要素です。
断熱、設備、建材、耐震など最新の住宅性能もチェックしておきましょう。

マイホームのための土地の探し方

注文住宅の大きな魅力のひとつは間取りや設備などを希望に沿って細かくオーダーできる点です。そのような希望を最大限に実現できる土地の探し方と注意点を紹介します。

土地と建物は必ず同時進行で検討する

土地探しを始める際、住みたい街・エリアを最初から決めている人が少なくありません。しかし、はじめからひとつの場所にこだわるのは得策とはいえないでしょう。場所にこだわったことで土地に予算をかけすぎてしまい、建物に回す費用が足りなくなる可能性があるからです。土地と建物は同時進行で検討するのが基本となります。

まずは、住みたい土地と建物のイメージを家族全員で具体的に話し合ってみましょう。次のような点を明確にしていくと、理想の土地の条件や間取りなどがイメージできてくるはずです。

- **通勤・通学時間の限度**
- **必要な商業・公共施設**
- **収納スペースの広さ**
- **趣味を行うスペース　など**

また、資金についても確認しておきましょう。現在の貯蓄額、親などからの贈与額、毎月返済可能な額などから総予算が算出できます。

理想の土地の条件や間取りと総予算が決まったら、土地探しと建築依頼先探しを同時に開始します。

土地探しの場合、広い範囲を検討するのであれば不動産関係のポータルサイトが便利です。ある程度エリアが絞られているなら、その地域の

Point

土地取得の諸費用も含めた資金計画を

土地をもたない人が注文住宅を建てる場合は、先に土地を購入してからでないと建築会社との契約ができません。つまり、土地を手に入れた時点では、建物との合計金額がわからないということになります。

そこで気をつけたいのが諸費用です。土地の場合は不動産取得税、司法書士費用、登録免許税、印紙代、仲介手数料など。建物は住宅ローンの事務手数料や登記費用のほか、外構や屋外電気などの別途工事費も必要です。これらは、総費用の1～2割になるといわれます。

諸費用を総予算に入れておかないと「立派な家が建ったけど外構工事のお金がない」といった事態になりかねないので注意が必要です。

不動産会社や信頼できる建築依頼先に直接依頼するという方法もよいでしょう。

現地確認の際はチェックシートを持参

候補地が絞り込めてきたら、実際に現地へ足を運びチェックしましょう。その際に確認するのは、左の8項目です。ただし、現地へ行く前の準備も重要で、家族で8項目の最低条件を明確にしてから出向きましょう。たとえば交通なら、「最寄駅への徒歩時間は10分以内」といったことです。

現地では各項目の詳細なチェックシート（⬇P97）を持参し、それぞれ最低条件をクリアしているのか確認していきます。このとき「近くに広い公園がある」といった気がついたことも記入しておきます。

希望の条件は家族全員で話し合い、確認しておくことが大切です

候補地のチェックポイント

1. 予算
2. 交通
3. 立地
4. 周辺環境
5. 商業施設
6. 公共施設
7. 医療施設
8. 教育施設

土地探しのパートナー

	メリット	デメリット
建築依頼先	●建築に精通しているので、建築費も合わせて予算内に収まる土地を紹介してもらえる。 ●土地と建物のローン手続き窓口を一本化できる。	●土地探しのプロではないので、情報量が少ないケースが多い。 ●理想の土地を見つけてもらったら、その会社で建てなければならなくなるケースが多い。
不動産会社	●土地探しのプロなのでレスポンスが早いケースが多い。 ●大手や地元に根付いた不動産会社であれば、非公開情報を教えてもらえることもある。	●建築のプロではないので、理想の間取りの家が建てられない土地を紹介される可能性もある。

さまざまな災害を想定して土地をチェックする

日本は災害大国です。たとえば地震だけでも、一九九五年の阪神・淡路大震災以降、新潟県中越地震、東日本大震災など5回もの巨大地震が発生しています。豪雨による水害も深刻化しており、毎年のように大雨による災害が発生しています。さらに昨今は、火山活動の活発化も注視されるようになってきました。

このような背景もあり、とくに東日本大震災以降は、災害に強い家づくりにこだわる人が増えています。しかし、建物だけを強くしても、もともとの土地の性質によっては、台風や豪雨による河川の氾濫、土砂崩れなどさまざまな被害を受ける可能性があります。土地探しでは、周辺環境だけでなく、土地そのものの安全性にも目を向ける必要があります。

たとえば、各自治体では、地域で発生する可能性がある災害の情報を地図上で表したハザードマップをサイト上で公開しています。ジオテック社が提供する「ジオダス」では、地盤の強度や軟弱地盤の補強工事の状況などを確認することができます。

現地確認の前に、事前にチェックしておくのがよいでしょう。その上で、実際の様子を確認します。なお現地では、ハザードマップやジオダス以外にも、土地の安全性を確認する方法があります。地歴や周辺の状況などもチェックしておきましょう。

「沢・田・窪・川・谷」などがつく地名は水に由来した土地のことが多いため、地盤強度はしっかり確認を。

Point

現地確認は担当者と一緒に行う

昨今はインターネット情報が充実しているため、自分だけで情報収集して現地確認を行う人も少なくありません。しかし、都合がつくかぎり、仲介する不動産会社の担当者と一緒に行くのがおすすめです。彼らは土地を見極める専門家です。素人では気づきにくい、それぞれの土地の注意点などを指摘してくれるはずです。

たとえば一見平らな土地であっても、地域全体から見てもっとも低い場所にあれば、大雨が降ったときに水が集まってくることが考えられます。擁壁がある土地ならば、その劣化具合や法令に沿った構造物であるか確認しなければなりません。かりに擁壁をつくり直す場合は、数百万円単位の出費もあり得ます。

専門知識だけでなく、その地域を熟知した担当者が理想です。「近くにはスーパーが2つありますが、Aスーパーのほうがお得品が多いですよ」「ジョギングがご趣味なら、その先に気持ちのいい川沿いコースがあります」といった、意外にありがたい情報も期待できます。

逆に同行してもらっても、何も教えてくれないような担当者ならば、違う不動産会社へ仲介を依頼することを検討してもよいでしょう。

災害予想と地盤の強度を確認する

地盤チェックの ジオダス

全国各地の地盤調査状況のデータを確認できます。くわしい情報は法人を対象とした有料サービスとなりますが、無料でもある程度はわかるようになっています。

ジオダスのサイト上で地域を指定すると、地図上に「良好地盤と診断された場所」「地盤が軟弱なため地盤補強工事をした場所」などが色分けして表示されます。厳密な場所の特定はできませんが、ある程度の目安にはなります。

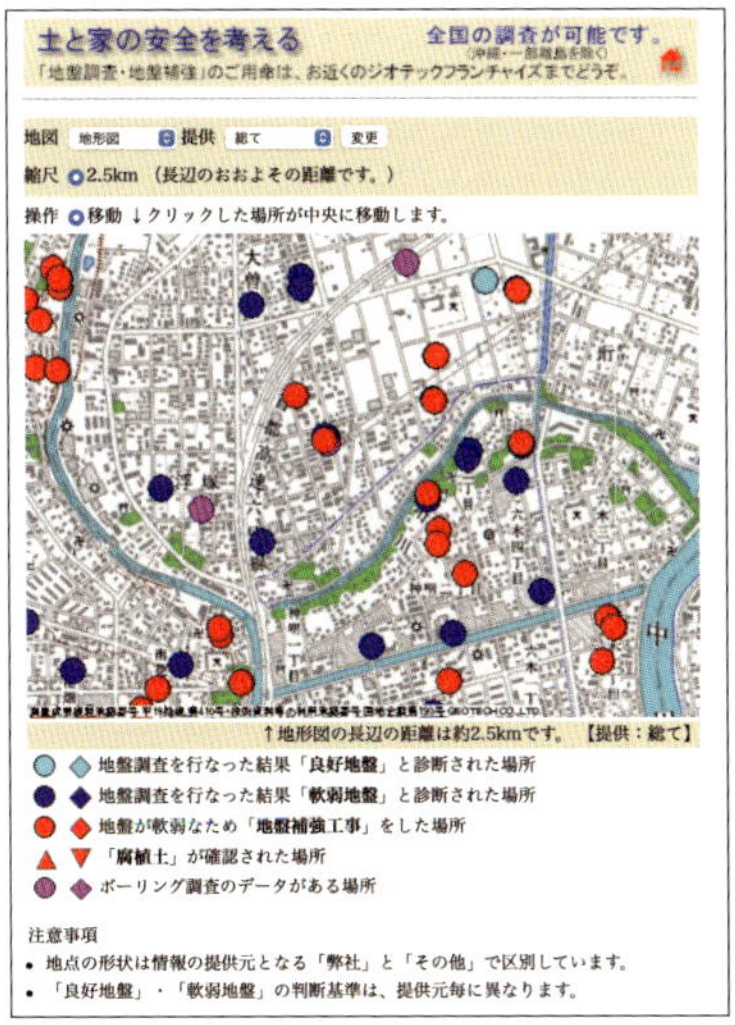

災害チェックの ハザードマップ

ハザードマップは各自治体で公表していますが、全国の情報を集約しているのが「ハザードマップポータルサイト」です。同サイト内の「重ねるハザードマップ」では、「洪水浸水想定区域」「道路冠水想定箇所」など20前後の防災情報を地図上で重ねて表示できます。

「わがまちハザードマップ」のコンテンツでは、各自治体のハザードマップを地図や市町村名から簡単に検索できます。

ここも知りたい！

Q 現地確認ではどのように土地の安全性を確認したらいいですか？

ハザードマップやジオダスで事前調査したあとは、現地で実際の様子を確認しましょう。

周辺の道路や住宅の基礎コンクリートにひび割れが多い地域は、軟弱地盤による不動沈下の可能性が潜んでいます。傾いた電柱が多い地域も要注意です。雨水が地面にすぐ浸透してしまう場所は、土がやわらかいために崩れやすい疑いがあります。

周辺環境の確認は、実際に歩いてみることが大切です。周辺エリアよりも低い位置になっていないか、周囲の建物はどんな状況かなどをチェックしましょう。

❺商業施設

どんな商業施設があるのか確認する。営業時間をチェックしておくと、日常的に利用できるかどうかわかる。

□希望の商業施設があるか。
スーパー、コンビニ、飲食店、ドラッグストア、商店街、スポーツジム、金融機関　など

□施設までの距離・所要時間はどうか。

□営業時間の確認。

□物価相場の確認。

□駐車場・駐輪場の有無の確認。

❻公共施設

どんな公共施設があるのか確認する。子育て世代なら、公園や児童館などの様子も確認しておく。

□希望の公共施設があるか。
役所や出張所、図書館、公園、保育所、市民会館、児童館 など

□施設までの距離・所要時間はどうか。

□開館時間の確認。

□駐車場・駐輪場の有無の確認。

❼医療施設

診療科ごとに、病院までの距離と所要時間を確認しておく。

□ 診療科の種類の確認。

□ 施設までの距離・所要時間はどうか。

□ 診療時間・休診日の確認。

□ 駐車場・駐輪場の有無の確認。

□ 評判はどうか。

❽教育施設

公立施設のほか、都心部では将来を見据えて私立も確認しておくとよい。評判などもチェックできるとベスト。

□希望の教育施設があるか。
幼稚園、小学校、中学校　など

□施設までの距離・所要時間はどうか。

□交通手段はあるか。

□評判はどうか。

その他に気がついたこと

確認したこと、気になったことを書き込みましょう。複数の候補地の状況を確認したら、チェックシートを並べて比較検討します。各項目の優先順位などが明確になってきます。

Check!

土地探しではここをチェックする

❶予算

安くても高くても、周辺の相場に対して差が大きいなら仲介会社へ理由を聞いておく。

□周辺売り地の坪単価

□予算内に収まるか。

❷交通

できれば、実際の通勤・通学時間に合わせて時間を計ってみる。途中の道路の交通量や街路灯の有無など安全度も確認する。

□駅（バス停）までの徒歩時間

□職場や学校までの乗り換え回数

□職場や学校までの所要時間

□運行頻度

□終電時刻

□運賃

❸立地

整型地（正方形や長方形）か不整型地（三角形や台形、旗竿地など）かによってプランの自由度が変わり、建ぺい率や容積率、接道状況によって建てられる家の広さが決まる。角地は日当たりや風通しがよい反面、建物や設備でプライバシーへの配慮が必要。

□坪数

□整型地か不整型地か。

□用途地域の制限がないか。（➡P98）

□接道状況はどうなっているか。（➡P100）

□十分な広さの家が建てられるか。（➡P102）

□高さ制限はどうなっているか。（➡P104）

□地盤の状態は問題ないか。（➡P95）

□災害リスクはありそうか。（➡P95）

□角地かどうか。

□傾斜地かどうか。

□駐車場のスペースは取れるか。

□インターチェンジまでの距離は許容範囲か。

□途中の道路は問題ないか。

❹周辺環境

周辺を実際に歩いて確認する。治安や交通情報は警視庁の「犯罪情報マップ」や「交通事故発生マップ」のほか、自治体の犯罪発生情報などでも確認できる。

□道路の交通量はどのくらいか。

□騒音状況はどうか。

□悪臭・大気汚染などはないか。

□空き地や月極駐車場が必要以上に多くないか。

□周囲に気になる施設はないか。
風俗店、パチンコ店、火葬場　など

□不法投棄されているエリアがないか。

□ゴミ集積所などが荒れていないか。

□治安は問題ないか。

家を建てられる土地と建てられない土地

たとえ自分の土地であっても家を建てられる土地と建てられない土地があります。そこで、どういった土地ならば建てられるのかを解説します。

用途地域によって建物の用途や規模が決まる

もし自宅の隣に、突然大規模な工場や商業施設ができたらどうなるでしょうか。おそらく騒音や交通渋滞などに悩まされ、住んでいられなくなるはずです。逆に長年工場経営を続けてきたのに、突然隣にマンションが建ち、住民から騒音に対する苦情をいわれても困ってしまいます。

こういった無秩序な都市開発防止のため、建築が可能な土地は大きく3つに分けられています。ひとつは住宅の建築が優先される「住居系」、2つ目は商業施設の建築が優先される「商業系」、3つ目は工場の建築

ここも知りたい！

Q この土地は景観地区だといわれました。どういうものなのでしょうか？

国は「都市計画法」を定め、これに基づいて都道府県知事が計画的に街づくりを推進するエリアとして「都市計画区域」を定めています。都市計画区域では、さらに土地を21種類に分けており、この分類を「地域地区」と呼んでいます。

景観地区は、21種類ある地域地区のひとつです。地域に良好な景観を形成するため、自治体が建物の規模やデザインなどを規制できる地区となります。街並みが整うというメリットがあるため、周辺の美観を重視したい場合は、そういった地域を検討するのもよいでしょう。

一方で、住宅の意匠には必ず制限がかかり、加えて高さや敷地面積などが制限されることがあります。自由に家をデザインしたいと思っている場合は、避けるべきエリアといえます。

地域地区にはほかにも、「風致地区」「歴史的風土特別保存区域」などがあります。

「風致地区」は、都市部にありながら公

園や神社仏閣といった緑豊かな環境などを守るために、建物の高さや建ぺい率などを規制するエリアです。また、「歴史的風土特別保存地区」は、古都の歴史的風土を保存するために、土地の開墾や建物の建築などを行う際は、知事または指定都市の市長による許可が必要となるエリアです。

なお、「用途地域」も地域地区のひとつで、用途の利用混在を防ぐ目的で設けられています。

が優先される「工業系」です。さらに、住居系は8種、商業系は2種、工業系3種と用途別に土地が分けられ、この分類を「用途地域」といいます。用途地域の種類によっては、住宅を建てられなかったり、建てられても条件に制限が設けられたりすることがあります。

その土地をどの用途地域に定めるかは、おおむね5年に一度全国一斉に見直されます。自分が購入したい土地がどの用途地域に指定されているのかは、各市区町村の窓口やホームページで確認することができます。

住宅が建てられないのは工業地域の工業専用地のみだが、用途地域によっては建てられる住宅の大きさや広さに制限がかかる。

用途地域の種類

○：建てられる　△：規模・業種に制限あり　×：建てられない

				住宅	店舗など併用の住宅	店舗・飲食店	事務所	病院	保育所・診療所	ホテル	カラオケボックス	麻雀・パチンコ店	風俗施設	業務用倉庫	工場
用途地域の種類	住居系	第一種低層住居専用地域	低層住宅の良好な住環境を保護するための地域	○	○	×	×	×	○	×	×	×	×	×	×
		第二種低層住居専用地域	主として低層住宅の良好な住環境を保護するための地域	○	○	△	×	×	○	×	×	×	×	×	×
		第一種中高層住居専用地域	中高層住宅の良好な住環境を保護するための地域	○	○	△	×	○	○	×	×	×	×	×	×
		第二種中高層住居専用地域	主として中高層住宅の良好な住環境を保護するための地域	○	○	△	△	○	○	×	×	×	×	×	×
		第一種住居地域	住居の環境を保護するための地域	○	○	△	△	○	○	△	×	×	×	×	△
		第二種住居地域	主として住居の環境を保護するための地域	○	○	○	○	○	○	○	○	○	×	×	△
		田園住居地域	農業の利便を推進しつつ、これと調和した低層住宅の良好な住環境を保護する地域	○	○	△	×	×	○	×	×	×	×	×	×
		準住居地域	道路沿道の利便性を図りつつ、住環境も保護する地域	○	○	○	○	○	○	○	○	○	×	○	△
	商業系	近隣商業地域	近隣住民への日用品を供給するために大規模な店舗や事務所の増進を図る地域	○	○	○	○	○	○	○	○	○	×	○	△
		商業地域	商業利便の増進を図る地域	○	○	○	○	○	○	○	○	○	○	○	△
	工業系	準工業地域	主として環境悪化をもたらす恐れのない工業の利便性を増進する地域	○	○	○	○	○	○	○	○	○	△	○	△
		工業地域	主として工業の利便性を増進するための地域	○	○	○	○	×	○	×	○	○	×	○	○
		工業専用地域	工業の利便性を増進するための地域	×	×	△	○	×	○	×	○	×	×	○	○

土地に面する道路も建物の制限に関係する

自分の土地であっても、土地に接する道路の状況によっては、家を建てられない場合があります。

災害や救急患者が発生すると、緊急車両は迅速に現場へ到着しなければなりません。しかし、道路の幅が狭いと、それが困難になってしまいます。そのため、都市計画区域内で建物を建築する土地は、幅4m以上の道路に2m以上接していなければならないという決まりがあります。これを「接道義務」といいます。

原則として接道義務を果たしていない土地に建物を建築することはできません。すでに建物が立っている場合は、建て替えができないことになります。

隣接道路の幅が4m未満ならセットバックを行う

とはいっても、道路によっては幅《ふく》員《いん》が4m以下のものもあります。その場合は、敷地を「セットバック」することで家を建てることができます。

セットバックとは、敷地を道路の中心線から2mの位置まで後退させることです。これにより道路の幅員が4m確保できることになります。ただし、道路の反対側が川などで緊急車両が通れない場合は、川と道路の境目から4m確保して後退させます。

セットバックした土地の容積率・建ぺい率を算出する場合は、敷地面積からこの部分を除外します。また、セットバックした土地は、自分のものであっても道路扱いとなります。塀を設置したり、プランターを置いたりすることはできません。

Point

隅《すみ》切《き》りについて

「隅切り」とは、交差点に面した土地の角を切り取って道路として扱うことです。狭い道路の交差点は車が曲がりづらいため、角を落として曲がりやすくするためのものです。

これは「角敷地の建築制限」といいます。交通安全のための制限なので、切り取った部分には建物はもちろん門扉や塀も設置することはできません。ただし、敷地面積への算入はできます。100㎡の土地を買って隅切りしても、100㎡の土地として建ぺい率や容積率を算出できるということです。

角敷地の建築制限は自治体によって異なります。「接する2つの道路がいずれも6m未満のとき」とする自治体が多いものの、「合計が12m未満のとき」などとするところもあります。そのため、角地の購入を検討する際は、仲介会社に隅切りが必要かどうか確認したほうがいいでしょう。

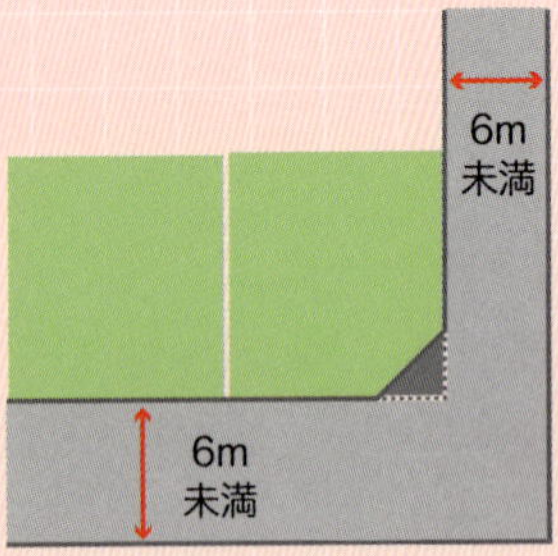

セットバック

敷地を道路の中心線から2mの位置まで後退させることです。ただし、道路の反対側が川などの場合は、川と道路の境目から4m確保できるように後退させます。セットバックさせた部分の土地は、建ぺい率・容積率に算入できません。

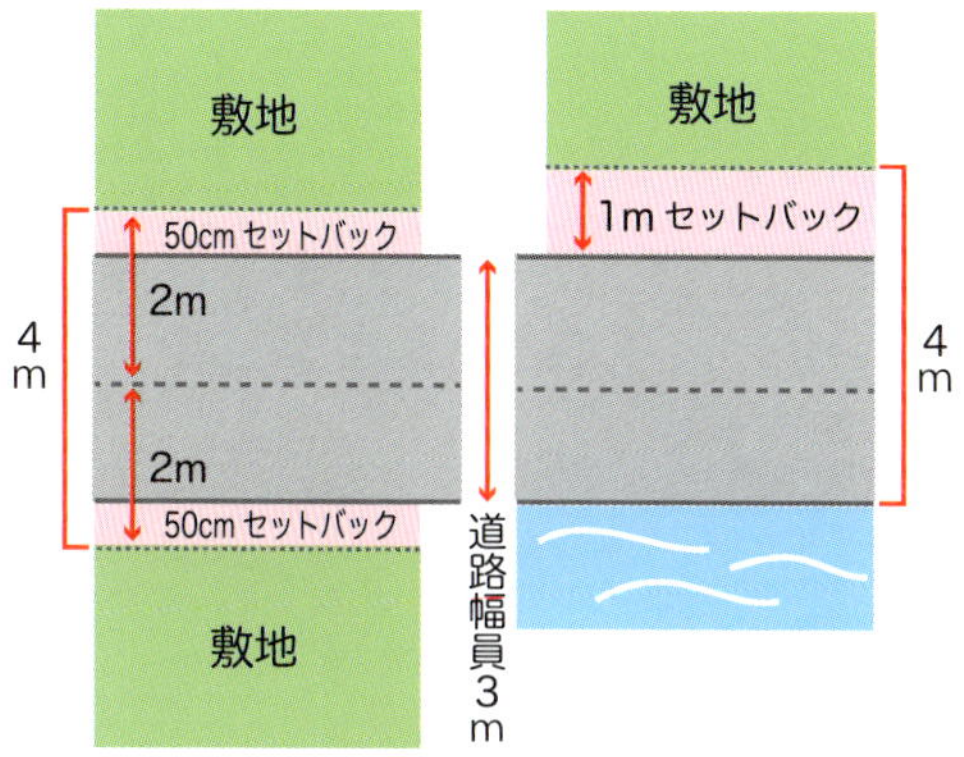

建て替えをするとき

セットバックが必要になったのは、建築基準法が施行された1950年11月23日以降。そのため、それ以前に建てられた家のなかには、建て替える際にセットバックが必要になるケースもあります。

その場合、建ぺい率・容積率はセットバック後の敷地面積で計算されるので、現状より狭くなります。そのため、要セットバックの物件を購入してから建て替える場合は注意が必要です。

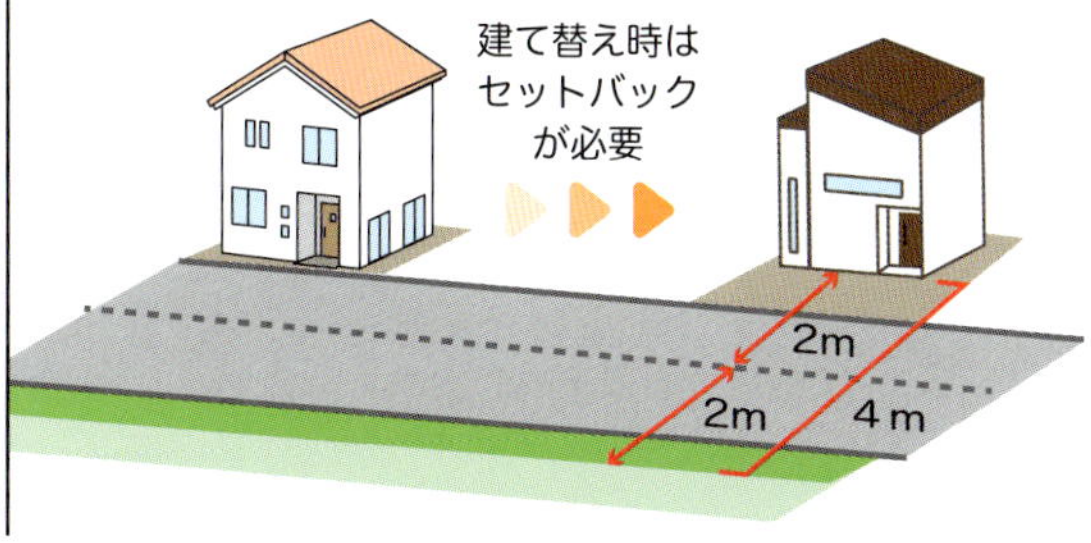

接道義務

家を建てる土地は、原則として幅員4m以上の道路に2m以上接していなければならないという決まりがあります。道路から奥まった、いわゆる旗竿地でも敷地を延長して2m以上接する必要があります。

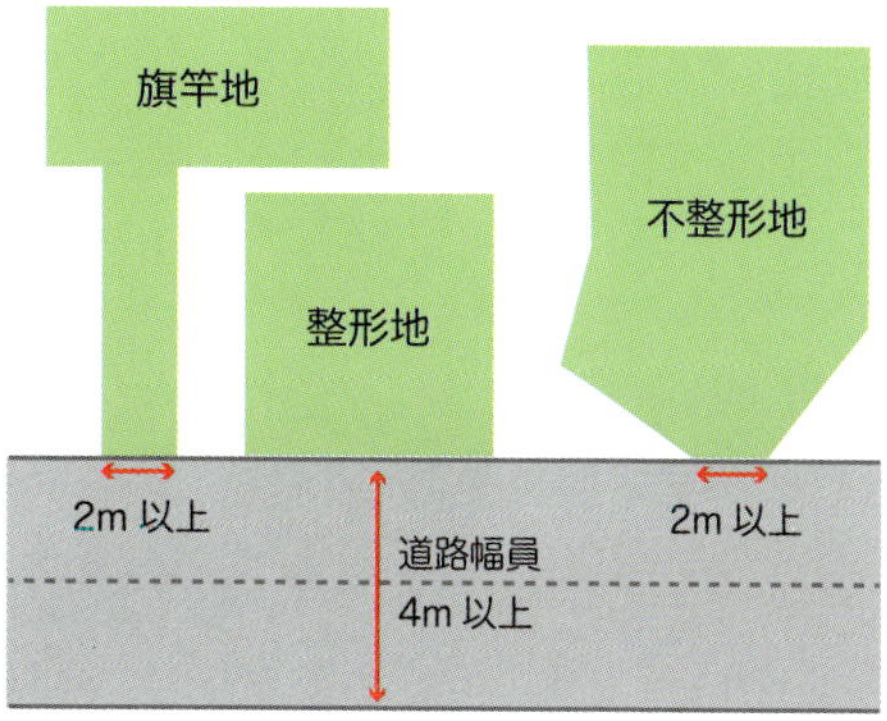

幅《ふく》員《いん》が足りない旗竿地の場合

道路に接する幅員が２mに満たない旗竿地などで、２m以上接するようにするためには、おもに３つの方法があります。１つめは隣地の一部を買い取る方法。2つめは自分の土地の一部と隣地の一部を等価交換する方法。３つめは隣地の一部を借りる方法。

いずれにしても隣地所有者とトラブルにならないように注意して交渉を進めたいものです。

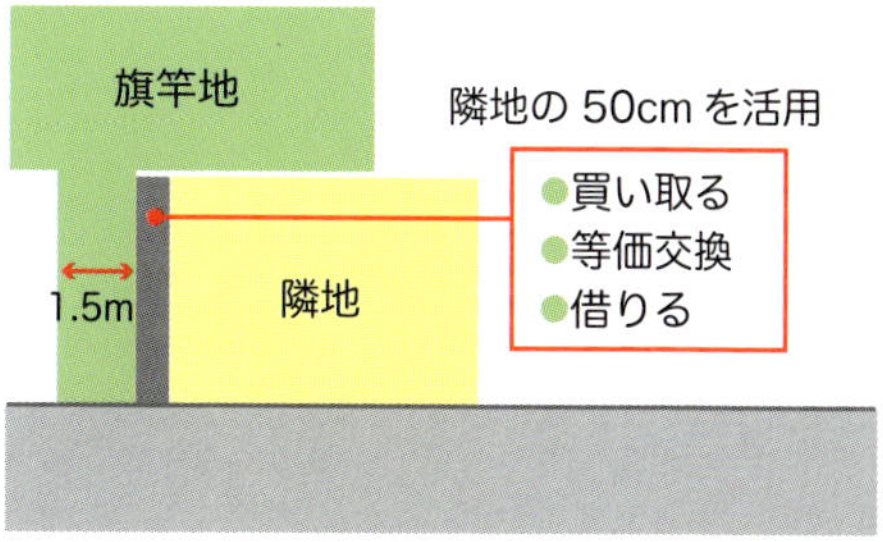

建築に関わるさまざまな制限

建物を建築する際は、良好な住空間や利便性を確保するために、さまざまな制限があります。家の広さにも関係するので、よく理解しておきましょう。

用途地域によって建物の広さの上限が決まる

用途地域（⬇P98）にはそれぞれに、建ぺい率と容積率の制限があります。

建ぺい率とは敷地面積に対する建築面積の割合のことで、建築面積とは建物を真上から見たときの面積になります。容積率とは敷地面積に対する延べ床面積のことで、延べ床面積とはすべての階の床面積を合計したものです。

このような制限がある理由は、それぞれの用途地域に適した建物を建築するためです。

たとえば、低層住宅の良好な住環

用途地域ごとの建ぺい率と容積率

<table>
<tr><th>用途地域</th><th>建ぺい率（%）</th><th>容積率（%）</th></tr>
<tr><td>第一種低層住居専用地域</td><td rowspan="5">30、40、50、60</td><td rowspan="3">50、60、80、100、150、200</td></tr>
<tr><td>第二種低層住居専用地域</td></tr>
<tr><td>田園住居地域</td></tr>
<tr><td>第一種中高層住居専用地域</td><td rowspan="7">100、150、200、300、400、500</td></tr>
<tr><td>第二種中高層住居専用地域</td></tr>
<tr><td>第一種住居地域</td><td rowspan="4">50、60、80</td></tr>
<tr><td>第二種住居地域</td></tr>
<tr><td>準住居地域</td></tr>
<tr><td>準工業地域</td></tr>
<tr><td>近隣商業地域</td><td>60、80</td></tr>
<tr><td>商業地域</td><td>80</td><td>200、300、400、500、600、700、800、900　1000、1100、1200、1300</td></tr>
<tr><td>工業地域</td><td>50、60</td><td rowspan="2">100、150、200、300、400</td></tr>
<tr><td>工業専用地域</td><td>30、40、50、60</td></tr>
<tr><td>用途地域の定めのない地域</td><td>30、40、50、60、70</td><td>50、60、80、100、150、200</td></tr>
</table>

※建ぺい率は、角地や防火・準防火地域で一定基準の建物を建てる場合は10%加算できる。また容積率は、前面道路の幅員が12m未満の場合、減ることがある。

境の整備を目的とする第一種低層住居専用地域では、建ぺい率、容積率ともに低めに設定されています。これによって各敷地に一定の空間が確保され、日当たりや風通しのよい閑静な住宅地が形成されるわけです。

一方で土地の有効利用が求められる商業地域では、建ぺい率、容積率ともに高めに設定されています。その結果、敷地いっぱいに高層の建物が建築できることになります。

それぞれの土地の建ぺい率、容積率は、広告チラシなどに記載されています。そのようなものがない場合は、各市区町村の窓口またはホームページで確認することができます。

防火地域・準防火地域内に家を建てる場合は、耐火建築物・準耐火建築物であれば建ぺい率を10％増やすことができる。

実際に建てられる面積の割り出し方

［要件］敷地面積100㎡、建ぺい率60%、容積率200%の場合

❶建築面積を出す

建築面積（建物を真上から見たときの面積）
＝敷地面積×建ぺい率
＝100㎡×60%
＝60㎡

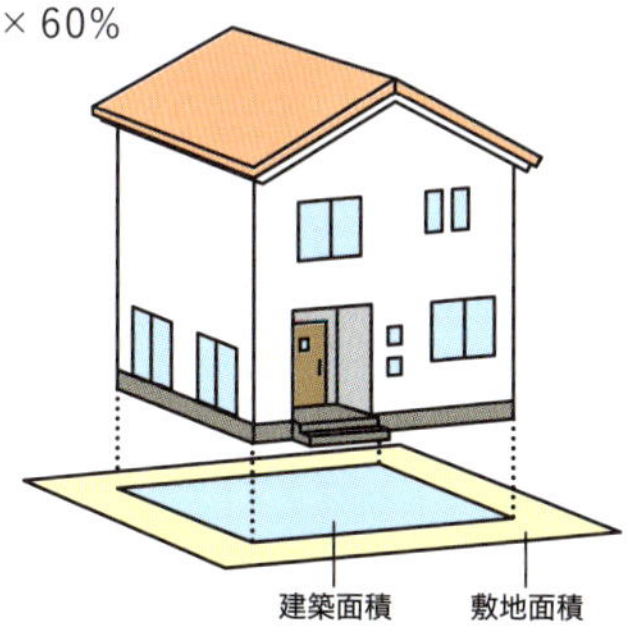

❷延べ床面積を出す

延べ床面積（すべての階の床面積の合計）
＝敷地面積×容積率
＝100㎡×200%
＝200㎡

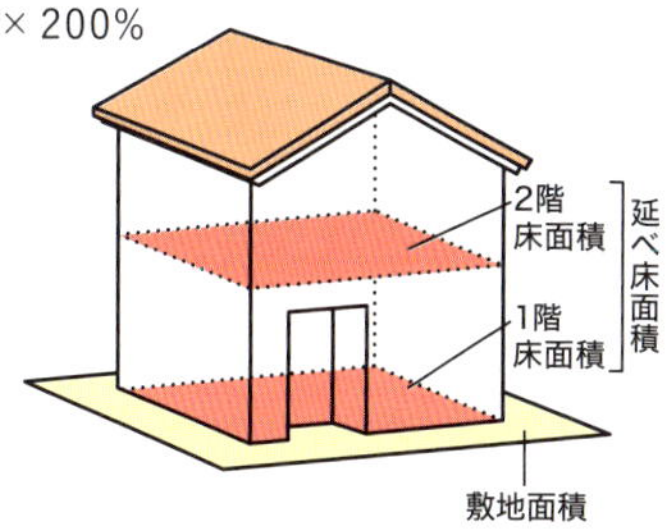

このケースでは

建築面積は60㎡、延べ床面積は200㎡が上限となるため

2階建ての場合	1階60㎡＋2階60㎡＝120㎡ が上限
3階建ての場合	1階60㎡＋2階60㎡＋3階60㎡＝180㎡ が上限

※地下室をつくる場合は、延べ床面積の3分の1以下の面積ならば容積から除外できる。

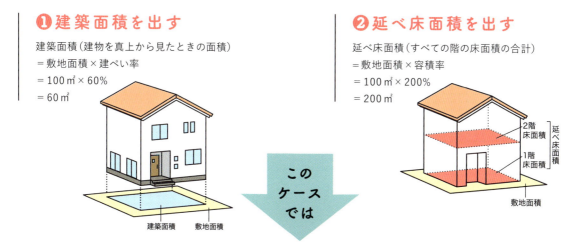

住宅建築に関係する さまざまな高さ制限

建物を建築する際に制限なく高い建物を建ててしまうと、隣地や前面道路の日当たりや通風が悪くなってしまいます。また、高さがまちまちの建物が混在する街並みは、美しいとはいえないでしょう。

このようなことから建物の高さには制限が設けられています。おもな制限は「絶対高さ制限」「日影規制」「道路斜線制限」「隣地斜線制限」「北側斜線制限」の5つです。

絶対高さ制限

- 第一種低層住居専用地域、第二種低層住居専用地域、田園住居地域に適用される制限。
- 日当たりや通風と同時に落ち着いた住環境を維持するために建物の高さが10mまたは12m以下に制限される。どちらが適用されるかは、地域の都市計画によって決められる。
- 敷地内に一定の空き地がある、敷地の周囲に公園などがあって日当たりや通風が確保できるといった場合は制限が緩和されることもある。

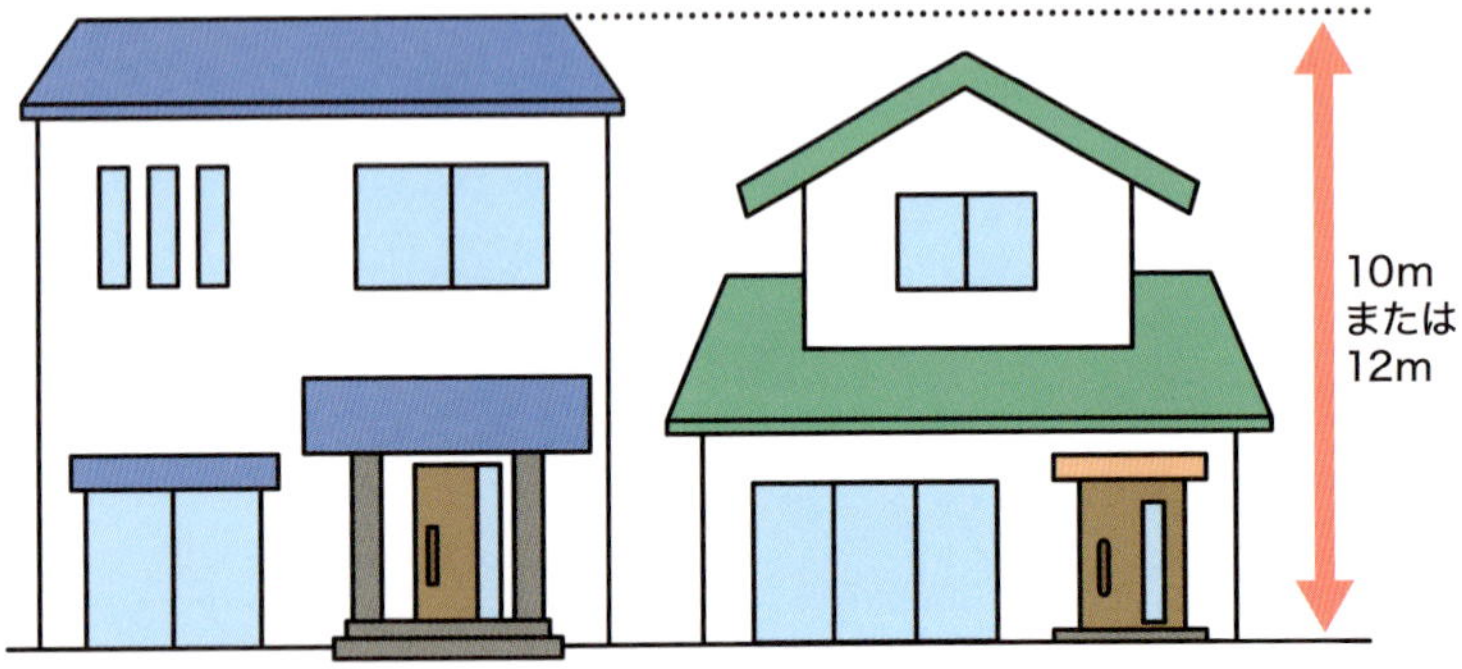

日影規制

- 周辺の建物の日当たりを確保するため、 冬至（1年でもっとも影が長く伸びる日）の日影となる部分を一定以内におさめる制限。
- 制限を受ける建物は用途地域と高さによって決められる。たとえば、第一種低層住居専用地域や第二種低層住居専用地域では「軒の高さ7mを超える建物、または地階を除く階数が3階建ての建物」が対象。

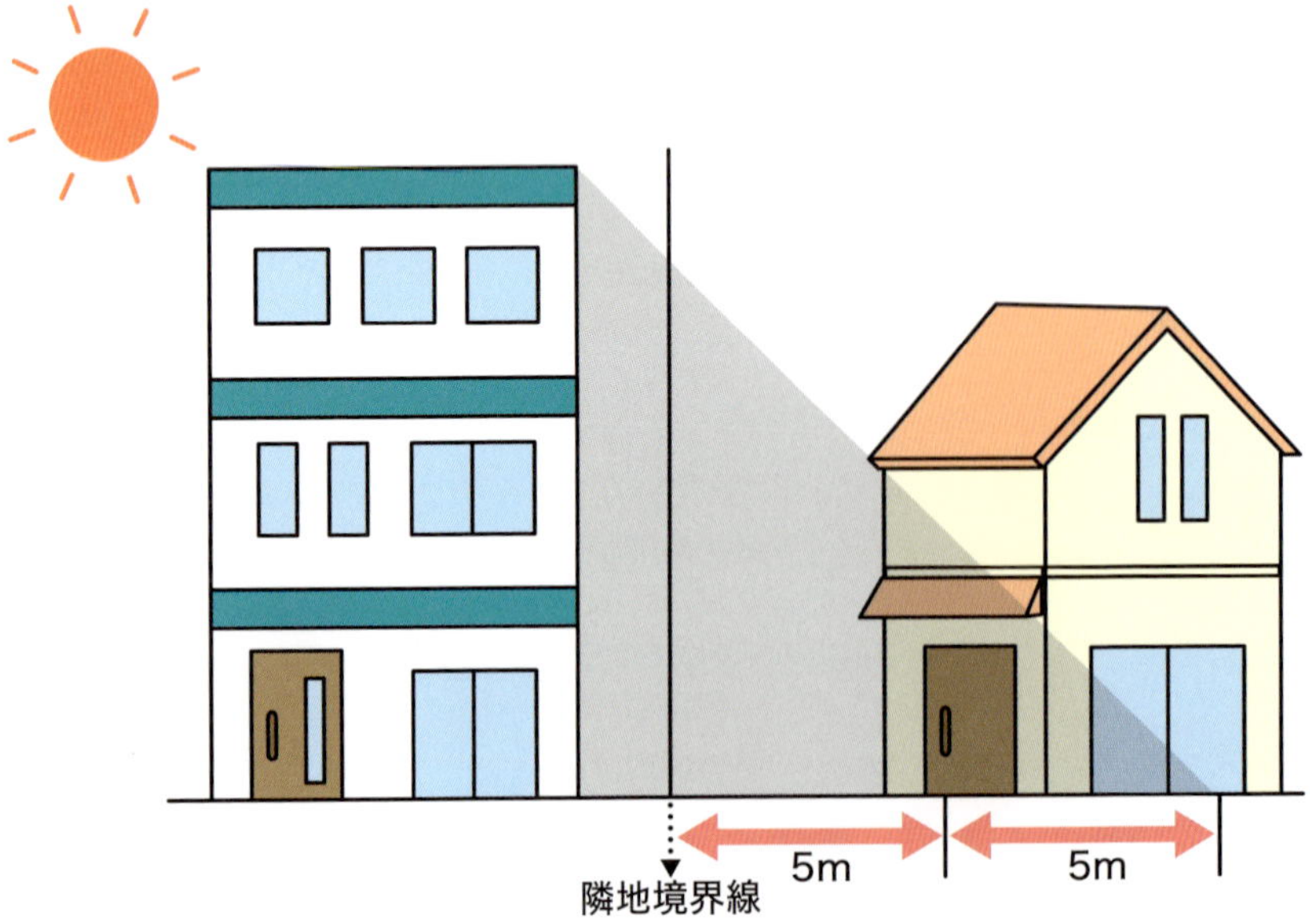

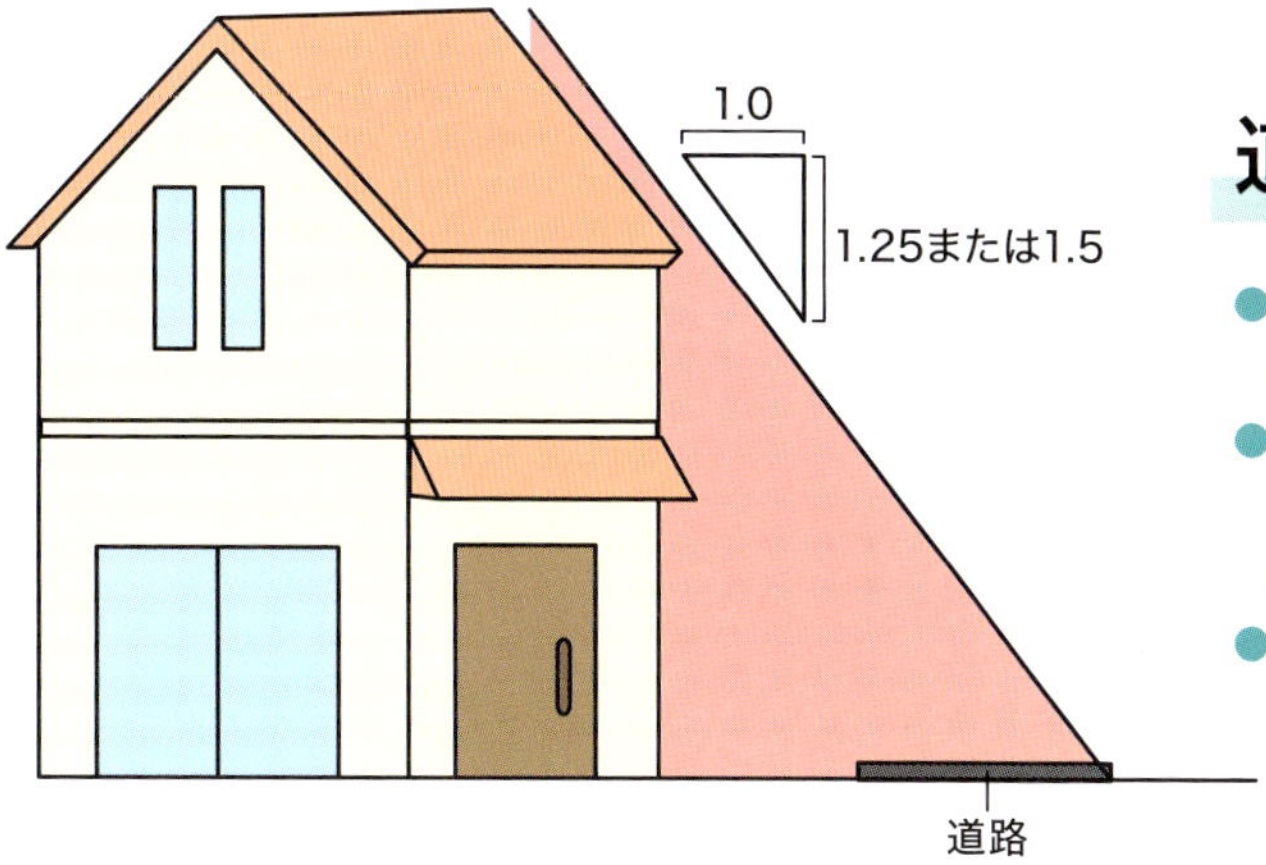

道路斜線制限

- 道路と周辺の建物の日当たり、通風などを確保するための制限。
- たとえば住宅系用途地域の場合は、前面道路の反対側の境界線から1：1.25（または1.5）の斜線内に建物を収めなければならない。
- 建物を後退して建てた場合は、後退した距離だけ道路の境界線も後退させることができ、斜線制限が緩和される。

隣地斜線制限

- 隣地の日当たりと通風を妨げないための制限。
- たとえば住宅系用途地域の場合は、隣地境界線に20mの垂直線を引き、その上端から1：1.25（または2.5）の斜線内に建物を収めなければならない。
- 第一種低層住居専用地域、第二種低層住居専用地域、田園住居地域の場合は、絶対高さ規制によって10mまたは12m以下の建物しか建てられないので隣地斜線制限は適用されない。

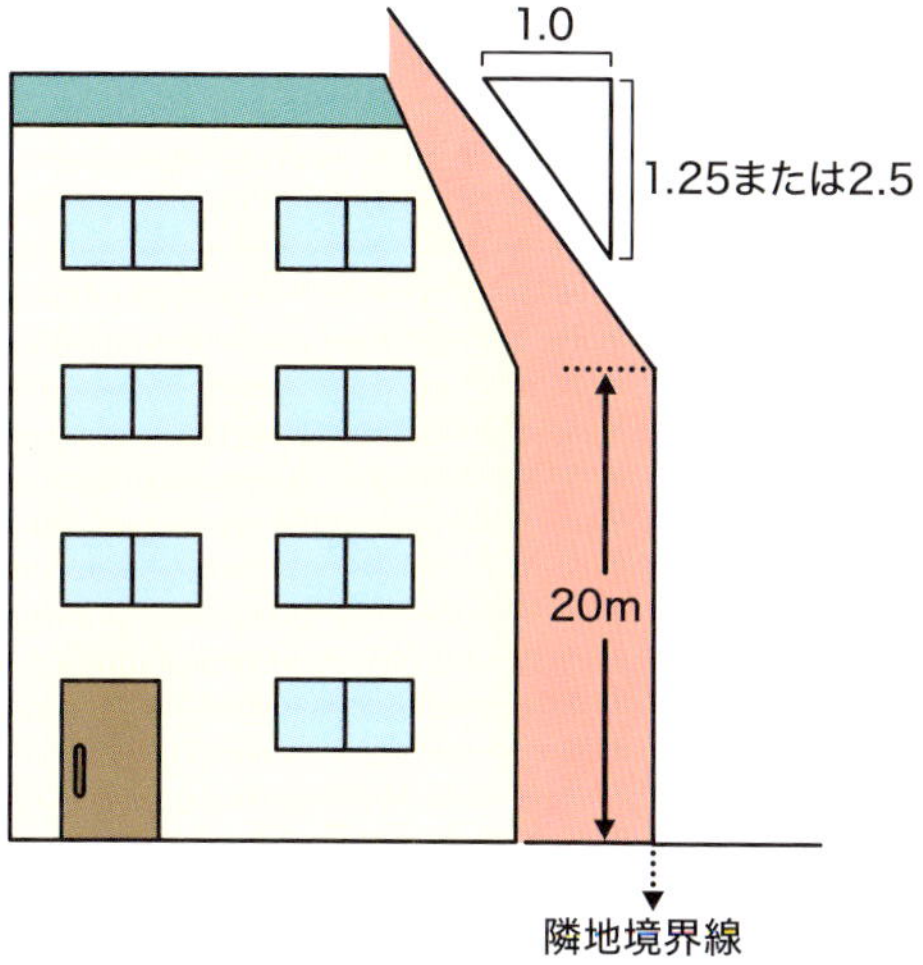

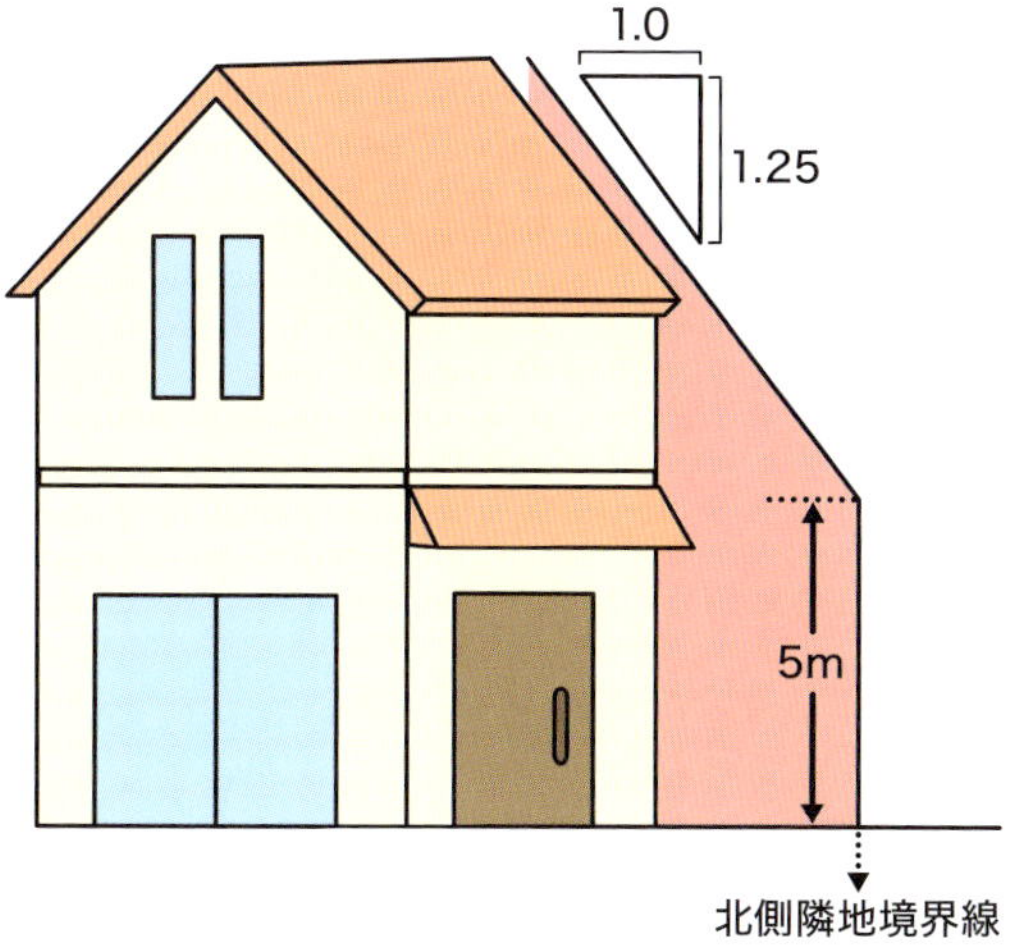

北側斜線制限

- 建物北側の土地の日当たりを確保するための制限。第一種低層住居専用地域、第二種低層住居専用地域、田園住居地域、第一種中高層住居専用地域、第二種中高層住居専用地域の5つに適用される。
- 前者3つの場合は真北側隣地境界線、または真北側前面道路の反対側の境界線に5mの垂直線を引き、その上端から1：1.25の斜線内に建物を収めなければならない。
- 後者2つの場合は同境界線に10mの垂直線を引き、その上端から1：1.25の斜線内に建物を収めなければならない。

地盤が弱い土地の場合

地盤の強度は千差万別です。たとえ隣り合った土地でも異なることは多々あります。しかし、ほとんどの土地で家を建てることは可能です。その方法などを解説しましょう。

基礎は建物と地盤をつなぐ重要なパイプ役

建物には必ず「基礎」があります。基礎は建物の一番下に設けられるもので、鉄筋とコンクリートでつくられます。建物の重さなど垂直に働く力と、地震など水平に働く力の両方を建物から地盤に伝えることで傾きや沈下を防ぎます。

基礎にはおもに、「布基礎」「ベタ基礎」「杭《くい》基礎」の3種類があります。一般的な住宅であれば、状況に合わせていずれかの基礎を選ぶことで、ある程度の耐震性を確保できます。

布基礎は、逆T字の鉄筋コンクリートを柱や壁の真下に打ち込む工法です。基礎のない部分は基本的に地面のままですが、昨今は防湿用コンクリートを敷き詰めるやり方も増えています。ただし、このコンクリートに建物を支える強度はありません。布基礎のおもなメリットは、ほかの基礎と比べて鉄筋コンクリートなどの使用量が少ないのでコストが抑えられることです。一方で、点と線で建物を支えるので耐震性はやや劣り、地面がむき出しの場合は湿気やシロアリ被害のリスクが高まります。

ベタ基礎は、建物の下全体に鉄筋コンクリートを打ち込む工法です。面で建物を支えるので、多少地盤が弱い土地でも耐震性を確保することができます。また、湿気やシロアリ対策にもなります。デメリットとしては、布基礎と比べて資材を大量に使用するため、コストが高くなることが挙げられます。

杭基礎は、地盤調査の結果、軟弱地盤と判断されたときに検討します。セメント系固化材や鋼管などの杭を強固な地盤まで打ち込んで建物を支えます。

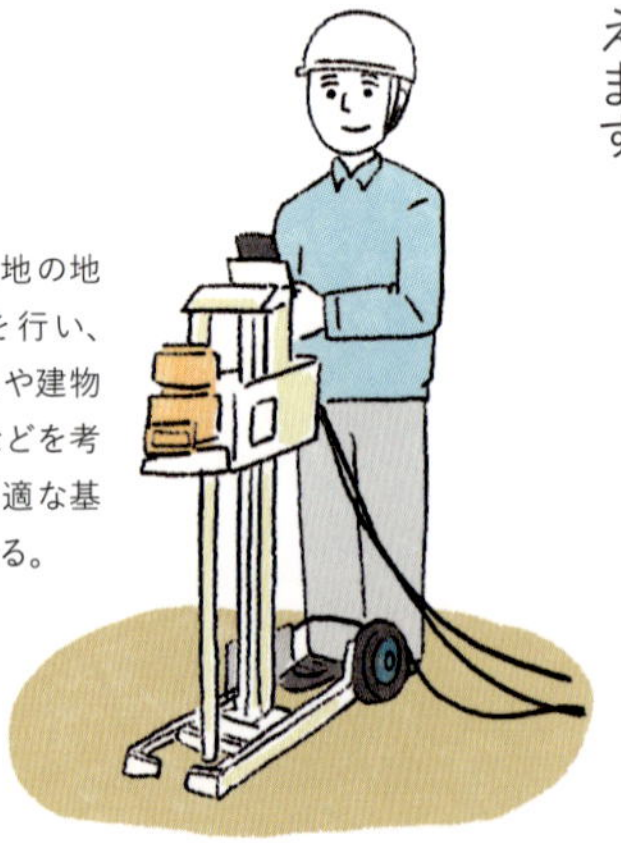

まずは敷地の地盤調査を行い、その結果や建物の構造などを考慮して最適な基礎を決める。

一般的な基礎

軟弱地盤
杭《くい》基礎

●セメント系固化材や鋼管などの杭を強固な地盤まで打ち込んで建物を支える工法。

●地盤調査の結果、軟弱地盤と判断されたときに採用される。同じ「杭基礎」でも数種類ある。

●地盤によっては数百万円単位の工事費がかかるので、こちらも費用対効果を吟味したい。

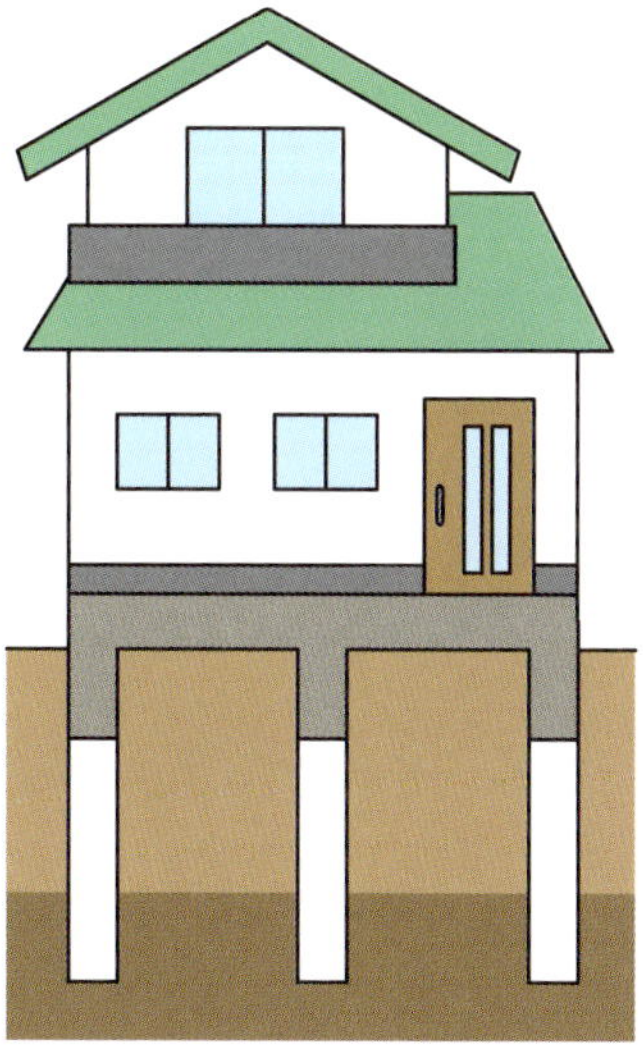

杭基礎は地盤改良の柱状改良工法(⇨P109)と似ているが、構造的な考え方が異なる。柱状改良工法は、地盤を補強するために流し込んだ柱状のセメントの上に基礎を据えていくため、柱と基礎は別物になる。一方、杭基礎は、地面に入れた杭と基礎が一体化した構造になっている。

やや弱い地盤
ベタ基礎

●建物の下全体に鉄筋コンクリートを打ち込む工法。

●布基礎のような点と線ではなく、面で建物を支えるので、多少地盤が弱い土地でも耐震性を確保できる。また、分厚いコンクリートが地面を覆うことで湿気やシロアリ対策にもなる。

●現在は湿気対策が必須の木造住宅を中心に主流の工法。ただし、布基礎と比べてコスト高になるので、検討する際は費用対効果を見極めたい。

ベタ基礎は、コンクリートのスラブ(床)により耐震性が上がり、かつ床下空間への防湿効果もある。

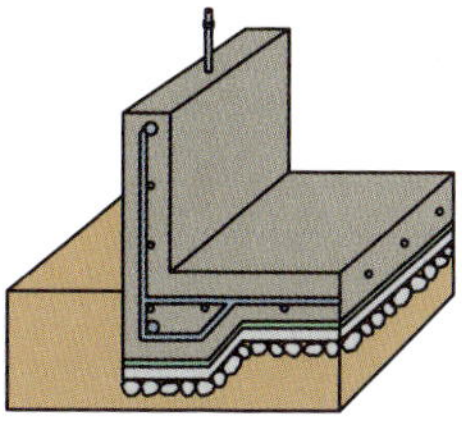

立ち上がりと床部分が一体になっており、住宅の床面全体をコンクリートで覆っている。冬場に地盤が凍結する可能性のある寒冷地には向いていない。

問題のない地盤
布基礎

●逆T字の鉄筋コンクリートを柱や壁の真下に打ち込む工法。

●かつてはもっとも一般的な工法だったが、高耐震ニーズの高まりから、最近はその座を「ベタ基礎」に譲っている。

●問題のない地盤では低コストで仕上がるので検討する価値はある。その際は、地面からの湿気やシロアリ対策のために防湿用コンクリートの採用も検討したい。

地面に埋める基礎の深さを「根入れ」といい、ベタ基礎は120mm以上、布基礎は240mm以上の根入れが定められている。布基礎は根入れが深いため、部分的にベタ基礎よりも強度を高めることができる。

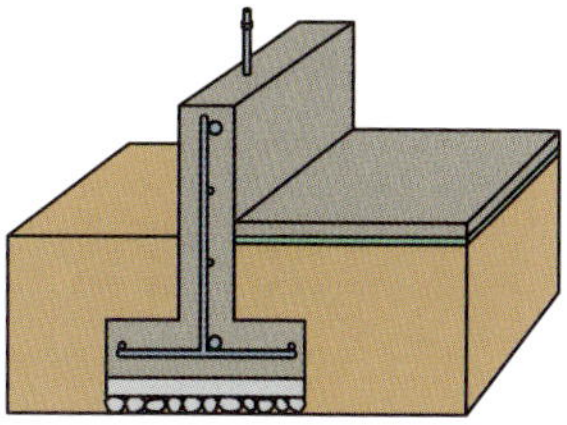

最近の布基礎では、地面からの湿気を防ぐために防湿シートと防湿コンクリートを敷くのが一般的。ただし、防湿コンクリートに家を支える強度はない。

地盤改良工事が必要な土地もある

どんなに頑丈な家でも、それを支える地盤が弱ければ、家の重さに耐えきれずに傾いたり、地震時に地面が液状化を起こしたりする可能性があります。そのような事態を避けるため事前に行うのが地盤調査です。

地盤調査は基本的に、土地購入後に買主が費用を負担して行います。調査の結果、軟弱地盤と診断された場合は地盤改良工事が必要です。

地盤改良工事には、おもに表層改良工法、柱状《ちゅうじょう》改良工法、小口径《しょうこうけい》鋼管《こうかん》杭《くい》工法の3つがあります。強固な地盤までの深さによって最適な工法は異なり、深いほど費用がかかる傾向です。土地選びの際、周辺環境を調査し、ある程度土地の状況を推測しておくことは、余計な出費を防ぐためにも必要なのです（➡P94）。

とはいえ、地盤改良工事さえしっかり行えば、軟弱地盤でも安心して暮らすことができます。

Point

こんな土地は要注意！

地盤調査は、基本的に土地の購入前に行うことはできません。しかし、購入前だからこそ軟弱地盤か否かを知りたい人がほとんどでしょう。ジオダス（➡P95）を利用する方法のほか、次のようなことも確認しておきましょう。

●地名を確認

水に関係する漢字が地名に入っている場合、軟弱地盤の可能性があります。なお、近年に名付けられた新しい地名などは、名残がないものもあります。古い町名を確認するのが安全です。

水・川・河・池・田・沼・海・波・沖・流・島・洲・浜・蟹・亀・鴨　など

●埋立地や盛土を確認

川、田、海などを埋め立てた土地は注意が必要です。また、造成の際に傾斜地を平らにする、地面を高くするといった理由で盛土をしていた場合も地盤が弱い可能性があります。

ここも知りたい！

Q

地盤調査にはどんな方法がありますか？

地盤調査では、地盤の支持力、硬軟の偏り、土質、地下水位などを調べます。調査方法はいくつかありますが、一戸建て住宅の場合は、スクリューウエイト貫入試験が一般的です。錘（おもり）を載せた鉄の棒（ロッド）を地面に垂直に突き刺して回転させる試験で、錘がスムーズに入れば地盤は弱い、そうでなければ強いと判断します。地表面から概ね10mまでの土の硬軟、締まり具合などを判別します。

硬い地盤に到達すると貫入が困難になる、土質を判断できないなどのデメリットもありますが、費用が数万円程度と比較的安価なことから、一戸建てでは広く採用されています。

なお、同試験は以前「スウェーデン式サウンディング試験」と呼ばれていました。試験装置や方法がスウェーデンで開発されたからです。しかし、日本では装置や方法が独自に発展したことなどから2020年10月より規格名称が「スクリューウエイト貫入試験」と変更されました。

おもな地盤改良工事

表層改良工法

- 表層の軟弱地盤を掘削してセメント系固化材と混ぜ、地盤を固める工法。
- 比較的手間がかからず、短工期で済むことから工事費用を抑えることができる。
- 砂質土や腐植土など幅広い土質にも対応可能だが、地下水が安定していない地盤などには適用できない。
- 軟弱地盤が2m程度までで用いられ、それ以上深くなると柱状改良工法の方が安価になる場合もある。

柱《ちゅう》状《じょう》改良工法

- セメント系固化材を地盤に注入しながら機械でかくはんし、軟弱土を直径60cmほどの柱状改良体に固化させて地盤改良する工法。
- 軟弱地盤が2～8m程度の場合に用いられる。
- 改良体の径が大きいため、地盤によっては支持層がなくても摩擦力だけで建物を支えることができる。ただし、セメントの固化不良や将来的に土地を売却したいとき改良体が残るので価格低下につながる可能性もある。

小《しょう》口《こう》径《けい》鋼《こう》管《かん》杭《くい》工法

- 鋼管の杭を地中の硬い地盤まで回転圧入させて建物を支える工法。
- 30m程度の深さまで適用できる。使用する機械が比較的小型で、狭小地など重機が入りにくい場所にも適している。また、セメント系固化材を使用しないため、固化不良が発生するリスクもない。
- ほかの工法よりも工事費は高額になる。

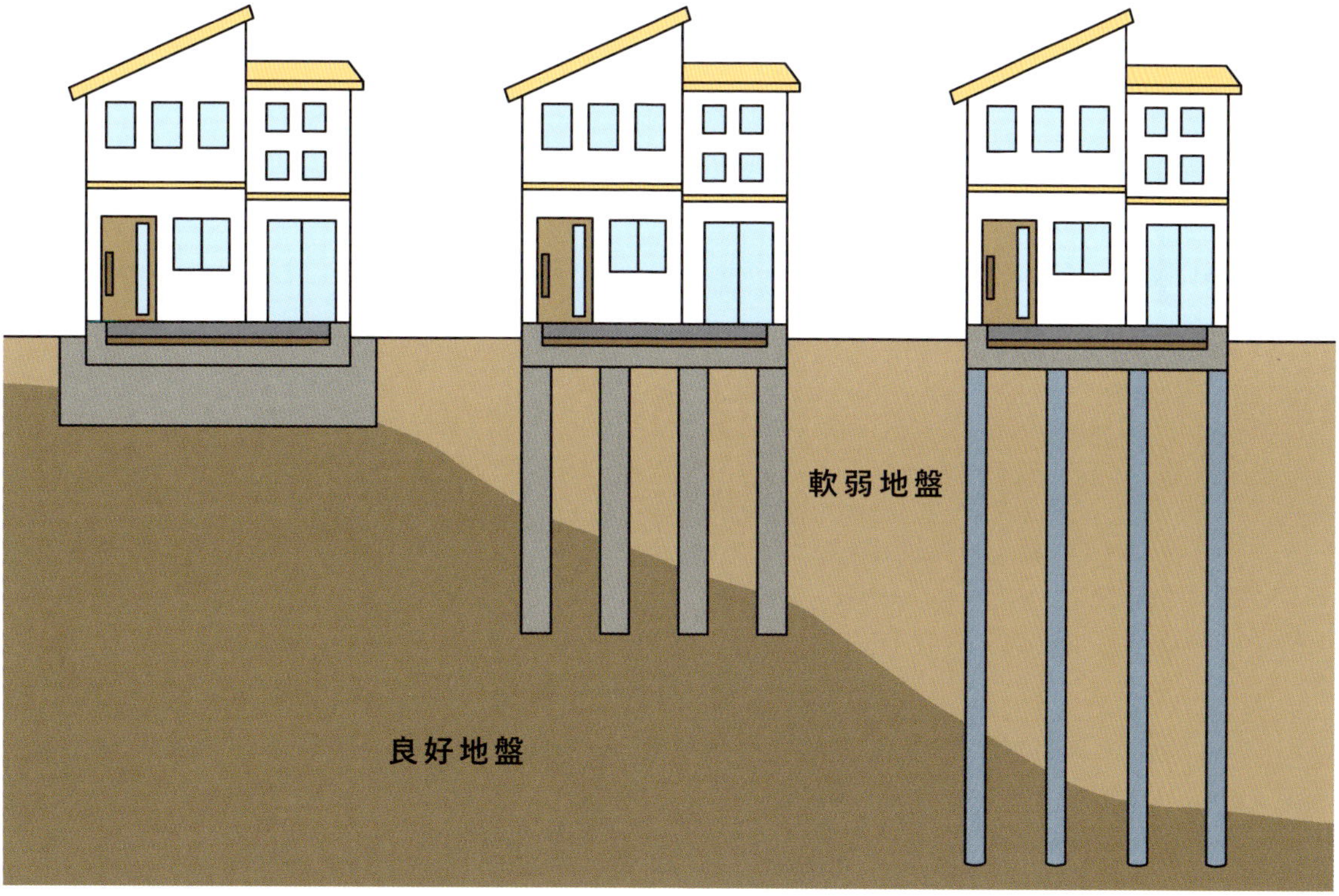

建売住宅の土地について

建売住宅は建物と土地がセットで販売される物件です。建売住宅が建てられる土地にはいくつかの種類があります。購入時の条件などもありますので確認しておきましょう。

アフターケアや保証の内容も要チェック

最近では、土地の状態や建築過程を見学してから購入を検討できる建売住宅もありますが、通常は、すでに完成した土地付き物件を購入するのが一般的です。そういった物件は、購入後に短期間で入居できる、土地と建物を同時購入できるのでローン手続きの手間を軽減できる、完成物件を確認してから契約できる、といったメリットがあります。

一方で、土地や建物の安全性が不確かなことが多いケースもあります。そのため、すでに建設された建売住宅を検討する際には、アフターサービスや保証の内容の確認が重要になります。

また、一般的な建売住宅と似たものに、「建築条件付き土地」と「借地権付き建物」があります。土地の購入時に建築についてさまざまな条件がついていたり、建物は所有できても土地は借地であったりするものです。購入後にトラブルが発生しやすい物件のため、契約の前に、建築条件や借地期間の更新時の条件などをしっかり確認する必要があります。

ここも知りたい!

Q

建築条件付き土地ってどんなものですか?

建築条件付き土地とは、特定の建築会社で家を建てることを条件に販売される土地です。多くは、土地の売主である不動産会社が建築しますが、提携先の会社が建てることもあります。不動産会社が土地と建物の両方の利益を確保できるため、両方とも安価に設定されていることが多く、土地も建物も気に入ることができればお買い得といえるでしょう。土地を売ってから家を建てるので、「売建住宅」と呼ばれることもあります。

ハウスメーカーや工務店の指定はできませんが、建物の間取りやデザインは、基本的に自分たちで決められます。しかしながら工法までは選べませんし、住宅設備や内外装の部材もある程度用意された選択肢から選ぶケースがほとんどです。注文住宅と建売住宅の中間的存在というイメージでとらえておけばいいでしょう。

建築条件付き土地は、購入してから建築請負契約を結ぶまでの期間が決められています。3カ月ほどが一般的で、その間にプランが決まらなかった場合は、土地の契約が無効になることもあります。その際は、基本的に違約金等はかかりません。

建売住宅の種類

借地権付き建物

土地の所有者は別にいて、その土地の借地権と建物のみを購入できる物件。土地の所有権が手に入らない点が一般的な建売住宅と異なる。

建物のみ購入
土地の所有権はない

メリット

- 建売住宅よりも安価に購入できる
- 土地に対する税負担がない

デメリット

- 毎月地代が発生する
- 建物の住宅ローン融資が受けづらい
- リフォームや売却の際に地主の承諾が必要

建築条件付き土地

特定の建築会社で家を建てることを条件に販売される土地物件。多くは、土地の売主となっている不動産会社が建築する。

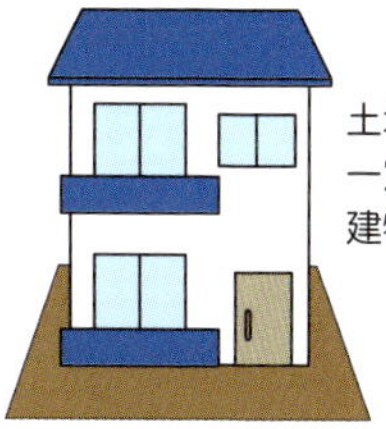

土地を購入後に
一定の条件のもと
建物を建てる

メリット

- 注文住宅と比べて安価
- 間取りや内外装デザインを決められる
- 建築依頼先探しの手間がかからない
- 建築中のチェックができる

デメリット

- 施工会社が決まっているので注文住宅ほど自由度は高くない
- 決められた期間内にプランを確定させる必要がある

一般的な建売住宅

建物と土地がセットで販売される物件。不動産会社などが土地を仕入れて建物を建築する。

建物と土地をセットで購入

メリット

- 注文住宅と比べて安価
- 早く入居できる
- 購入前に完成した物件を確認できる（完成物件の場合）
- 建築依頼先探しやローン手続きの手間を軽減できる

デメリット

- 間取りや設備を選べない
- 没個性的な内外装になりがち
- 建築中のチェックができない

Point

借地権付き建物の注意点

借地権には、「地上権」と「賃借権」の2種類があります。前者は地代を支払うことで土地の利用だけでなく、転貸や建物の売却が自由にできます。後者は、転貸や建物の売却をした場合、土地の所有者の許諾が必要です。住宅地についての借地権のほとんどは賃借権になります。

さらに借地権は、「普通借地権」と「定期借地権」の2種類の分類もあります。前者は契約を更新すれば半永久的に土地を使用できる権利です。最初の契約期間は30年で、1回目の更新は20年、2回目以降は10年ごとの契約になります。後者は、更新を前提としない契約です。最低存続期間は50年以上となり、期間満了後は更地にして返さなければなりません。

借地権付き建物は、一般的な建売住宅よりも安価に購入でき、毎年の土地に対する固定資産税などの負担もありません。しかし、契約時に保証金や権利金が課されるのが一般的で、毎月の地代も支払う必要があります。また、建物に対する住宅ローン融資も受けづらいといったデメリットもあります。

住宅の構造とさまざまな工法

建物の構造と工法は、建築費や住宅性能、デザインなどに大きく関係します。スムーズに検討を進めるためにも、ここでしっかり違いを理解しておきましょう。

建物に求めるものを明確にし構造と工法を選択する

一戸建てを建てるための構造や工法は複数あります。そのなかのどれを選ぶかによって住宅性能、建築費、デザインなどに違いが生じます。そのため、建物になにを求めるかを明確にして構造と工法を選択することが重要です。また、建築依頼先によって得意な構造や工法は異なります。ですから、あらかじめどれにするのか決めておけば、建築依頼先を絞り込むことも容易になります。

しかし、構造と工法の違いがよくわからない人も多いのではないでしょうか。住宅業界では一般的に構造を「建物を支える骨組み」、工法を「構造を組み立てる方法」としています。

一戸建てにおけるおもな構造は、「木造」「鉄骨造」「RC造」です。そのなかで木造には、「木造軸組《じくぐみ》工法」「2×4（ツーバイフォー）工法」「木質パネル工法」などがあります。また、鉄骨には「軽量鉄骨軸組工法」「重量鉄骨ラーメン工法」、RC造には「鉄筋コンクリート工法」などがあります。

それぞれの工法にはメリット・デメリットがあります。木造軸組工法は比較的安価に建てられますが、遮音性能は高いとはいえません。鉄筋コンクリート工法は優れた遮音性能を有していますが、ほかの工法よりも高額になりがちです。次ページ以降を参考に、どの工法なら希望を実現できるか検討してください。

ただし、ここで紹介するそれぞれのデメリットは絶対ではありません。依頼先の工夫で克服できることもあります。気になることがあれば先入観をもたずに相談しましょう。

鉄骨の厚さが6mm未満のものを軽量鉄骨、6mm以上のものを重量鉄骨という。

各工法の特徴

木造❶
木造軸《じく》組《ぐみ》工法

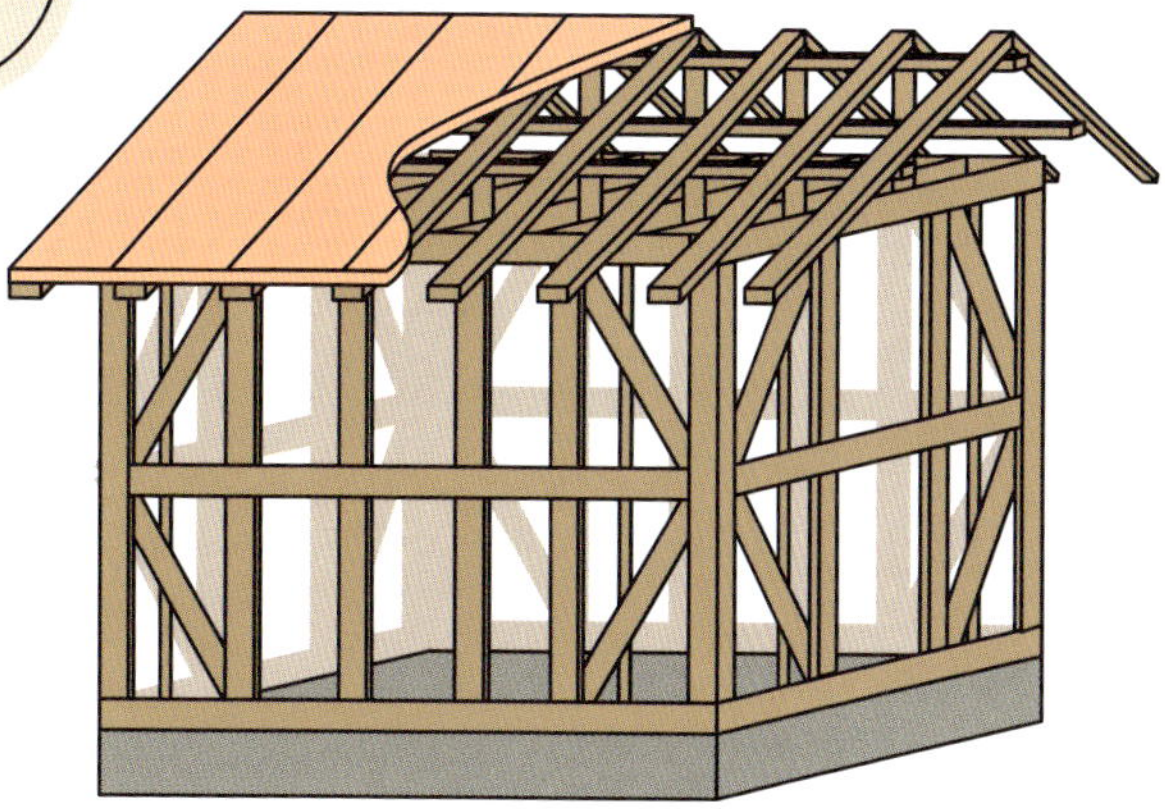

特徴

木材の柱と梁によって構造体を組み上げる工法。筋交いや耐力壁を加えることで、より頑丈なつくりになる。日本でもっとも普及している工法。比較的間取りの自由度は高いが、木材を使用するゆえに湿気やシロアリ被害のリスクがある。

メリット

- 比較的安価
- 間取りの自由度が高い
- リフォームしやすい

デメリット

- 湿気に弱い
- シロアリ被害のリスクがある
- 遮音性は他に劣る

木造❷
2×4（ツーバイフォー）工法

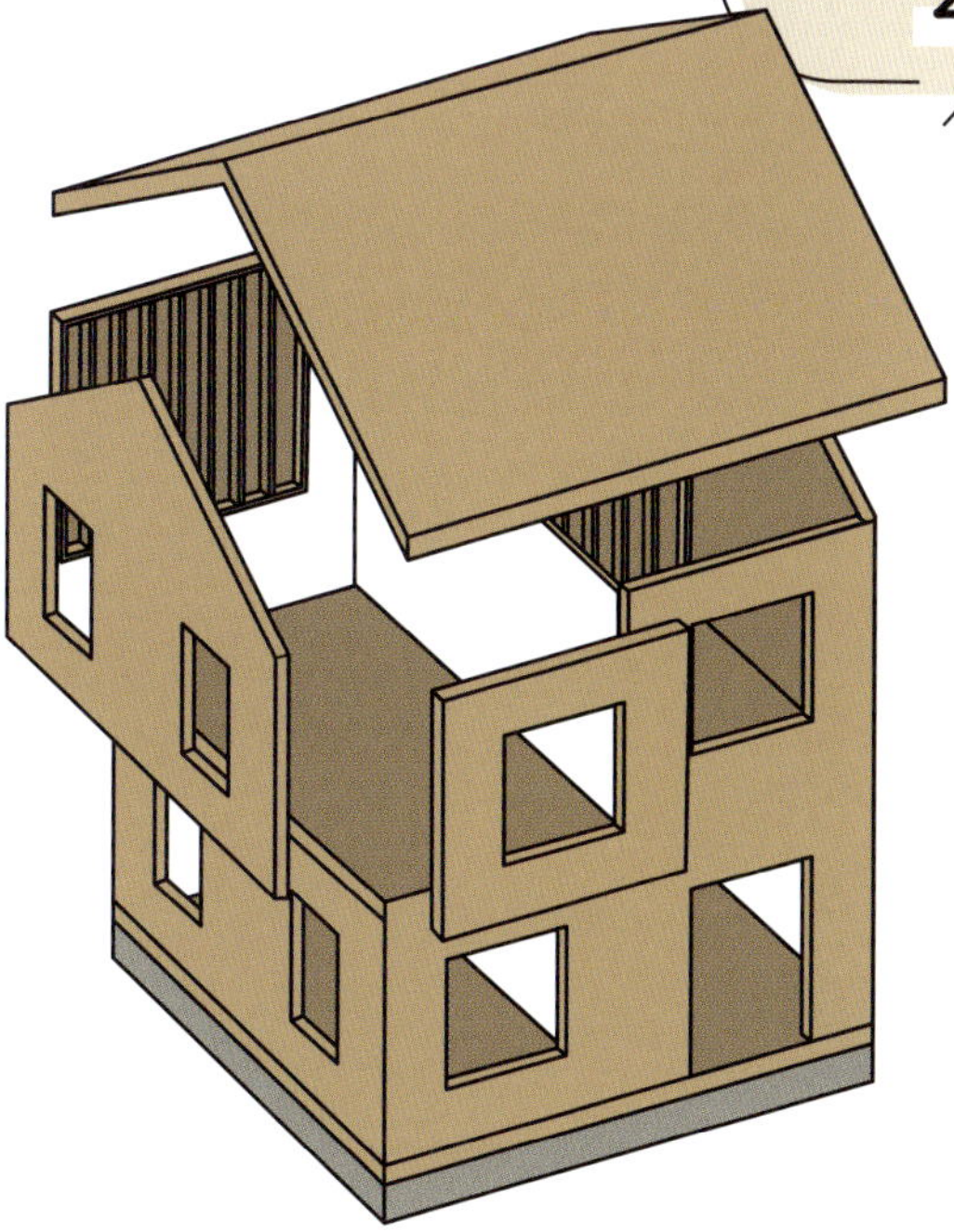

特徴

断面サイズが2インチ×4インチの角材と合板によって構成されたパネルを使用して頑強な六面体構造を形成する工法。「枠組壁工法」ともいう。部材が規格化されているので、職人の熟練度に左右されずに建築できる。

メリット

- 品質が安定している
- 耐震性・耐風性が高い
- 工期が短い（規格化されているため）

デメリット

- 間取りの自由度が低い（壁で構成されているため）
- リフォーム時の制約が多い

木造❸
木質パネル工法

特 徴

工場において断熱材や電気配線などもセットした木質の壁・床・天井パネルを製造し、現場で重機によって組み立てる工法。2×4工法と似ているが、部材を工場生産するので、さらに高い品質を期待できる。

メリット

- 品質が安定している
- 高い施工品質も期待できる
- 工期が短い（工場生産の部分が多いため）

デメリット

- 狭小地では建てにくい（重機が入らない場合）
- 間取りの自由度が低い
- リフォーム時の制約が多い

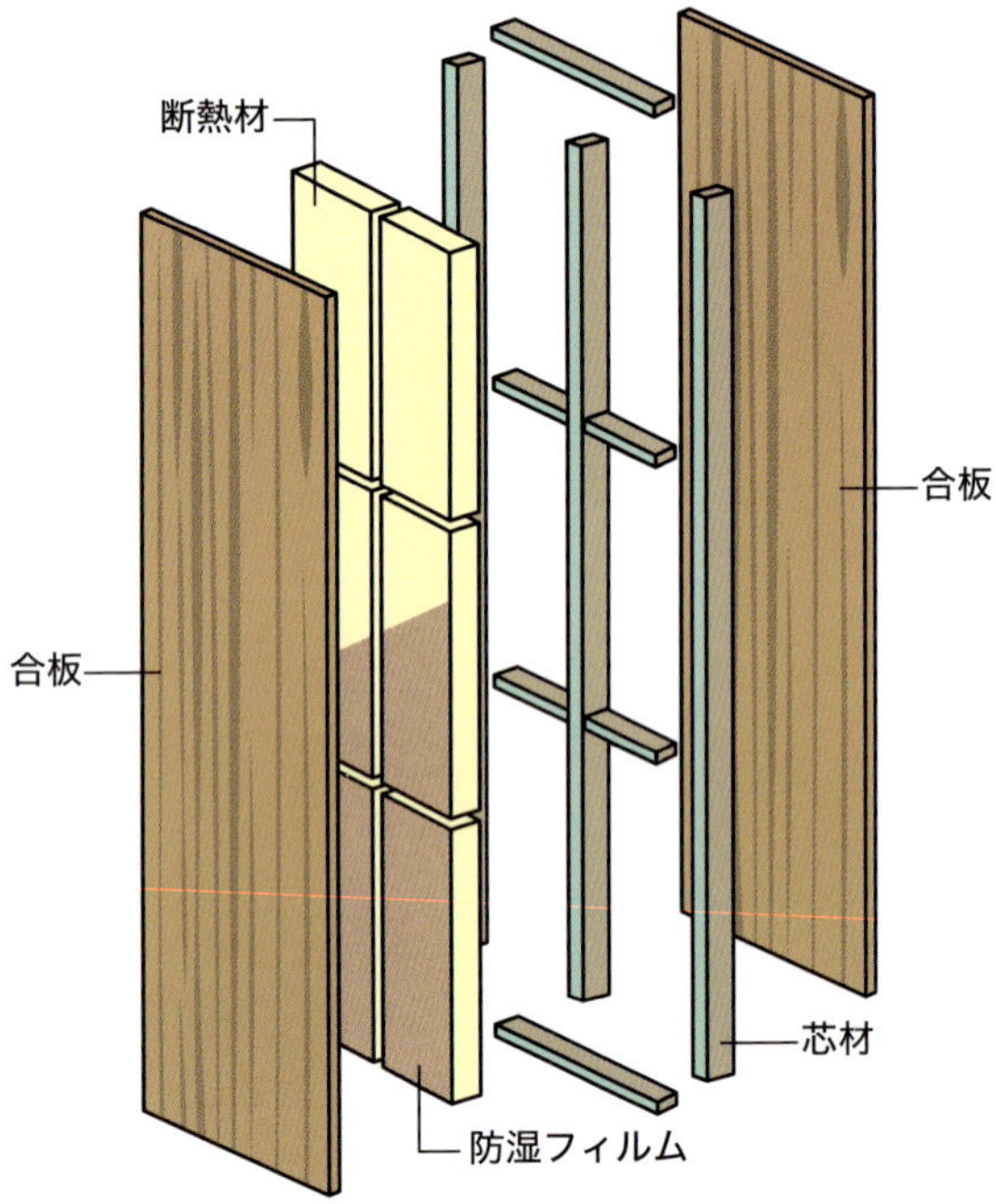

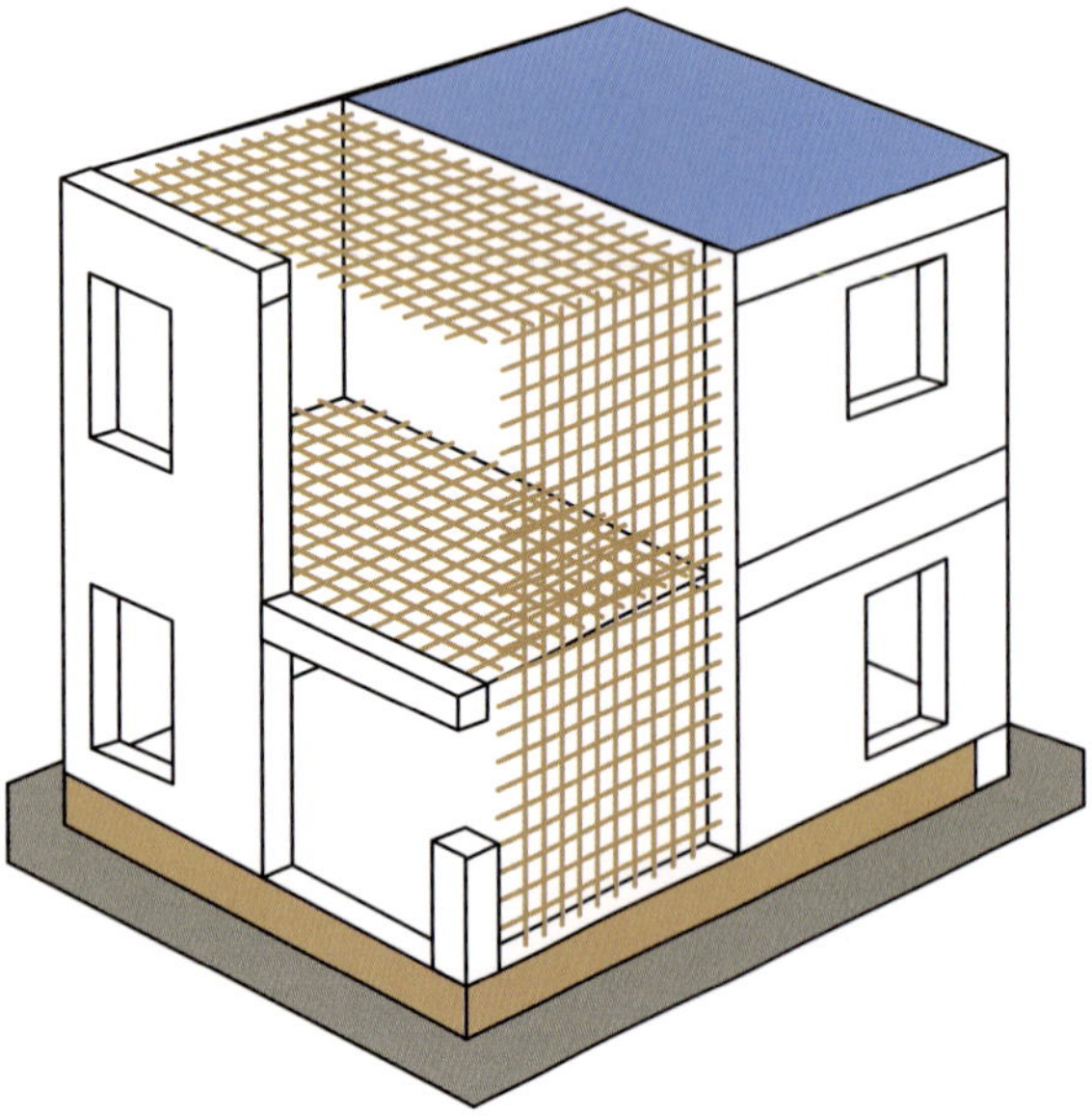

RC造
鉄筋コンクリート工法

特 徴

鉄筋コンクリート（RC）で床、壁、天井の六面体をつくる工法。RCは耐震性、遮音性、耐久性、耐火性に優れており、大空間もつくりやすい。一方で今回紹介する工法のなかではもっとも高額となり、リフォームもしにくい。

メリット

- 耐震性、遮音性、耐久性、耐火性が高い
- 大空間、大開口をつくりやすい
- シロアリ被害のリスクが低い

デメリット

- 結露が生じやすい
- リフォームしにくい
- 建築費が高額になる

鉄骨造❶
軽量鉄骨軸《じく》組《ぐみ》工法

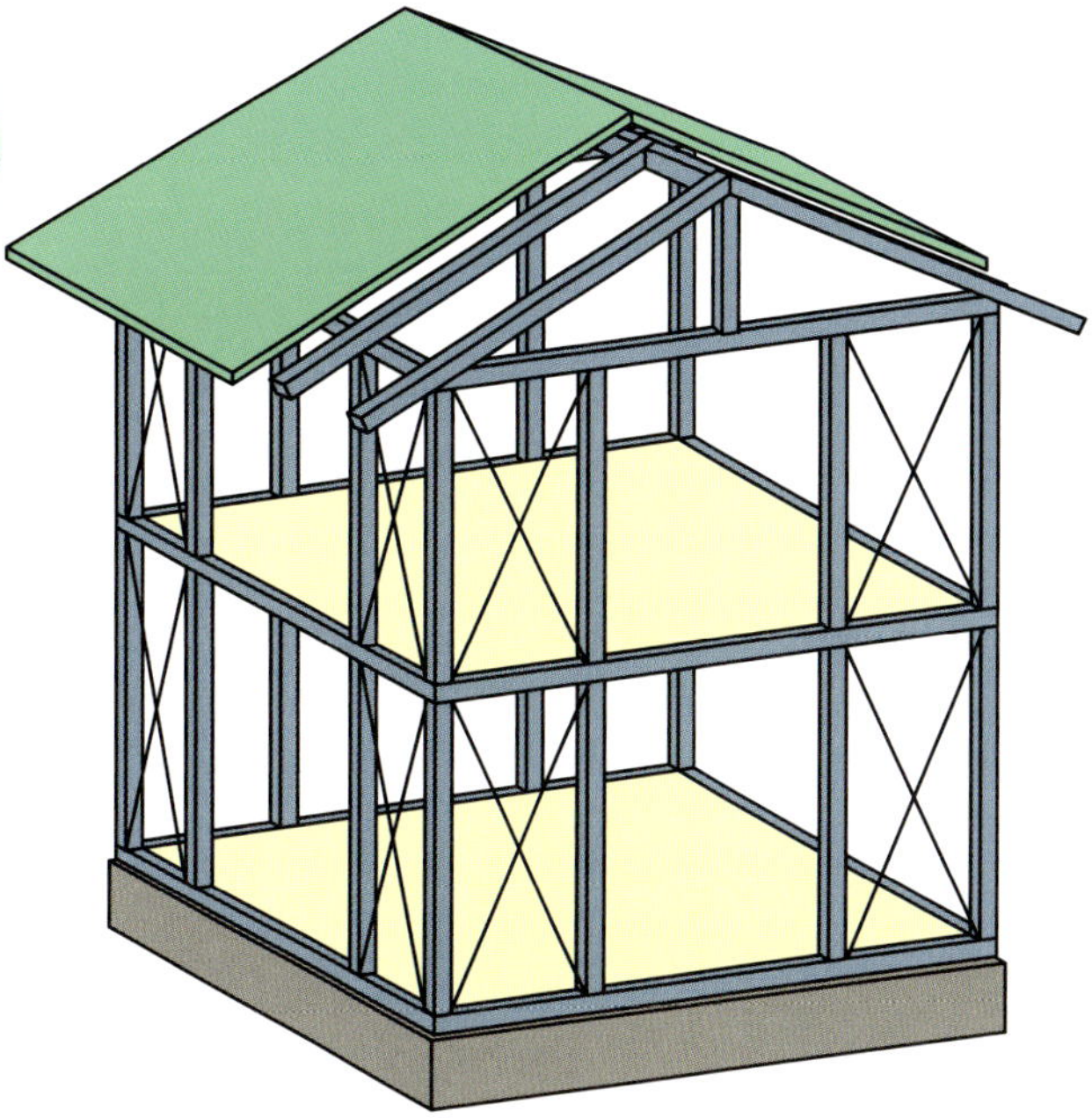

特徴

木造軸組工法の木材を軽量鉄骨に置き換えた工法。剛性が高い鉄骨ゆえに大空間をつくりやすく、シロアリにも強い。また鉄骨は工場生産なので品質が安定している。一方で鉄は高温になると極端に剛性が低くなるので、火災時はリスクが高まる。

メリット

- 品質が安定している
- 大空間をつくりやすい
- シロアリ被害のリスクが低い（木質の建《たて》具《ぐ》などは被害の可能性がある）

デメリット

- 火災時はリスクが高い
- 結露の心配がある（鉄は熱伝導率が高いため）
- 建築費が高額になる

鉄骨造❷
重量鉄骨ラーメン工法

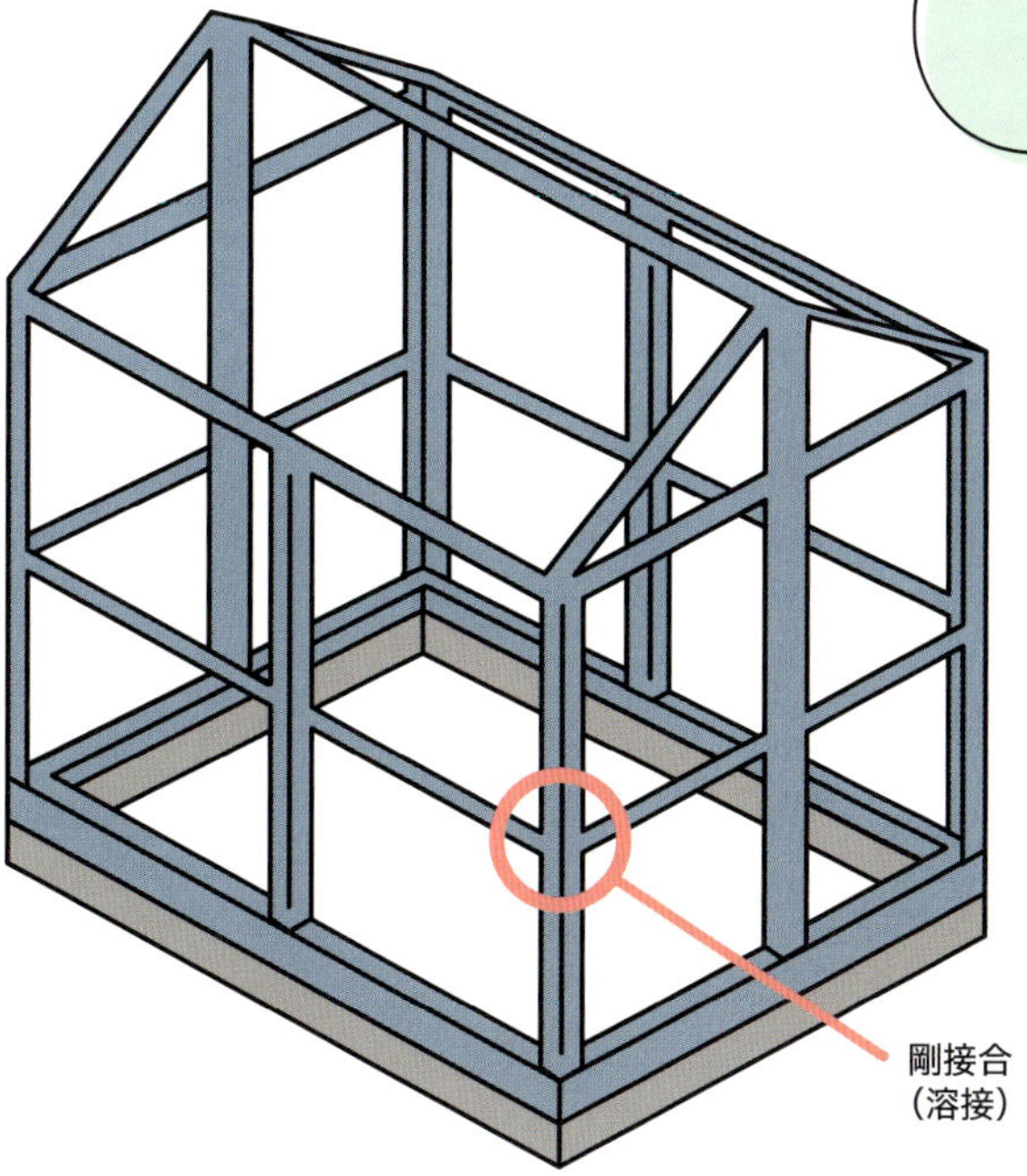

特徴

重量鉄骨による柱と梁を溶接などによって接合することで非常に頑丈な構造体をつくる工法。筋交いや耐力壁が不要なので軽量鉄骨軸組工法よりもさらに大空間を実現できる。ただし、建築コストもより高額になる。

メリット

- 品質が安定している
- 大空間をつくりやすい
- シロアリ被害のリスクが低い

デメリット

- 火災時はリスクが高い
- 結露の心配がある
- 建築費が高額になる

住宅性能表示制度について

住宅性能表示制度は任意で受けるものですが、評価された家にはさまざまなメリットがあります。その内容を解説しましょう。

国が建物の性能にお墨付きを与える制度

住宅性能表示制度は、2000年4月に施行された「住宅の品質確保の促進等に関する法律（品確法）」（➡P190）に基づいて開始された制度です。建物の耐震性など10分野の性能を第三者機関が客観的に評価し、その結果は等級として評価書に表示されます。すなわち、「国が個々の住宅の性能にお墨付きを与える制度」ということになります。

評価を受けることは義務ではなく、10万円前後の費用がかかります。しかし、評価書を取得することで資産価値が高まる、住宅ローンの金利引き下げの対象となる、割安で紛争処理を依頼できる、といったメリットがあります。

評価方法は、設計図書（設計図や仕様書）をもとに行う設計住宅性能評価と実際の住宅を検査して行う建設住宅性能評価の2種類があり、いずれも国土交通大臣の登録を受けた第三者評価機関からの評価を受けなければなりません。

申請は自分で行うこともできますが、設計図書を揃えたり、工事中検査を手配したりといった手間もあるので、建築依頼先に代行してもらうのが一般的です。

制度利用の流れ

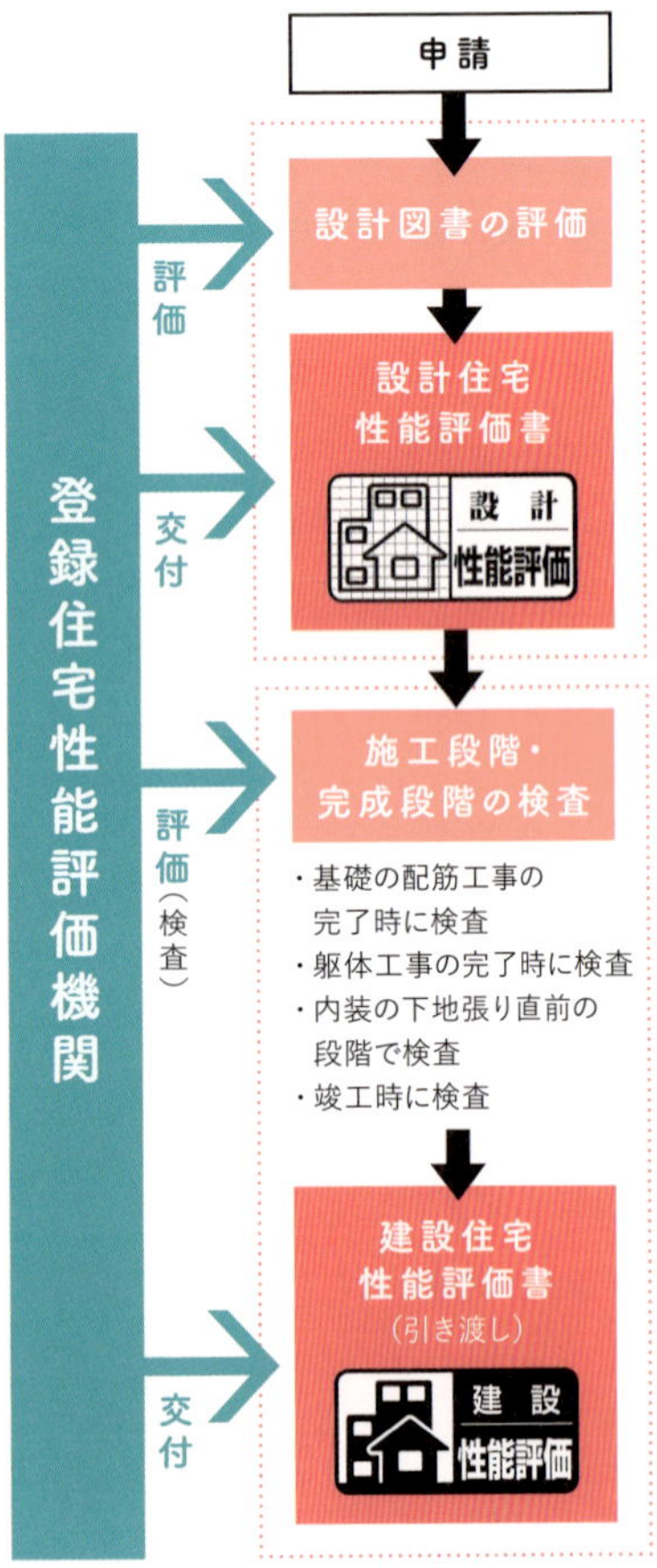

住宅性能表示制度の10分野

❶構造の安定性

地震発生時の倒壊のしにくさや強風、大雪に対する強さを評価。最高等級が3で、1等級1.5倍の耐震性能があり、震度6強〜7でも軽い補修程度で住み続けられるレベル。

❷火災時の安全

火災時の燃え広がりにくさや避難のしやすさ、隣の建物が火事になったときの延焼のしにくさなどを評価。耐火等級（開口部以外）の最高等級は4で、火炎を遮る時間が60分相当以上。

❸劣化の軽減

築年数の経過による土台や柱の劣化対策を評価。最高等級は3で、おおむね築75〜90年まで大規模な改修工事を必要としないレベル。

❹維持管理・更新への配慮

水道やガスなどの配管の点検や清掃のしやすさ、故障した際の補修のしやすさなどを評価。最高等級は3で、掃除口や点検口が設けられているなど維持管理に配慮したもの。

❺温熱環境・エネルギー消費量

断熱性能、換気設備、太陽光発電などの創エネ機器を総合的に評価。断熱等性能等級と一次エネルギー消費量等級の2種類がある。前者の最高等級は7で、最低室温をおおむね15℃以上で維持できる仕様。後者の最高等級は6で、基準となる一次エネルギー消費量より2割エネルギー消費量が少ないレベル。

❻空気環境

ホルムアルデヒドを発散する建材の使用状況と換気設備を評価。最高等級は3で、ホルムアルデヒドの発散量が極めて少ない日本産業規格のF☆☆☆☆等級相当以上。

❼光・視環境

東西南北に加えて上の5方向に、どれくらいの面積の窓が設けられているのかを評価。開口部の面積の床面積に対する割合などを%で表示する。

❽音環境

共同住宅の評価項目。上下階、隣への音について伝わりにくさを評価。

❾高齢者等への配慮

出入口の段差の少なさや階段の勾配の緩さなどを評価。最高等級は5で、車いす使用の生活を基本とした住宅。

❿防犯対策

ドアや窓などの開口部について、防犯上効果的な建具や部品を設置しているかを評価。等級評価ではなく、設置の有無を階ごとに表示。

Point

住宅性能表示制度を利用するメリット

住宅性能表示制度を利用して評価書を取得すれば、国がその家の性能を保証したことになります。これは資産価値が高まることにつながり、売却する際も有利になるはずです。

しかし、制度利用の価値はそれだけではありません。その他のメリットとしては右のようなものがあります。

●住宅ローン金利の引き下げ

制度利用によって省エネルギー性、耐震性、バリアフリー性、耐久性、可変性の基準を満たすことが証明できれば、長期固定金利住宅ローンのフラット35Sを利用できる。

●地震保険料の割引

耐震等級などによって地震保険料の割引が受けられる。割引率は、耐震等級3・免震は50%、耐震等級2は30%、耐震等級1は10%。

●トラブル解決機関の利用

売買契約などでトラブルが発生した際、指定住宅紛争機関(各地の弁護士会)にその処理を割安（1件当たり手数料1万円）で依頼することができる。

長期優良住宅について

長期優良住宅に認定されると住宅ローン金利優遇や税金の軽減など、さまざまなメリットがあります。その認定基準などを解説します。

快適に長く暮らせる住宅を認定する制度

長期優良住宅は、国が「快適に長く暮らせる住宅」を認定する制度です。おおまかな設定基準は次の5つで、これらの措置が講じられている住宅を長期優良住宅とします。

❶長期利用が可能な構造と設備
❷居住環境などへの配慮
❸一定以上の住戸面積
❹維持保全の期間、方法の策定
❺自然災害への配慮

戸建て住宅の場合、具体的には以下の8つの項目をクリアすることで認定され、住宅ローン金利優遇など、さまざまなメリットがあります。

8つの認定項目

※「等級」はすべて住宅性能表示制度（⇨P117）のもの

❶劣化対策

おおむね築75〜90年まで大規模な改修工事を必要としない家。劣化対策等級3に該当し、構造（木造・鉄骨造・RC造）に応じた基準もクリアする必要があります。

❷耐震性

極めてまれに発生する大地震でも、損傷が少なく改修が容易な家。耐震等級2以上または免震建築物です。

❸省エネルギー性

断熱等性能等級5に該当し、一次エネルギー消費量等級6もクリアする家。断熱等性能等級5は、ZEH住宅（➡P120）と同レベルです。

❹維持管理・更新の容易性

耐用年数が短い配管設備などの点検・修繕がしやすい家。維持管理対策等級（専用配管）3に該当します。

❺居住環境

地区計画、景観計画、条例によるまちなみなどの計画区域内の場合は、これらの内容と調和を図る必要があります。

❻住戸面積

75㎡以上かつ1階の階段を除く床面積が40㎡以上の家。所轄行政庁が別に定める場合は、その面積要件を満たす必要があります。

❼維持保全計画

構造耐力上主要な部分、雨水の浸入を防止する部分、給排水設備について点検・補修の計画を策定している家。点検は建築後30年以上行い、最低10年ごとの実施が必要です。

❽災害配慮

それぞれの地域の災害発生リスクの高さに応じて所轄行政庁が定めた措置を講じる。

定期点検等の負担も十分に検討する

長期優良住宅の認定を受けるには、着工前に登録住宅性能評価機関の審査を受ける必要があります。その際、設計住宅性能評価申請書等を提出することになるので、手続きは建築依頼先に任せるのが一般的です。

長期優良住宅は、長期にわたって安全で快適に暮らせると国が認めた建物です。ですから長く資産価値を維持できるでしょう。さらに認定されると左のようなさまざまなメリットがあります。

ただし、建築コストが多少高くなり、計画に従った定期点検等が必要になるので、十分に検討したうえで認定を受けるようにしましょう。

Point

長期優良住宅のメリット

長期優良住宅に認定されると次のような優遇を受けることができます。

●住宅ローン減税

住宅ローン減税は、年末の住宅ローン残高に応じて所得税を控除する制度です。2025年度までは、4,500万円の残高まで控除対象となります。

●住宅ローン金利の引き下げ

「フラット35」は、全国の金融機関と住宅金融支援機構が提携して扱う全期間固定金利型住宅ローンです。長期優良住宅は、通常よりも当初5年間の金利が年0.25〜0.75％引き下がる「フラット35S」（2025年3月31日申込受付分に適用）または、最長50年の全期間固定金利ローン「フラット50」を利用できます。

●地震保険料の割引

長期優良住宅で求められる耐震性をクリアすると以下のように地震保険料が割引されます。

耐震等級2：30％引き
耐震等級3：50％引き
免震建築物：50％引き

認定申請の流れ

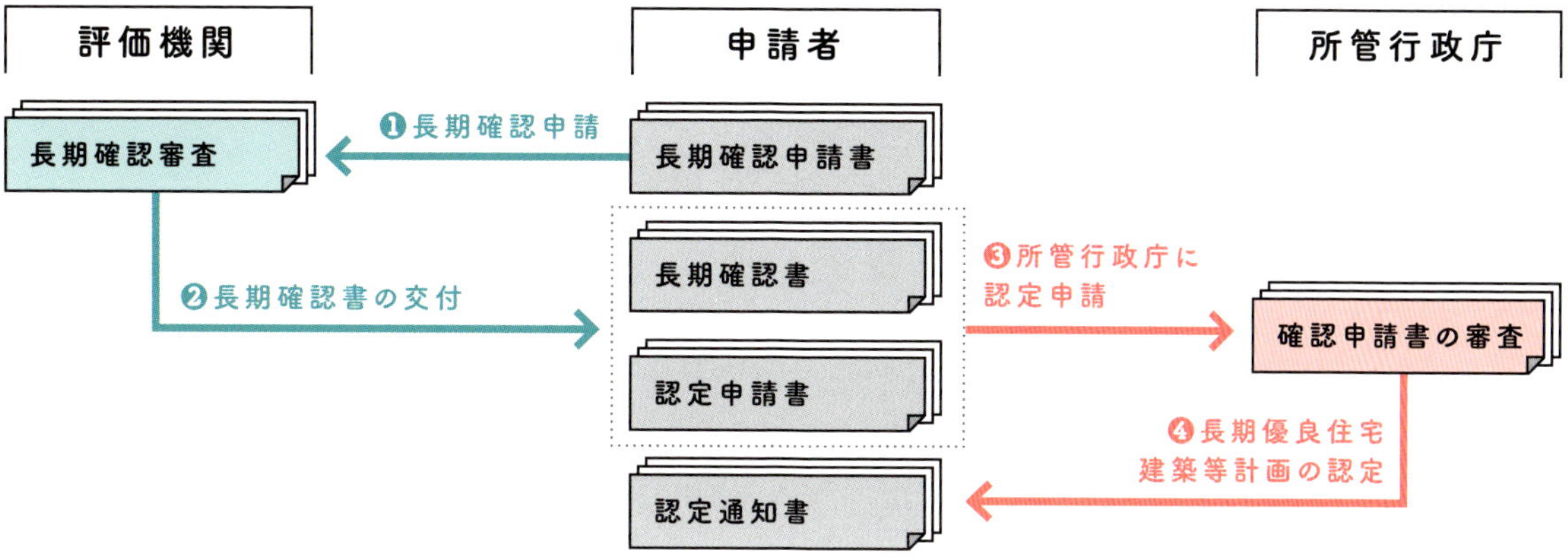

ZEH《ゼッチ》住宅について

断熱性能が高く、エネルギーも生み出す家は、私たちの財布だけでなく地球環境にも優しい建物といえます。そこで国が建築を推進しているのがZEH住宅です。

創エネが消費エネルギーを上回る家

ZEH《ゼッチ》とは、Net Zero Energy House（ネット・ゼロ・エネルギー・ハウス）の略で、「高断熱」「省エネ設備」「太陽光発電による創エネ」によって生み出すエネルギーが、消費エネルギーを上回る家のことです。

国はZEH住宅の普及を推進しており、「2030年度以降に新築される住宅は、ZEHの基準が水準となる状態を目指す」としています。そのため、ZEHやそれに近い基準（Nearly ZEHなど）を満たした住宅は、補助金を受けられるなどのメリットがあります。

ZEHの4つのメリット・2つのデメリット

メリット❶

光熱費の削減

高い断熱性能や高効率給湯器などの省エネ設備によって光熱費を削減できる。また、太陽光発電で余った電力は売電できる。

メリット❷

補助金を受け取れる

ZEH住宅などを建築・購入することで、国から1戸当たり55～100万円の補助金を受け取ることができる。

メリット❸

資産価値がアップする

基準を満たした家は、省エネ性能が高いと認められた建物なので資産価値がアップし、売却時も高値で売れる可能性がある。

メリット❹

快適に暮らせる

高い断熱性能で夏は涼しく、冬は暖かくなる。家中の温度差が少なくなり、ヒートショック予防も期待できる。

デメリット❶

建築費やメンテナンス費用が高くなる

高断熱、省エネ設備、太陽光発電などによって建築費は高くなり、設備のメンテナンス費用もかかる。ただし、その費用は補助金や光熱費の削減などで回収できるケースがほとんど。

デメリット❷

間取りやデザインに制限がある

断熱性能や省エネ性能の基準を満たすために間取りが希望通りにならないこともある。また、太陽光発電の性能を十分に発揮するために屋根の角度も制限される。

ZEH住宅の3要素

0 ≧（高断熱＋省エネ）－創エネ

高性能な窓や断熱材を採用することで高断熱な家を実現。季節を問わず家中どこでも快適な温熱環境にすると同時に冷暖房費も削減する。

LED照明や高効率な給湯器・冷暖房機器など省エネ設備を採用。さらに太陽光発電も併せて制御するHEMS（ホーム エネルギー マネジメント システム）によって総合的な省エネを実現する。

ZEHでは、消費する電力より生み出す電力のほうが多くなることを求められる。そのため太陽光発電は必須といえる。これに蓄電池も加えることができれば、停電時にも電力供給や電気自動車などの充電が行える。

Point

ZEH住宅の補助金制度

国は、年度ごとにZEH支援事業を行っています。同事業では対象となる住宅を大きくふたつに分けており、それによって補助額は異なります。

ひとつめは「ZEH」「Nearly ZEH」「ZEH Oriented」を対象とする支援です。

「Nearly ZEH」は、多雪地帯など太陽光発電による創エネが十分に行えない地域の住宅です。ZEH住宅の創エネによる一次エネルギー消費量の削減が100％以上必要であるのに対し、こちらは75％以上に緩和されています。「ZEH Oriented」は、都市部の狭小地に建てられたことから太陽光発電による創エネが十分に行えない住宅です。この住宅は、ZEH基準を超える断熱性・省エネ性を備えていれば、太陽光発電が無くても、認定されます。これらの住宅は、申請することで1戸当たり55万円の補助金を受け取れます。

ふたつめは、「ZEH＋」「Nearly ZEH＋」を対象とする支援です。

「Nearly ZEH＋」も、多雪地帯など地域限定になります。ただし、「ZEH＋」「Nearly ZEH＋」ともにZEH基準よりも高い性能が求められます。たとえば「省エネ基準から25％以上の一次エネルギー消費量削減（ZEHの場合は20％以上）」「断熱性能の更なる強化」などです。これらの要件を満たすことで、1戸当たり100万円の補助金が受け取れます。

ここに注意！

ZEH住宅の補助金を申請するのであれば、施工や設計を依頼する会社は必ずZEHビルダーまたはZEHプランナーでなければいけないことになっています。

ZEHビルダーとは、ZEHを建築することを経済産業省に申請し、登録した工務店やハウスメーカーです。ZEHプランナーは、同様に登録を済ませた設計事務所です。どちらも、「ZEHビルダー・プランナー」と検索すれば、建築地で対応可能な会社を見つけることができます。

HEAT《ヒート》20について

日本は長期優良住宅やZEH住宅などによって高断熱な住宅の普及を推進しています。しかし、それでも欧米先進国並みの水準とはいえません。そこで提案されたのがHEAT20です。

快適な温熱環境の家にするためのひとつの指標

HEAT《ヒート》20とは、2009年に研究者や住宅・建材生産者団体の有志によって発足した「20年先を見据えた日本の高断熱住宅研究会」の略称です。

同団体は、「明日の日本の住まいの方向性を示し、技術を具現化し、それを促進すること」を目標とし、「G1～G3」という独自の断熱基準を提案しています。

その背景には、日本の省エネ基準の低さがあります。同基準では、日本を気候によって8地域に分け、それぞれにUA値による省エネ基準を設けています。UA値とは、建物の内部から外へ出て行く熱量の平均値で、数値が低いほど高断熱ということになります。日本の基準（H28年基準）では、5～7地域（おもに関東から九州）のUA値は0・87に定められていますが、米国では0・43、ドイツでは0・40となっており遠く及びません。日本の省エネ基準よりも厳しいUA値ですが、それゆえ快適な温熱環境の家にするためのひとつの指針となります。

高断熱の家はカビが発生しやすいと考える人もいますが、高断熱性とあわせて高気密性を備えた家であれば、室温と湿度は1年を通して快適に保たれます。ただし、住宅性能には問題がなくても、換気システムを止めて洗濯物を室内干しをする、必要以上に加湿器を使うなど、生活のしかたによっては結露を発生させ、カビにつながるので注意が必要です。

ここも知りたい！

Q ZEH住宅とは何が違うのですか？

ZEH住宅では、高い断熱性能だけでなく、高効率な省エネ設備と太陽光発電よる創エネを採用することで消費エネルギーの収支を実質ゼロにすることを求められます。

一方でHEAT20で求められるのは、高い断熱性能だけであり、その性能はZEH基準よりも高く設定されています。

HEAT20のメリット

**HEAT20は、公的な基準ではないので補助金等はありません。
しかし、非常に高断熱な家ゆえのさまざまなメリットがあります。**

メリット❶

冷暖房費の削減

HEAT20のUA値は、下記の図のようにもっとも低い基準のG1であっても0.56(6地域の場合)。ZEH基準の0.6より低くなります。そのため、冷暖房費の大幅削減が可能。年間数万円ダウンできるという試算もあります。

メリット❷

健康的な暮らしを実現

年間を通してトイレや脱衣所でも冷え込むことがなく、家の中の温度が均一になるので、ヒートショックの防止につながります。また、温度差の少ない家は風邪もひきにくいといえるでしょう。

メリット❸

家が長もちする

高断熱な家は、外の温度を中へ入れず、中の温度を外へ出さないので結露が発生しにくくなります。結露しない家は、カビが発生せず木材の腐食を防ぐため家が長もち。また、カビの発生は鼻炎などアレルギー症状の原因となるので、健康をサポートする建物ともいえます。

メリット❹

間取りの自由度がアップする

一般的な家では、冷暖房費を考慮して吹き抜けや大空間を諦めるケースも多いですが、HEAT20の建物は冷暖房費を気にせずに間取りを検討することができます。

HEAT20の断熱基準(UA値)

地域区分	1	2	3	4	5	6	7	8
HEAT20　G3	0.2			0.23		0.26		—
HEAT20　G2	0.28			0.34		0.46		—
HEAT20　G1	0.34		0.38	0.46	0.48	0.56		—
断熱等級5、ZEH、長期優良住宅	0.4		0.5	0.6				—
次世代省エネ基準(断熱等級4)	0.46		0.56	0.75	0.87			—

G1~3の冬期間の最低体感温度は次のように設定されている。G1は「1地域と2地域で、概ね13℃を下回らない。3地域～7地域で概ね10℃を下回らない」。G2は「1地域と2地域で概ね15℃を下回らない。3地域～7地域で概ね13℃を下回らない」。G3「すべての地域で15℃を下回らない」。地域区分についてくわしくは国土交通省のHPなどで要確認。

オール電化住宅について

昨今はすっかり一般的になってきたオール電化住宅。注文住宅を建てる際は、建築依頼先からすすめられることも多いでしょう。そこでこの住宅の特徴などを解説します。

家庭のなかで使用するエネルギーのすべてを電気でまかなう住宅

オール電化住宅とは、家庭のなかで使用するエネルギーのすべてを電気でまかなう建物です。従来、ガスを使用していた調理や給湯も電気を利用します。

オール電化住宅にするメリットは複数ありますが、おもなものとして光熱費を削減できるということがあります。オール電化住宅に対応した電気料金プランを利用すれば、日常的にはあまり使わない深夜帯などの料金が安くなり、そのときに電気給湯器（エコキュート）などでお湯を

オール電化住宅のおもな設備

エコキュート

エコキュートは、お湯をつくる「ヒートポンプユニット」とヒートポンプでつくられたお湯をためておく「貯湯ユニット」がセットになっています。貯湯ユニットの湯は、キッチン、浴室、洗面室などで使え、災害などの断水時にも役に立ちます。

節約Point
ライフスタイルや季節によって設定変更が可能。お湯の使用量が減る夏は、「省エネモード」をオンにしたり、「自動沸き増し機能」をオフにしたりといった設定変更が節約につながる。

IHクッキングヒーター

電気によって磁場を発生させ、トッププレート上に置かれた調理器具を加熱することができる調理機器。火を利用しないので安全性が高く、トッププレートが平らなので手入れが簡単です。

床暖房・蓄熱ヒーター

エコキュートに連動した温水式床暖房は、貯湯ユニットの湯が使えるため光熱費の削減につながります。蓄熱ヒーターは安価な深夜電力で蓄電し、その熱で1日の暖房をまかないます。

節約Point
オール電化住宅と太陽光発電の組み合わせは相性がいい。電気料金が高い時間帯は発電電力を使い、安い時間帯は通常の電力を使えば光熱費を軽減できる。発電電力を貯めておける蓄電池の導入もおすすめ。

沸かしておくことができます。

そのほかにも、料理の際に火を使わないので、火災のリスクを軽減できるメリットもあります。

一方でオール電化住宅にするには、エコキュートやＩＨクッキングヒーターなどの設備費用がかかり、そもそも直火を使わない調理方法は馴染めないという人もいるでしょう。また、いくら深夜の電気料金が安いといっても、それ以外の時間で電気を大量に消費するのでは意味がありません。

自分のライフスタイルがオール電化住宅に向くか否かや、費用対効果をよく検討することが重要です。

家族のライフスタイルや希望を確認してから、導入するかどうかを検討しよう。夜間の電気使用が多い家には比較的おすすめ。

オール電化住宅のメリット・デメリット

メリット❶

光熱費が安くなる

自分のライフプランに合ったオール電化住宅用の料金プランを選べば、光熱費を軽減できます。3人暮らしの場合、一般住宅とオール電化住宅の月間平均光熱費では、後者の方が約2,000円安くなる試算もあります。

メリット❷

火災リスクを軽減できる

火やガスを扱わないため、火災の心配が大幅に減ります。また、ガス漏れによる中毒リスクもなく、とくに小さな子どもや高齢者がいる家庭は安心できるといえます。

メリット❸

災害時に役立つ

災害発生時にエコキュートのタンクにお湯が残っていれば、洗濯やトイレにも利用できます。ただし、飲用は不可。また、電気はガスや水道よりも復旧が早い傾向があります。

デメリット❶

設備の導入コストが高額

エコキュートやIHクッキングヒーターなど必要な設備は、まだまだ高額です。これらに太陽光発電も加えれば、トータル数百万円の予算が必要になります。

デメリット❷

停電に備える必要がある

停電になってしまうと、ほとんどのライフラインが絶たれてしまいます。非常時に備えてカセットコンロや石油ストーブなどの用意が必要です。

デメリット❸

日中の電気料金が割高になる

オール電化住宅向けの電気料金プランの多くは、深夜は安く、日中は割高。そのため、昼間の電気消費量が多い家庭は、光熱費が逆に上がってしまうことも。ライフスタイルに合ったプランの選択が重要です。

健康住宅について

健康状態は、住宅のつくりによって大きく左右されることがあります。どういった家を建てれば健康的に暮らせるのかを考えてみましょう。

シックハウス症候群などに配慮した家

現代の家は、省エネや快適性といった観点から、「高断熱・高気密」を追求するようになりました。

ところが、「高断熱・高気密」な家も、住み方によっては問題が起こることがあります。加湿器の利用などにより高湿度になった室内で、計画的な換気をせずに空気の入れ替えが行われないと、結露が生じてダニやカビの発生につながります。カビやダニはアレルギーの原因となり、鼻炎やぜんそくなどの症状を悪化させることがあります。

また、現代の住宅の材料では、接着剤や塗料などでさまざまな化学物質を使用しています。高気密空間で化学物質の室内濃度が高くなると、シックハウス症候群を発症し、健康を害することがあります。これを予防するにも、計画的な換気が有効です。

このようなことから、健康住宅とは、「高断熱」「高気密」「計画換気」の3要素に加えて、化学物質を使用しない材料を採用した建物ということになります。

とはいえ、そのような材料は、種類によっては高額になりがちですし、化学物質の影響は個人差が大きいといえます。ですから、建築依頼先とよく相談し、自分にとって費用対効果の高い家を目指しましょう。

Point

化学物質の室内濃度の指針値

厚生労働省では、接着剤や塗料などに用いられるホルムアルデヒドを含む13種類の化学物質に対して室内濃度の指針値を定めています。

これは一生暴露を受けたとしても健康に影響がないとされる値です。ただし、影響の有無は個人差があるのであくまで目安とされています。

化学物質	指針値
ホルムアルデヒド	0.08ppm
アセトアルデヒド	0.03ppm
トルエン	0.07ppm
キシレン	0.05ppm
エチルベンゼン	0.88ppm
スチレン	0.05ppm
パラジクロロベンゼン	0.04ppm
テトラデカン	0.04ppm
クロルピリホス	0.07ppb
フェノブカルブ	3.8ppb
ダイアジノン	0.02ppb
フタル酸ジ-n-ブチル	1.5ppb
フタル酸ジ-2-エチルヘキシル	6.3ppb

健康に配慮された建材

構造材・床材
無《む》垢《く》材《ざい》

接着剤を使用した集成材や合板フローリングの多くは、さまざまな化学物質が含まれている。無垢材はそれらを含まないだけでなく、「フィトンチッド」という自然成分によって抗菌・殺菌作用があり、リラックス効果もあるといわれている。ただし、無垢材のなかには、化学物質を含んだ防蟻・防カビ材を注入しているものもあるので要確認。

外壁材・内装材
漆《しっ》喰《くい》

漆喰の主原料は、石灰石を焼いて水を加えた消石灰（水酸化カルシウム）。消石灰とすさ（わらや麻）を混ぜたものが漆喰。漆喰は弱アルカリ性で殺菌作用があり、細菌の生育を抑え、カビ・ダニの発生を防ぐ。鳥インフルエンザウイルスをほぼ死滅させる効果も確認されている。

断熱材
セルローズファイバー

古新聞や段ボールを細かく裁断して燃えにくいように加工した断熱材。木質ならではの調湿機能があり、防虫効果もある。

羊毛

羊毛を原料とした断熱材。繊維内に臭いやホルムアルデヒドなどの有害物質を吸着させて除去する。また調湿機能もある。

接着剤
米のり

米と水だけでつくる日本古来の接着剤。米は熱によって高分子化し、固まると木と同じような性質になる。そのため、木材に米のりを使用すると、木材と一緒に膨張、収縮するので、一般的な化学物質でつくられた接着剤よりもはがれにくい。

ここも知りたい！

Q シックハウス症候群とはどんなものですか？

住宅は、カビ・ダニや建物の材料（建具、家具含む）から発生する化学物質などで室内の空気が汚染されます。これによる健康障害を総称してシックハウス症候群といいます。そのおもな症状には、「めまい」「頭痛」「吐き気」「だるさ」「鼻水」「涙目」「せき」などがあります。

住宅で使用される化学物質は500種類前後あるといわれ、どれが影響するのかは個人差があります。ただし、接着剤や塗料などに用いられるホルムアルデヒドとシロアリ駆除剤などに用いられるクロルピリホスについては規制があります。ホルムアルデヒドに関しては、内装仕上げの使用面積制限と24時間換気システムの設置が義務付けられています。クロルピリホスに関しては、使用が禁止されています。

また、各材料のホルムアルデヒドの放出量は、JISやJASによってF☆といった☆の数で表されています。☆の数は4つが最大で、多いほど放出量が少ないものになります。

地震に強い住宅について

日本全国どこにおいても地震の心配がない地域はないでしょう。ですから家を建てるなら地震対策は必須といえます。そこで地震に強い住宅を解説します。

現行の耐震基準は人命を守る最低ライン

日本は歴史的に見ても、地震が多い国です。そのため、建築基準法では人命を守ることを目的に耐震基準を設けており、大きな地震が発生するたびに改正されてきました。

現行の耐震基準は２０００年に制定され、地盤調査が事実上義務化されています。耐震性を確保する壁量、壁の配置バランス、柱と土台などの接合部の条件も明確化されました。

しかし、この耐震基準は、あくまで建物内の人命を守ることを目的としています。したがって、震災後に「命は助かったが、家は使いものにならない」ということもあり得ます。

そこで震災後の損傷の小ささを示す指標となるのが、住宅性能表示制度の耐震等級です。この等級は1から3まであり、数字が大きいほど耐震性が高いことになります。

２０１６年の熊本地震では、等級2の住宅でも倒壊するものがありました。これから家を建てるならば等級3を標準としたほうがいいでしょう。

揺れに強い家のしくみは耐震・制震・免震の３つ

地震に強い建物にする方法には、耐震のほかに制震、免震があります（➡Ｐ１３０）。

耐震は、強度の高い柱・梁《はり》・耐力壁などで建物自体を頑丈にし、大地震に耐えるようにする構造です。ただし、くり返しの揺れには弱く、大きな地震の被害を受けた場合は、性能が弱まる可能性があります。

制震は、壁にダンパーなどを設置することで地震エネルギーを吸収する構造です。ダンパーは、地震がくり返し発生しても効果を発揮します。

免震は、建物と基礎の間に積層ゴムなどの装置を設置し、建物自体の揺れを軽減する構造です。揺れが小さくなるので、室内の家具などの損傷も軽減できます。設置コストが高額で定期的なメンテナンスも必要なため、建築予算の確認のほか、ランニングコストにも考慮が必要です。

耐震等級の違い

建築基準法の
耐震性

震度6〜7の地震で倒壊しないものの、その後は大規模な修繕または住み替えが必要になる程度の耐震性能。建築基準法で求められるのは耐震等級1で、最低限このレベルをクリアしないと家は建てられない。

建築基準法の
1.25倍
の耐震性

耐震等級1の1.25倍の地震力に耐えられる性能。震度6〜7の地震で倒壊せず、その後も一部の補修で住み続けられることを想定している。災害時の避難場所として指定される体育館などは耐震等級2以上を求められる。

建築基準法の
1.5倍
の耐震性

耐震等級1の1.5倍の地震力に耐えられる性能。震度6〜7の地震で倒壊せず、その後も軽微の補修のみで住み続けられることを想定している。災害時の拠点となるような消防署や警察署の多くは耐震等級3となっている。

Point

地震に強い家にするためのポイント

耐震等級3をはじめとする地震に強い家にするには、次のようなポイントがあります。

●形状をシンプルにする

形状に凸凹が多いつくりの場合、地震力が強くかかる部分と弱くかかる部分の差が激しくなります。一方で正方形、長方形といったシンプルな形状にすると、地震力がバランスよく分散し、耐震性を確保しやすくなります。

●ビルトインガレージや吹き抜けをつくらない

ビルトインガレージや吹き抜けをつくると、それだけ筋交いや耐力壁を設置する場所が減り、耐震性の確保が困難になります。

●大きな窓をつくらない

大きな窓をつくったり、窓の数が多いと、筋交いや耐力壁を設置する場所が減り、耐震性の確保が困難になります。また、「南側だけ」といったように窓の場所を集中させると、筋交いや耐力壁を設置する場所のバランスが悪くなります。

ただし、上記のような場合でも設計次第で耐震性を確保できるケースもあるので、気になることがあれば建築依頼先に相談しましょう。

耐震・制震・免震の違い

耐震

強度の高い柱・梁・耐力壁などで建物自体を頑丈にし、大地震に耐えられるようにする構造。

メリット

- 比較的安価に施工できる
- 対応できる地盤や立地の幅が広い
- もっとも普及している構造なので高い施工品質が期待できる

デメリット

- 地震の揺れがそのまま室内に伝わる
- 地震後にダメージが残る可能性が高い
- くり返しの揺れには弱い

制震

壁にダンパーなどを設置することで地震のエネルギーを吸収する構造。

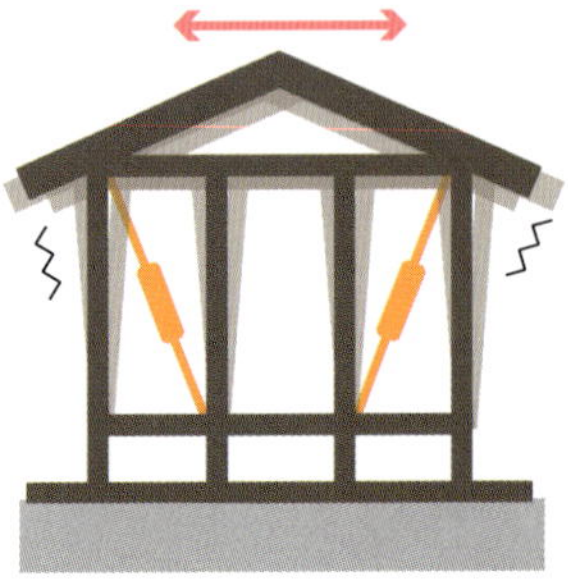

メリット

- 地震の揺れをある程度軽減できる（とくに2階以上）
- 基本的にメンテナンス不要
- 免震と比べると安価
- 台風などの強風時でも効果を発揮する

デメリット

- 耐震と比べるとコストがかかる
- 間取りが制限されることがある

免震

建物と基礎の間に積層ゴムなどの装置を設置し、建物自体の揺れを軽減する構造。

メリット

- 地震時の揺れを大幅に軽減できる
- 建物だけでなく家具など室内のものもダメージを受けにくい
- 揺れを軽減するので地震発生時も安心して室内にいられる

デメリット

- もっともコストがかかる
- 台風などの強風で建物が揺れることがある
- 定期的なメンテナンスが必要
- 建物が揺れる分だけ周囲に空きスペースが必要
- 軟弱地盤では建てられないことがある

Part5

実例でチェック！
満足できる
設計プランを考えよう

夢がふくらむ設計プランは
家族のライフスタイルに合わせて検討する必要があります。
現在の状況はもちろん、将来まで見据えておくのが大切です。
実例をみながらイメージをふくらませていきましょう。
リノベーションの実例も紹介します。

イメージをふくらませ暮らし方を想像する

敷地の形状と広さが決まったら、いよいよ住まいの設計です。夢やあこがれを実現する前に、やらなければいけないことがあります。

どんな暮らしがしたいか長いスパンで考える

家づくりにあたり、「こんな暮らしがしたい」「こんな部屋が欲しい」と、夢を描いている人は多いでしょう。しかし、夢やあこがれだけで設計を進めていくと、「住んでみたら想像と違っていた」「意外に住みづらい」という事態になりかねません。細かな間取りやインテリアを考える前に、まずすべきことがあります。

建物は敷地の条件や隣家との関係などにより制約を受けることが少なくありません。たとえば、斜線制限（⬇Ｐ１０５）を受けるのか、駐車場が必要ならどこに何台分設けるのか、日射しをどのように採り入れたいのか、といった要素により建物の形状が変わり、間取りも変わります。

さまざまな要素を考えなければならない住まいの設計ですが、方向性の基本となるのが、「誰と住むのか」「どんなふうに暮らしたいのか」「将来はどうなるのか」です。そもそもマイホームは数十年住み続けるものですので、長いスパンで考える必要があります。10年20年たつと家族構成は変化し、住む人の身体状況も変わります。将来の予測は簡単ではありませんが、たとえば子ども部屋や親の部屋を将来はどのように転用するのか、ざっくり考えておくだけでも心積もりが違ってきます。

Point

まず住宅の「性能」を考える

住まいへの不満は、住宅の性能（断熱性・気密性・遮音性・耐震性など）に起因するものが少なくありません。性能がよくないと「暗い」「寒い」などの不満が生まれやすく、どんなにオシャレなインテリアにしてもマイホームを心から楽しめなくなります。

性能面の不満は採光計画や断熱計画、工法などにより解消できることが多いので、依頼先探しのヒントになります。依頼先によっては、「耐震性の問題で大きな開口が取れない」など、希望する性能をかなえられない場合もあります。希望は打ち合わせの最初の段階から伝えるようにします。

暮らし方を考えるチェックリスト

誰と住む？

・夫婦2人の場合

□将来、子どもをもつ可能性があるか。あるとすれば何人ぐらい？

・夫婦＋子どもの場合

□将来、子どもが増える可能性はあるか。

□将来、子どもが独立するのはいつ頃か。

・夫婦＋親の場合

□親は同居に同意しているか。心変わりする可能性はないか。

□親が望む環境(友人知人、病院、自然環境など)はあるか。

どんなふうに暮らす？

□家の中のどこで過ごす時間がいちばん長いのか。そこで何がしたいのか。

□家族団らんの時間を多くもちたい。

□ペットと暮らしたい。

□テレワークしやすい住まいにしたい。

□各自の趣味の時間を大切にしたい。

□プライバシーを大切にしたい。

□来客を招きやすい住まいにしたい。

将来はどうしたい？

□住まいをリフォームしながら住み続けたい。

□将来に備えバリアフリーにしたい。

□子どもの独立後は転居も考えたい。

住まいへの希望をまとめる3つのステップ

1《ステップ》 「解消したい不満」をピックアップする

たとえば、今住んでいる家の日当たりの悪さが不満なら、新居では採光計画に力を入れます。収納が不満なら、収納スペースをどこにどれぐらい設けるのか、住まい全体を俯瞰して設計する必要があります。「解消したい不満」はステップ❸の「譲れない条件」と裏腹であったりしますが、長年の不満が解消されれば、新居への満足度も高まります。

2《ステップ》 「新居への夢やあこがれ」を書き出す

実現したい間取りやインテリア、設備などをまとめます。「大空間のリビングにしたい」「テレワークのスペースが欲しい」「あこがれのインテリアを実現したい」など、住まいへの夢が凝縮される過程です。インターネットや雑誌の切り抜きなどを集めておくと、イメージを伝える際に便利です。

3《ステップ》 「譲れない条件」をまとめる

ステップ❶❷を確認後、「日射しがたっぷり入る家」「暖かい家が欲しい」など、それぞれの最優先条件を書き出します。日射しの多い家にするには、「南向きに大開口を設ける」「2階リビングにする」など、設計の基本部分に関わる要素が出てきます。「暖かい家」なら、高い断熱設計や床暖房などの設備機器も候補に挙げて検討する必要があります。子どもや同居予定の親の意見も、必ず聞くようにします。

3つのステップでみつけるこだわり確認シート

ステップ1「解消したい不満」をピックアップする

	夫	妻	子ども	親
間取り	・子どもが成長し、リビングが手狭　など	・キッチンと浴室が遠く、家事動線が悪い　など	・自分だけの部屋がない　など	・階段の上り下りが負担　など
採光				
通風				
防音				
寒さ				
暑さ				
防犯				
収納				
バリアフリー				

2《ステップ》「新居への夢やあこがれ」を書き出す

	夫	妻	子ども	親
リビング・ダイニング	・吹き抜け空間の開放感を楽しみたい　など	・大きなダイニングテーブルで食事がしたい　など	・スマホを見ながらくつろげる場所が欲しい　など	・ときどきは家族全員で食卓を囲みたい　など
キッチン				
サニタリー・ユーティリティ				
寝室				
子ども部屋				
ワークスペース				
玄関・廊下				
収納				
外構				

3《ステップ》「譲れない条件」をまとめる

夫	妻	子ども	親
・静かにテレワークできるスペースが欲しい（1） ・趣味のグッズを飾るスペースが欲しい（2）	・収納スペースをしっかり取りたい（1） ・日射しがたっぷり入る家にしたい（3） ・快適なキッチンにしたい（2）	・自分だけの部屋が欲しい（1） ・オシャレなインテリアにしたい（2）	・日中は日射しが入る部屋がいい（2） ・部屋はトイレに近い場所がいい（1） ・和を感じる空間が欲しい（3）

間取りの考え方

間取りの図面を作成してもらう前に、おおまかな部屋の配置を考えます。各部屋の役割や家族が頻繁に通る動線などから、より良い配置が見えてきます。

建物をゾーニングし、部屋の配置を考える

間取りを決めるとき、最初に行うのがゾーニングです。敷地の建ぺい率・容積率から建物の大きさが決まったら、大まかな部屋の大きさや配置をゾーンごとに決めていきます。その際、家族が共有する玄関、廊下、階段、ＬＤＫなどを「パブリックゾーン」、各自が使う寝室や子ども部屋などを「プライベートゾーン」に分けて考えます。また、浴室・洗面室・トイレなどの水廻りはコスト面や防音・防水面から1カ所に集中させることが多いため、これを「水廻りゾーン」とすることもあります。ゾーンを分けることでパブリックゾーンの中にプライベートな空間が入ることを防げますし、ゾーン内の各部位がどの程度の広さになるのか見えてきます。玄関の位置やＬＤＫのおおよその配置が決まると、階段をどこに設置すべきか、吹き抜けを設けるべきかといったパブリックゾーンの検討課題が見えてきますし、それに伴ってどこにどんな窓を設置すべきか考える採光計画も進めることができます。

ゾーニングにより各部位のおおよその配置が決まると、プランニングへと進みます。プランニングでは設計士が作成した図面を見ながら間取りを検討をすることになります。

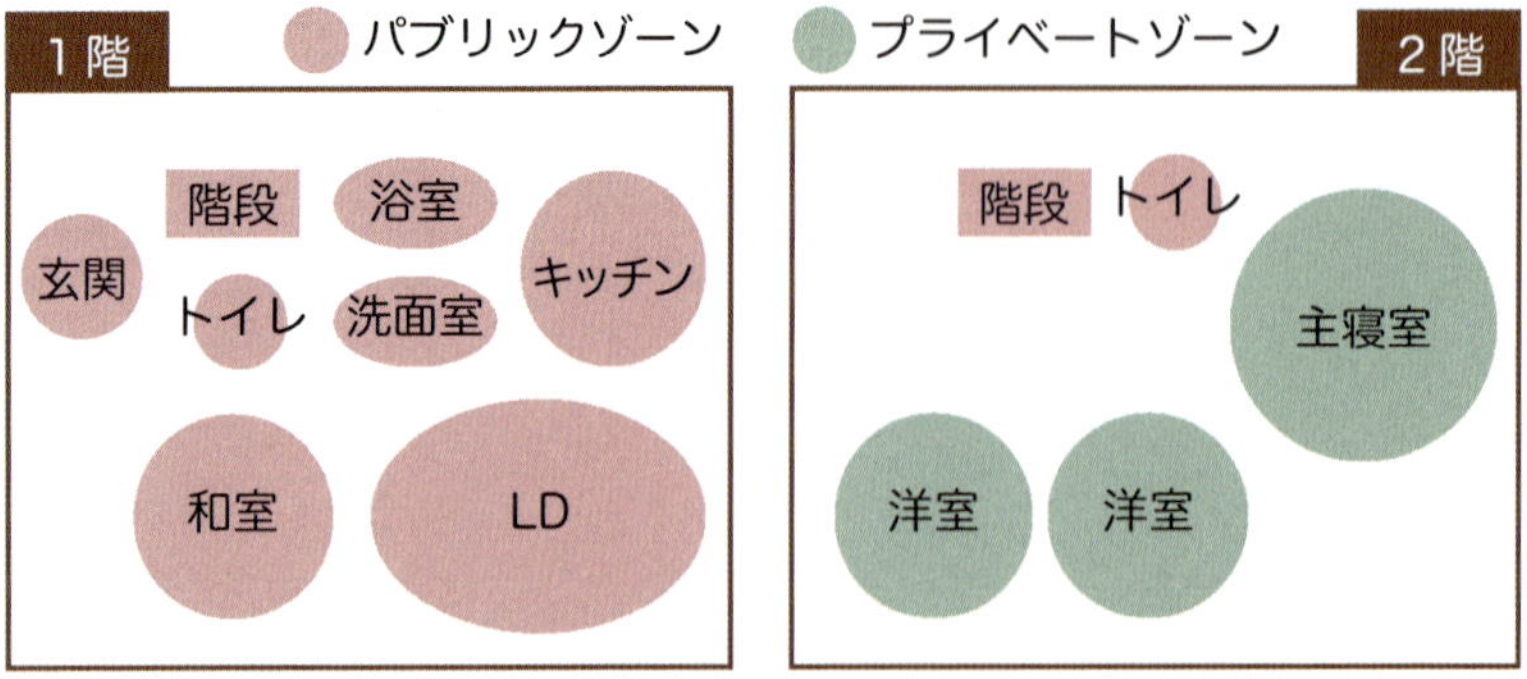

2階建て以上の場合、階段や吹き抜けは必ず同じ位置にくることに注意。

暮らしやすさに直結する動線計画は念入りに

ゾーニングと同時に考えておきたいのが動線です。動線には家事動線、生活動線、来客動線などがあり、動線計画がしっかり練られていないと住んでみてから不便を感じることになりかねません。

動線はできる限り短くし、交わらせないことがポイント。動線が交差すると人と人がぶつかりやすくなりますし、生活動線と来客動線が交わると来客にプライベートゾーンを見せることになってしまいます。家族の日常生活から「家事動線はキッチン⇕浴室で完結させる」「帰宅したらシューズクロークにコートを掛けてリビングへ」など、よくある動線を想定し、間取りを考えます。さらに動線上に収納を設けると、モノを出し入れする作業効率がよくなるといわれています。

回遊型の動線を設けると、目的の部屋への動線が複数になり、人の動きの自由度が高まる。

家族構成の変化や身体の変化も考える

家は長く住むものですので、ライフスタイルの変化も想定します。子どもが成長したら部屋を分けることができるのか。数年後に独立するかもしれない子どもの部屋にその広さが必要か。子どもが独立したり、両親が亡くなった後にその部屋をどのように使うのか。将来、階段の上り下りがつらくなったときにどうするのか。将来のことまで考えておくと、リノベーションの時期や予算を心積もりしやすくなります。

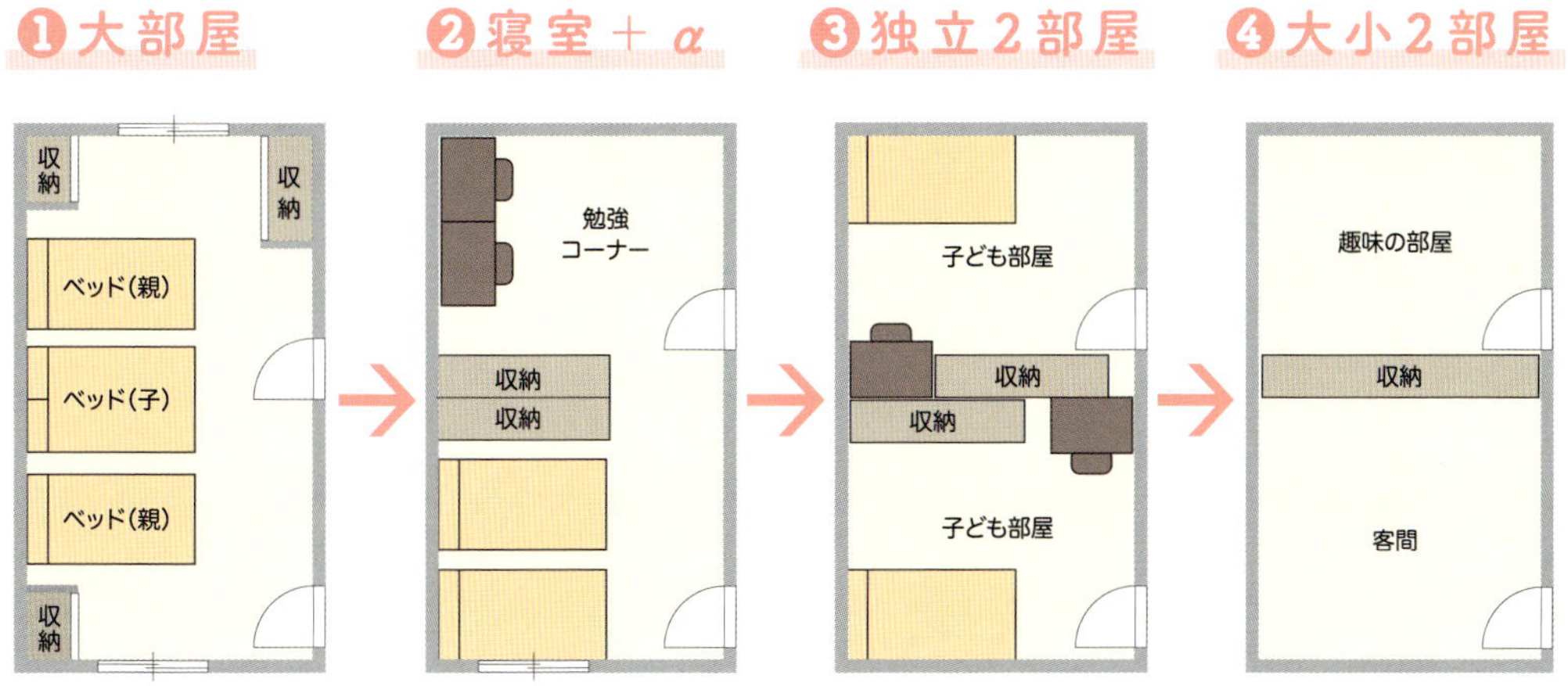

子どもの成長に合わせた子ども部屋のアレンジ例。大空間にドアを2カ所設置しておくことがポイント。

住みやすい間取りの成功ポイント

間取りを考える時間は家づくりの過程でもっとも楽しい時間でもあります。自分たちらしい間取りをじっくり考え、後悔のないようにしましょう。

家族構成と延床面積からプランを突き詰めていく

ゾーニングを終えたら、具体的なプランニングに進みます。プランニングでは設計士に、間取りの希望をしっかりと伝える必要があります。

まず、新居に住む家族構成や人数を基本に必要な個室の数を決め、水廻りの配置やＬＤＫの広さなどを割り出します。敷地に余裕がないなら、「3階建てにする」「各居室の面積を抑える」といった方法以外に、「廊下を極力なくす」「スキップフロアにする」「直線階段にする」など、省スペース化できる方法があるので、設計士に相談してみましょう。

ここも知りたい！

Q プランニングを何度もやり直してもらってもOKですか？

間取りへのこだわりは人それぞれ。設計士に要望を伝えたものの、期待したようなプランニングでなければ、もちろん修正を依頼してかまいません。

何度も修正を依頼すると着工が先送りになりますが、プランニング段階で納得できなければ本当に住みたい住まいにはなりません。

また、複数の依頼先に同じ要望を伝え、プランニング力でパートナーを決めるのも、ひとつの方法です。その際、丁寧にヒアリングをしてくれること、要望を実現するアイデアを出してくれること、いやがらずに修正に対応してくれることが重要です。

Point

自分たちの好みのプランを上手く伝えるには？

自分たちが住みたい間取りを言葉だけで伝えるのは難しいもの。あらかじめ書籍・雑誌・インターネット・SNSなどで好みの間取りや施工写真を集めておき、プランニングの際に設計士に見せると伝わりやすくなります。また、パソコンでマイホームをデザインする無料アプリを活用し、自分なりのプラン図を作成すると伝わりやすくなり、新たな気付きやアイデアが生まれることもあります。

夫婦＋子ども2人の間取り例

1階はパブリックゾーン、2階はプライベートゾーンの典型的な間取り。2階は居室だけでなく、ウォークインクローゼットや納戸などの収納にスペースを割く事例もあります。

採光と換気のために窓は必要だが、隣家や道路からどう見えるか配慮する必要がある。

家族のモノが多い場所に収納スペースを備えておくと、モノが片付きやすい。

仕事や家事に忙しい世代のため、キッチン⇔洗面⇔浴室の家事動線をできるだけ短くする。

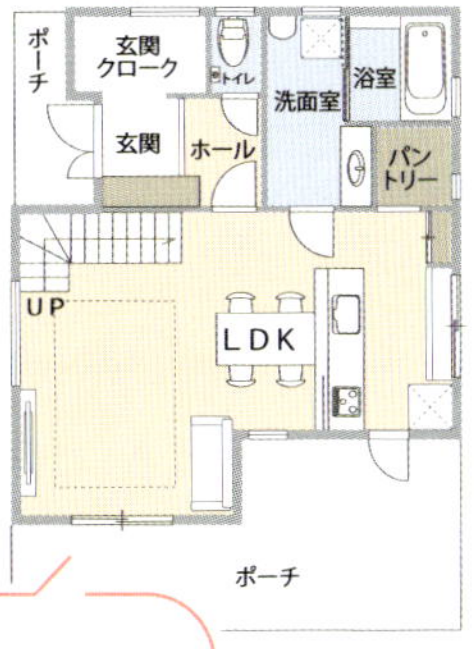

1階

南向きに大きな開口を設け、子どもたちが遊べるように大きめのポーチも設置。

2階のトイレや洗面台は、家族全員で相談し、ライフスタイルに合わせて選択する。

子ども部屋は将来のことまで考えて設計する。

夫婦の主寝室は南向きの場所に。広めのクローゼットやメイクコーナーを併設。

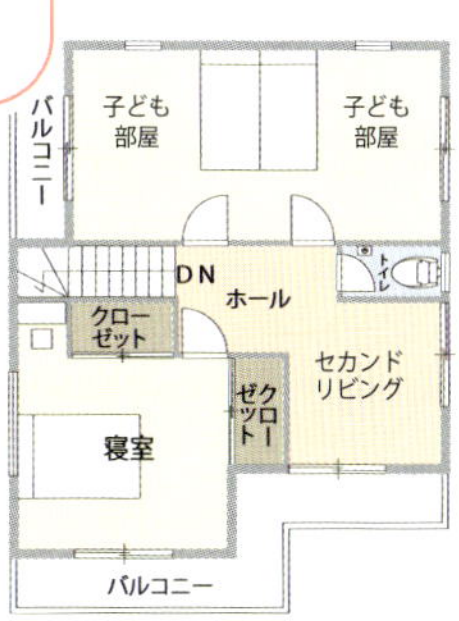

2階

余ったスペースは、書斎、納戸、趣味の部屋など。自分たち次第。

夫婦＋子ども2人の間取り例（狭小地）

間口が狭く、細長い狭小地に3階建て4LDKの住まいを実現した事例。3方向に隣家が迫っているため、2階3階に吹き抜けを設け、天窓から光を採り入れました。

1台分の車庫を確保。

窓が不要な収納スペースを1階に集中。洋室は予備のスペース。

1階

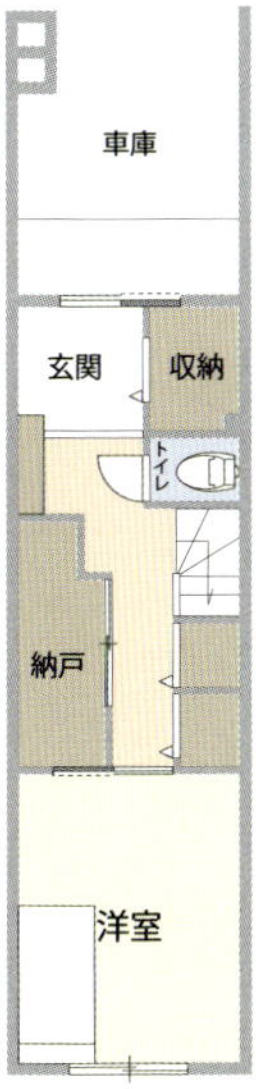

2階

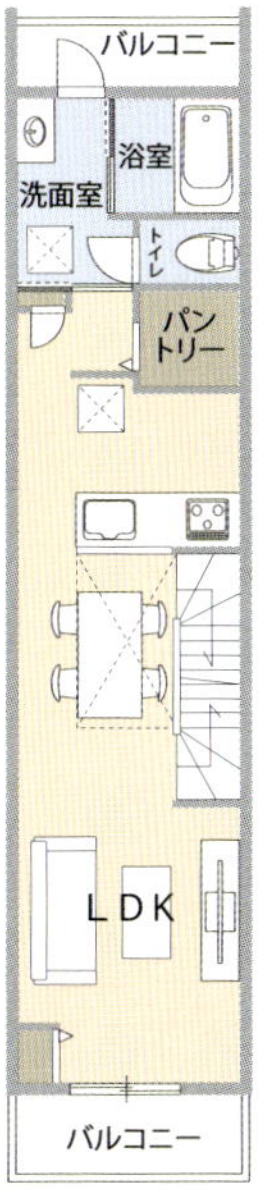

LDKは、建物を最大限に活かしたオープン空間。

水廻りを住まいの片側に集中させ、家事動線を短くする。配管工事などの施工費も節約。

スケルトン階段は、空間が広く感じられる。

2室分の子ども部屋を確保。子どもが幼いうちは1部屋で使い、思春期を迎えたら仕切り壁を設ける予定。

住まいの中央に吹き抜けをつくり、天窓を設置。天窓から入る光が2階のLDKまで届き、空間全体に明るさをもたらす。

3階

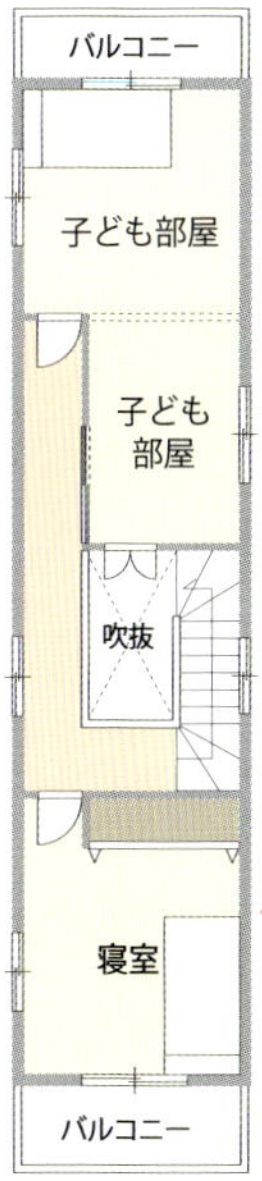

夫婦の主寝室は南向きの場所に。クローゼットやメイクコーナーを併設。

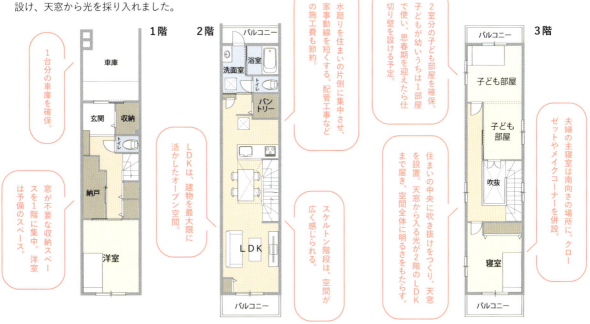

二世帯住宅（同居型）の間取り例

同居型の二世帯住宅とは、玄関や水廻りを共有し、食事や入浴など毎日のルーティンも互いに調整しながら暮らすタイプの住まいです。子世帯は家事や育児で親のサポートが期待でき、親世帯は将来介護が必要になったとき安心感をもてるという、それぞれのメリットがあります。分離型より建築コストを抑えることができます。

浴室・洗面・トイレは介護に備えて、3枚扉などアプローチのしやすさに配慮する。

両世帯が共有するLDKはスペースに余裕をもたせて、家族全員で過ごせる工夫をする。

2階は子世帯のプライベートスペース。子どもの人数に合わせてプランニングする。

子世帯専用のトイレ・洗面台は朝の準備などに必要。スペースに余裕があれば、シャワールームという選択肢もある。

親世帯の居室は、両親か単親かにより広さを調整。プライバシーを確保したうえで、将来の介護に備えて段差をなくし、開口の大きな間口や廊下にする。

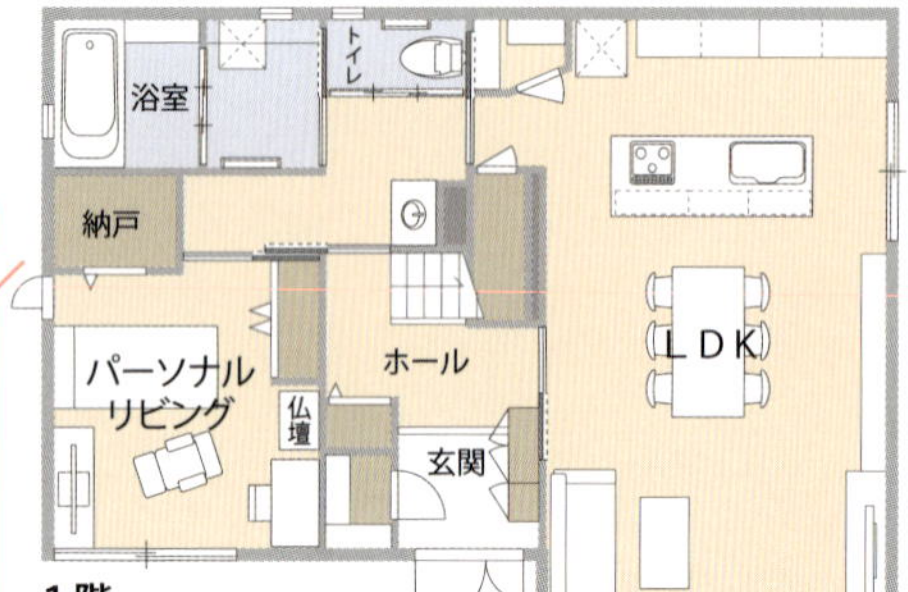

1階

2階

玄関は共有。家族人数が多い分、広めにする。

余剰スペースがあれば、サブリビング、書斎、客室、趣味の部屋なども。

二世帯住宅（分離型）の間取り例

分離型の二世帯住宅とは、LDKや浴室などの水廻りをすべて別々にするプランです。さらに、玄関を共有するか、分離するかにより、間取りが大きく変わります。玄関を別々にした場合も、内部で行き来できるドアを設けておくのが一般的です。3階建てにすると一般的な二世帯住宅よりも敷地面積が小さくすみ、1階は親世帯、2・3階は子世帯と完全に分けることができます。

親世帯の居住空間。階段がなく、平屋感覚で暮らすことができる。

世帯ごとに玄関を分けるのが最大の特徴。表札やポストも分ける。

1階

2階・3階は子世帯の居住空間。2階に子世帯のパブリックゾーン、3階にプライベートゾーンを集約。

3階

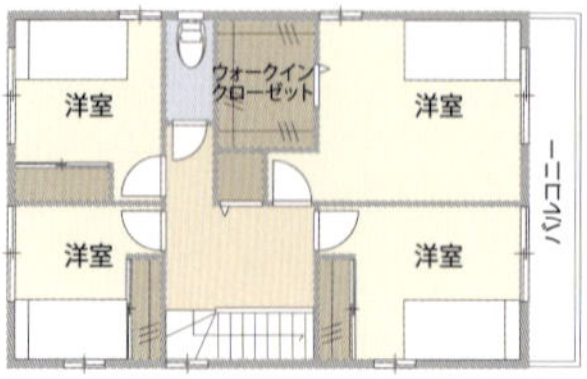

2階

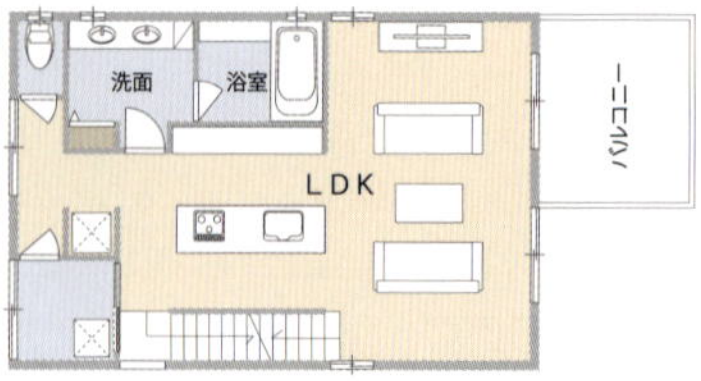

夫婦2人の間取り例

子育てが終わり、夫婦2人で暮らす住まいとして平屋が人気を呼んでいます。一般的に平屋のプランは、LDK＋夫婦それぞれの個室を確保したものが多いですが、敷地や予算に余裕があれば書斎や趣味の部屋を設ける、和室を設ける、庭を広めにとるなど、ライフスタイルに合わせた住まいが楽しめます。

和空間が必要なら、本格和室ではなく、畳コーナーという選択肢も。

トイレは寝室の近くに。

玄関から水廻りまで段差のないフラットな住まいに。

2階がないため、縦に動く動線がなく、身体的負担が少ない。

リタイア後は自宅にいる時間が長くなるため、夫婦それぞれの個室を用意するのがおすすめ。

住まいの真ん中にウッドデッキがあることで、採光・通風・室内外の動線を確保。

Point

平屋のメリット・デメリット

メリット

- 地震の揺れや台風の暴風などに強い
- コンパクトな間取りのため、室内の移動が少なくすむ
- 段差が少なく、バリアフリーにしやすい
- 家族の気配を感じやすい
- 冷暖房の効率がいい
- 天井高が2階建てよりも自由にとれる
- メンテナンス費が少なくすむ

デメリット

- 2階建てよりも広い敷地が必要
- 同じ延床面積の2階建てに比べて、基礎と屋根が大きいため、建築コストが高くなる
- 周辺が2階建て以上だと日当たりや通風が悪くなる
- 外部から侵入されやすいため、慎重な防犯対策が必要

Point

居住空間を分ける方法には横割り型と縦割り型がある

3階建ての二世帯住宅の場合、右ページの事例のように横割りにする以外に、縦割りにする方法もあります。しかし、縦割りの場合、親が高齢になったときの移動が大変になる可能性が高いですし、離れた場所に玄関を2つ設けるためのスペースとコストがかかります。土地条件が許すのであれば、横割り型でプランニングすることをおすすめします。

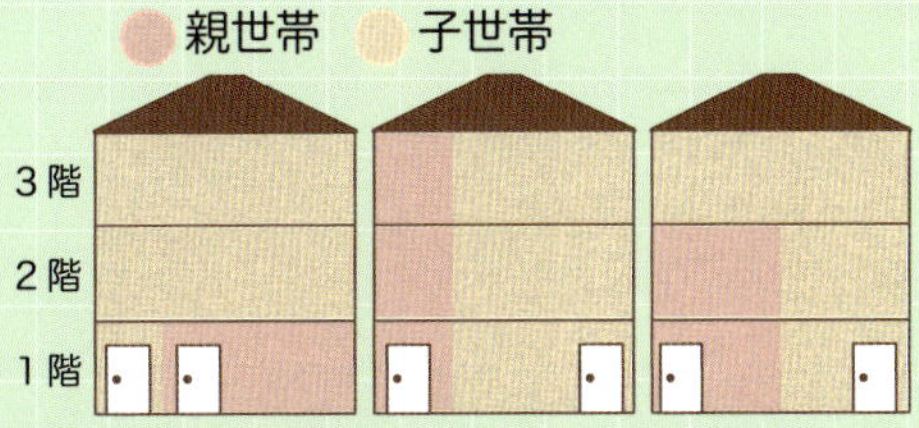

エリア別個別プランニング
リビング・ダイニング

住まいの中でもっとも長い時間を過ごし、家族でくつろぐことが多いのがリビング・ダイニング。自分たちに合う、居心地のいいプランを考えます。

「何がしたいか」から必要な機能を割り出す

リビング・ダイニングは家族が揃って食事をし、思い思いの自由な時間を過ごす場所。昭和の時代は家族が集まりテレビを見るのが典型的なだんらん風景でしたが、今は家族の気配を感じつつ、スマホを見たりゲームをしたり、一人ひとりが好きなことをしながら過ごす場になっています。

また、来客があったとき、もてなす場になることが多いため、それなりの広さがあり、きれいに片づけやすく、長時間過ごしても居心地のいい環境や工夫が求められます。

プランニングでは、まず「リビングで何がしたいか」を書き出し、そのために必要な空間づくりを進めていきます。「本を読む」「スマホを見る」なら適度な明るさが必要ですし、「映画を見る」なら大画面を楽しめるテレビやスクリーンを設置する壁スペースが必要です。「ゴロゴロしたい」ならソファなのか畳スペースなのか、自分たちなりの心地よさを追求するといいでしょう。

ほかにも、「子どものスタディコーナーやワークスペースをつくりたい」「観葉植物を育てるインナーテラスが欲しい」など、家族のライフスタイルによりさまざまな要望があるのがリビングです。

ここも知りたい！

Q　LDKの広さに迷ったら、どうすればよいですか？

迷ったときは住まいの広さの半分程度をLDKにし、プランニングを進めていくといいでしょう。そのうえで主寝室、子ども部屋、水廻り、玄関・廊下などをプランし、LDKに使える面積を割り出していきます。

畳コーナーやスタディコーナー、本棚などはLDKに余裕があれば、あとからリノベして追加することができます。むしろ、断熱性・気密性・採光性などの住宅性能のほうがLDKの満足度に直結します。

そもそも暑すぎるリビングは我慢ができませんし、寒すぎるリビングは年齢とともにつらさが増していくもの。失敗がないよう、慎重に設計士や工務店と相談しましょう。

ダイニングはテーブルの大きさから考える

ダイニングには「食事をする」という明確な目的があるため、キッチンとの動線がよいこと、食後すぐにリビングでくつろげることを条件に配置を考えます。必要な広さは「6人座るなら4畳半程度」とされています。

また、「子どもが宿題をする」「テレワークをする」などの理由で、大きめのダイニングテーブルを置く家庭も多いため、置きたい家具から広さを逆算するのもいいでしょう。

ダイニングテーブルの上にモノが溜まりがちになるのを防ぐには、どのようなモノが多いのか分析したうえで、ダイニングの周りに収納スペースをつくります。お菓子が多いならパントリーを、書類が多いなら造作棚《ぞうさくだな》を、薬などこまごましたモノが多いならキッチンにカウンター収納を設けるなど、モノの行き先を決めて片づけるようにします。

リビング・ダイニングを快適にするために

適度な明るさ

- 住まいの南向きにリビングを配置する
- 住宅密集地では2階以上にリビングを設ける
- 大きな掃き出し窓以外にも天窓、地窓、縦長窓などを組み合わせて配置する
- スポットライトやペンダントライトなどの照明を組み合わせ、多灯づかいで空間全体を照らす

適度な温湿度

- 断熱性の高い工法を選ぶ
- 窓から冷暖房した空気が逃げないよう複層ガラスや断熱性の高いサッシを選ぶ
- 床暖房、オイルヒーターなど輻射熱タイプの暖房器具と、エアコン、扇風機など対流型タイプの冷暖房器具を組み合わせて使う
- 風が通りやすいように窓を配置する
- 夏の日射しが強い場合は軒やシェードを設置する

適度な広さ

- 家族全員や来客が集える広さを確保する
- 広さがとれない場合は、天井を高くすることで閉塞感を防ぐ
- 吹き抜けを設けて上方向に余裕を感じさせる
- リビングに連続してテラスや庭を設け、室内外に連続性をもたせる
- 視線が抜けることで広く感じさせる（階段をスケルトンにする、隣室とのドアを透光性のあるものにする、間仕切りにオープンシェルフを使う、など）

適度な静けさ

- 人や車の通行量が多い道路に面してLDKをつくらない
- 遮音性の高い壁材を選ぶ
- 遮音性の高いサッシを選ぶ

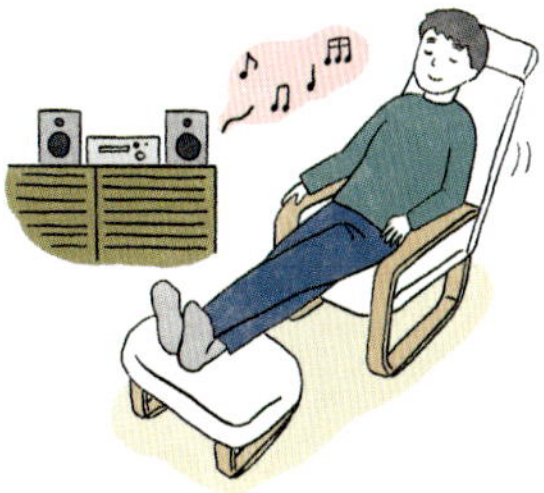

リビング・ダイニングの事例

段差＆折り上げ天井で開放感を高める

手前のダイニング側と奥のリビング側にあえて段差を設け、リビングは折り上げ天井に間接照明を配した。蔵書が多いため、住まいのニッチを活かして書棚を造り付けたが、リビングのものが最大級。テレビは可動式にし、見たいときだけ見やすい位置に移動させる工夫も（A邸）。

より広く見せるウッドデッキとの連続感

約20畳のLDKに幅広のウッドデッキを併設することで、リビングから外への連続感が生まれ、広く見える効果がある。掃き出し窓は既製品では最大サイズ。一部を折り上げ天井にし、天窓を設けていることも明るさと開放感につながっている（K邸）。

狭小地を広く明るく見せる2階リビング

オーダー家具を揃えた都会的なリビング。同じフロアにあるキッチンよりも天井を高めにとり、間接照明で壁や天井を照らすことで、より空間に広がり感をもたせた（N邸）。

リビングに連続するダイニングは無垢材のテーブルが主役。壁のアート作品はときどき掛け替えて楽しんでいる。テーブル上の梁は構造上必要のない化粧梁。梁の奥のスポットライト3灯がテーブル上を照らす。

子どもが思春期になり、家の中で家族が思い思いに過ごす時間が増えたため、リビングの使い方にも変化が生まれた。テレビを見るのは子どもだけなので、見ないときはアート扉で収納できるよう工夫した。

子育て世代の北欧風LDK空間

テレビを置かないリビングの事例。夫婦の趣味は映画鑑賞なので、ライティングレールにプロジェクターを吊るし、奥の白壁をスクリーンとして活用している（I邸）。

ダイニングからキッチンを臨む。木の素材の温かさ、淡いイエロー系でキッチンとランプシェードを統一して明るいイメージに。

ショップを意識したインテリア＆照明

ごく一般的な建売住宅のリビング・ダイニングをリノベした事例。シックな色合いのアクセントクロス、店舗のような照明プラン、そこここにハンギングされた観葉植物が非日常感を醸し出す（M邸）。

無《む》垢《く》材《ざい》をふんだんに使った1階リビング

無垢材のフローリングや木の柱、シンプルな木質のダイニングテーブルが空間全体にやさしい印象を与える（リノベN邸）。

階段でリビング・ダイニングを緩く仕切る

スキップフロアの一方がダイニング、もう一方がリビングの事例。 限られたスペースでダイニングテーブルを広く使うため、吊り下げ型収納を多用。タブレットPCをリビングのテレビと連動させることで、ダイニングでもテレビ番組が楽しめる（Y邸）。

エリア別個別プランニング
キッチン

スタイリッシュなデザインが増え、今やLDKの主役になりつつあるキッチン。自分たちの暮らし方から基本スタイルやレイアウトを決めていきます。

隠すキッチンから見せるキッチンへ

キッチンの基本スタイルは「独立型」「セミオープン型」「オープン型」の3つ。昔ながらの独立型は「片づけが苦手なのでキッチンを人に見られたくない」「臭いや音、煙などをリビングに漏れさせたくない」などの理由で選ばれます。セミオープン型はキッチンとダイニングを緩く仕切ったもので、吊戸棚や間仕切り壁で空間を分けているものが大半です。近年、主流となりつつあるのがオープン型で、LDK空間の中に周りを仕切らない状態でキッチンがあるもの。スタイリッシュなフォルムや豊富なカラーバリエーションのシステムキッチンが増え、キッチンは美しい家具のような役割を果たす時代になりました。

基本的なスタイルとともに決めたいのがレイアウトです。対面式キッチンにするとリビングやダイニングの様子を見渡せ、子どもを見守りながら家事ができます。

冷蔵庫、シンクやコンロの位置やカウンターの広さは、冷蔵庫から食材を取り出す⇒洗う⇒下ごしらえをする⇒加熱する、という調理過程を想定しながら決めていきます。一連の動線にムダがあると料理のたびにストレスになるので、普段の調理を念頭によく考えましょう。

キッチンの基本スタイル

独立型

キッチンだけが独立した空間。複数人数で料理をしたり、ケーキやパンづくりなど本格的な料理に取り組む家庭に。

セミオープン型

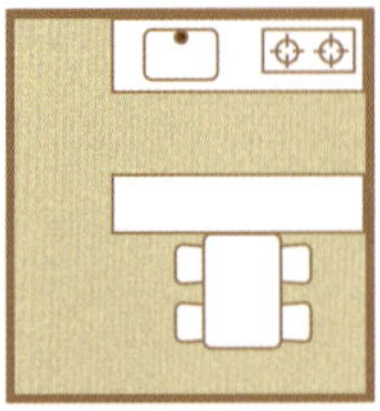

間仕切り壁や吊戸棚などでLDと仕切られている。家族や来客と対話したいが、料理の手元は見せたくない人向け。

オープン型

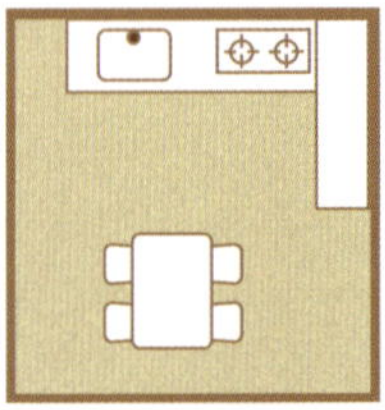

LDとの間に仕切りがなく、同じ空間にキッチンがある。水はね音や食器乾燥機の音が意外に響くことを念頭に。

キッチンの基本レイアウト

I型

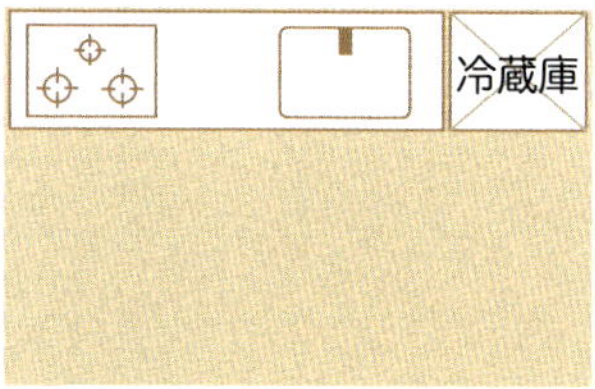

壁に向かってシンク、コンロなどを並べたもの。広いキッチンで全長が長くなり過ぎると、動線が間延びし、使いにくい。

II型

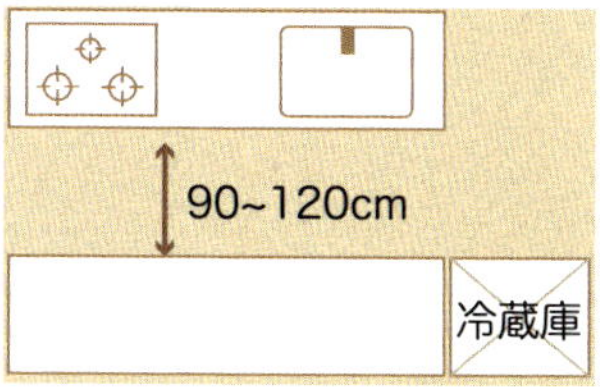

キッチンセットを2列に並べたもの。シンクとコンロを並べるケースと、分けるケースがある。2人以上で作業をする場合は、120cm以上幅をとること。

L型

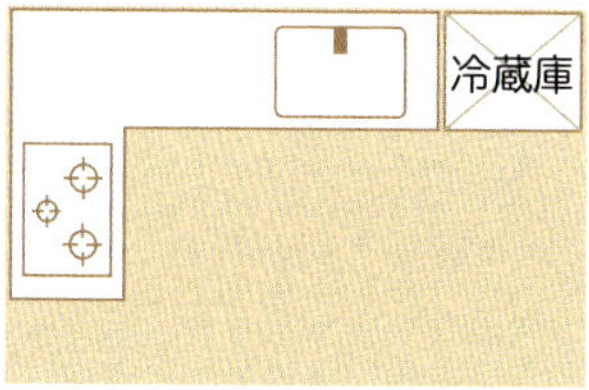

動線が短く、作業面積も広い。コーナーがデッドスペースになりがちなので、収納を工夫する必要がある。

U型

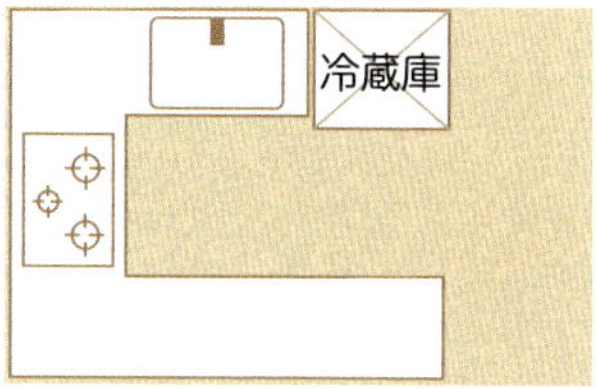

一定の面積が必要だが、作業する人が中央に立つと三方に手が届き、作業効率がいい。

アイランド型

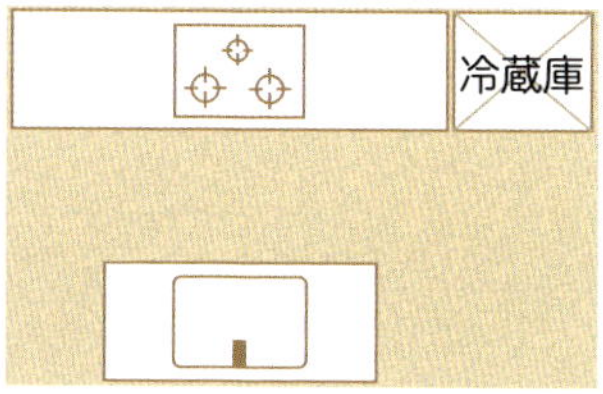

カウンターの一部を島のように分離させ、シンクやコンロなどを設置する。キッチン廻りの動線がよくなるが、ある程度の面積が必要。島の片側を壁付けにしたものをペニンシュラ型と呼ぶ。

ここも知りたい!

Q 冷蔵庫の設置場所はどうする?

冷蔵庫は作業する方向へ扉が開くように設置しないと、開け閉めが面倒に。また、冷蔵庫は年々大型化していますし、周囲に数センチ程度の隙間がないと省エネ性能が落ちるといわれています。設置スペースには余裕をもたせることをおすすめします。

Point

キッチンの使い勝手は念入りにチェック!

キッチンの使い勝手は横方向だけでなく、縦方向にも気を配ります。カウンターの高さの目安は、

身長(cm)÷2+5cm です。

身長160cmの人なら、85cmが作業しやすい高さとなります。これより低いと腰に、高いと肩やひじに負担がかかりやすくなります。毎日のことなのでカウンターの高さは使いやすさに直結します。

吊戸棚を設ける場合は、普通に立って手が届く範囲をショールームなどで確認しましょう。手が届かないスペースは滅多に使わない行事用品や予備のものの収納場所にします。

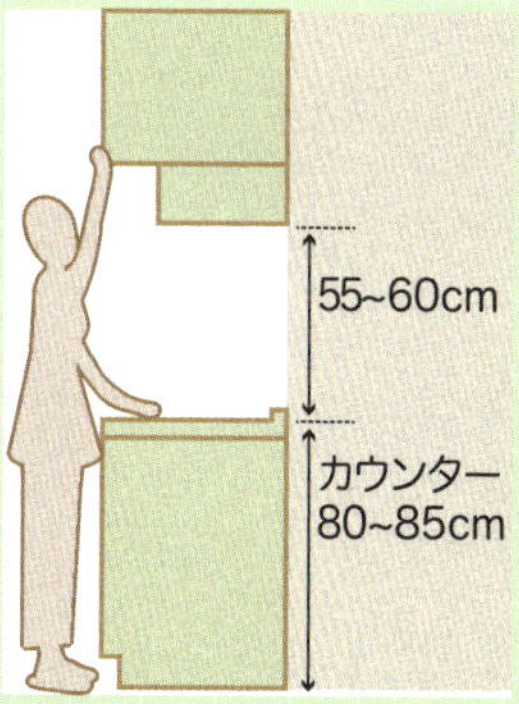

キッチンの事例

壁付のカウンターはアイランド側よりも長めに設定し、収納力を高めたため、賃貸マンション時代には入らなかった食器類が余裕で収納できる。

人が集まるアイランド型＋ダイニングテーブル

アイランドにシンクとカウンター、壁付にコンロや収納を配したキッチン。「シンクで洗う」「コンロで炒める」などの動作が身体の向きを変えるだけででき、ムダがない。キッチンの隣にダイニングテーブルを並べるポポラート型は、配膳の距離が短くすみ、キッチン廻りに人が集まりやすいといわれている（S邸）。

水はね・油はねが気になるシンク・レンジ廻りは、カラータイルでカバー。

必要な機能だけ選んでデザインを楽しむ

カラーバリエーションが豊富なシステムキッチンを選択。タイル壁の水色のカラー目地と、やさしいクリーム色のシステムキッチンでコーディネイトした（I邸）。

食器類やキッチンツール類などに必要な収納をキッチンの引き出しで確保したうえで、木製の棚を造作。趣味で集めたモノや旅先の思い出の品を飾っている。

普段からグリルを使わないため、グリルレスに。代わりにコンロを4口設置した。

2列式のキッチンでダブルシンクを使い分け

壁面とペニンシュラの両方にシンクを設け、後片付けは壁面シンク、料理はペニンシュラのシンクと使い分けている。「わが家ではシンクに洗い物がたまりがちだったため、どちらか1つをきれいに保ちたいとダブルシンクにしました。マンションに住んでいた頃とは比較にならないぐらい、キッチンの使い勝手がよくなりました」（A邸）。

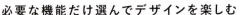

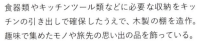

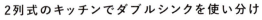

パントリーの事例

本来、キッチンの近くに保存食品や買い置き品などを収納しておく場所とされてきたパントリー（食品庫）。最近ではまとめ買いの日用品や掃除機など家電製品を収納したり、ある程度の広さがあればテーブルセットやパソコンを置く事例も増えています。

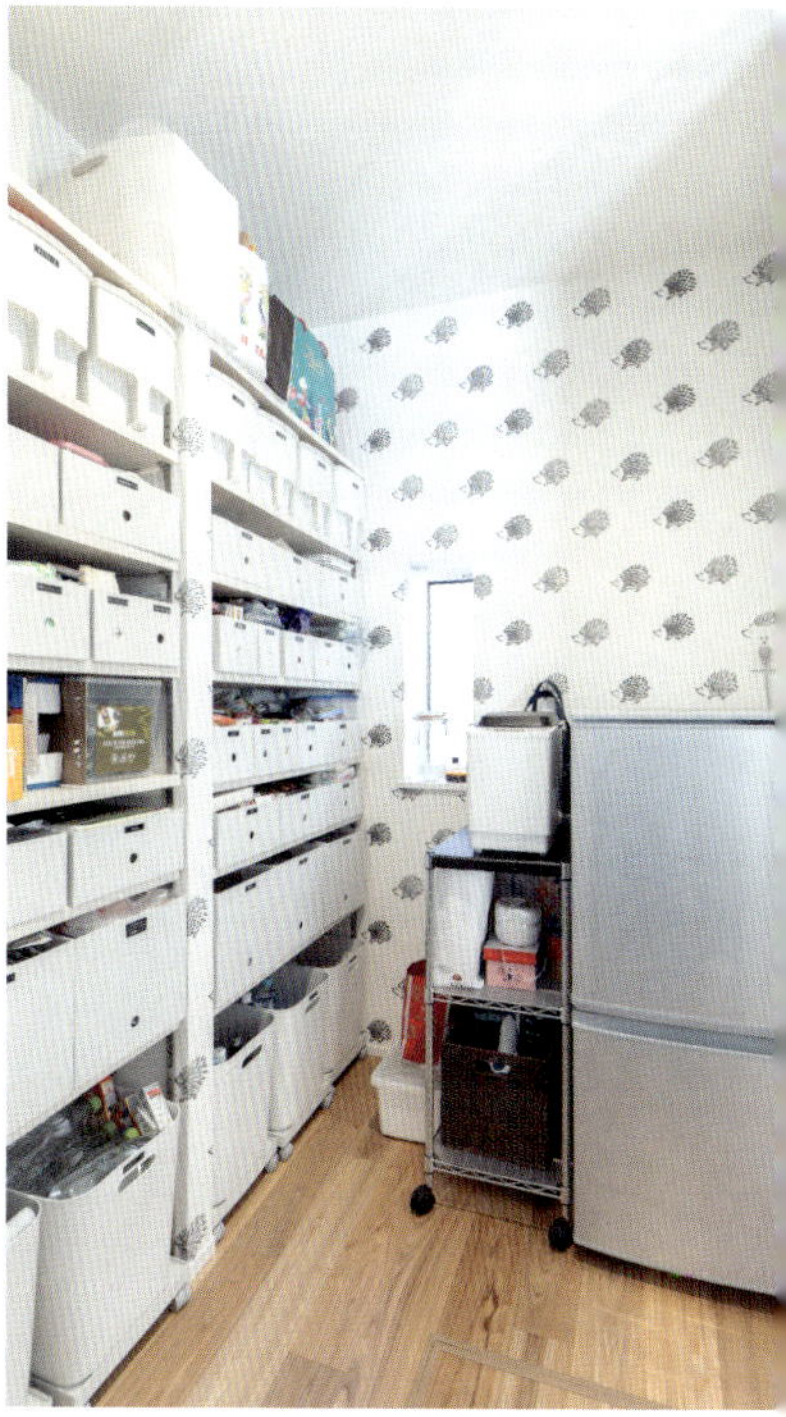

収納力抜群のウォークスルーパントリー

キッチン⟷洗面室の動線の途中に、広さ1坪のパントリーを設置した事例。整然と並ぶ収納ボックスは右側が食料品、左側が日用品という棲み分けで、見つけやすく取り出しやすい仕様。棚板は収納ボックスのサイズに合わせて組んでもらい、縦も横もぴったり。サブ冷蔵庫を置くことを想定し、電源工事も依頼した。ほかに壁の一面をマグネットウォールにし、こまごまとした書類などを貼り付けられる工夫も（S邸）。

ニッチ空間を活かしたキッチン横パントリー

リノベーションで階段側にあった収納スペースをキッチン側に付け替えてもらい、パントリーにした事例。上段は食品類、下段は書類の収納場所にし、キッチンとダイニングテーブルが片付くようになった（I邸）。

Point

パントリーは先に使い方を決めて設置する

「キッチンを美しく保つためにパントリーが欲しい」と考える人は少なくありません。しかし、「何を収納したいのか」「どんなふうに使いたいのか」を具体的に決めてプランニングしないと、入居後に「モノだらけで片付かない」「デスクコーナーをつくりたかったがスペースがなかった」などの事態になりかねません。キッチン面積との兼ね合いもあるので、「少し早いかな」と思うぐらいのタイミングで具体的な使い方を考えるようにしましょう。

デスクコーナーを併設したパントリー

キッチン横の扉を開くと、そこには3.62畳のパントリー。家族がテレワークできるようにデスクコーナーを設けた。壁いっぱいに可動棚をつくり、収納力は十分（A邸）。

エリア別個別プランニング

サニタリー・ユーティリティ

洗面室・浴室・トイレの水廻り空間を総称して「サニタリー」「ユーティリティ空間」と呼びます。毎日使う場所なので、使い勝手と機能性に配慮します。

設備が並ぶだけの空間から こだわりが見える空間へ

昔は住まいの北側にまとめて設置されることが多かった洗面室・浴室・トイレですが、多機能で美しい設備が増え、ホテルライクな空間や遊び心のあるインテリアなどデザインにも施主のこだわりが反映されるようになりました。

浴室の面積は1坪が主流で、1.25坪あると洗い場に余裕が生まれます。浴室のスタイルは「ユニットバス」「在来工法」「ハーフユニットバス」の3種類。防水性や機能面を優先するのか、それともこだわりの浴室空間を優先するのか、判断します。

バスの基本スタイル

ユニットバス

メーカーが工場生産する規格品で、水漏れの心配がなく、断熱性に優れ、掃除も簡単です。最近では壁パネルのバリエーションも増え、選べるデザインも多彩に。規格品のため、サイズ・形状が決まっており、場所によっては設置できないケースがあります。

在来工法

現場で職人が施工するため、浴室の広さや形状、バスタブの素材やかたち、壁・床・窓・扉などのデザインの自由度が高いものです。システムバスより施工費が高めで、経年劣化による水漏れの心配があります。

ハーフユニットバス

浴槽より下はユニットバス、上は在来工法で施工するため、水漏れの心配が少なく、壁や天井のデザインの自由度が高いものです。上部分の防水対策に注意が必要です。

ユニットバスにひと工夫

ユニットバスにセラミックタイルを貼り、既存製品にはない重厚感を演出。隣家に近い場所だが、出窓と天窓を組み合わせて自然光を採り入れた。「この浴室ができてから、週末の朝風呂が習慣になりました」（N邸）。

ライフスタイルに合わせて洗面室をおしゃれに演出

洗面室は近年、おしゃれで収納スペースの多い洗面台が多く販売され、施主の好みが発揮される場になっています。使用頻度が高い場所でもあるため、たとえば女性が多い家庭ならダブルシンクにする、メイクスペースをつくる、メイクチェックしやすい照明プランにするなど、ライフスタイルに合わせて「そこで何がしたいのか」を考えます。

また、入浴前後の着替えに備えて、タオルやパジャマ・下着の収納場所や洗濯機なども使いやすい配置を考えておくと使い勝手がよくなります。ヒートショック対策に暖房設備を入れたり、物干しユニットを設置して物干し場として活用する例も増えています。

ダブルシンクという選択

年頃の娘さんの希望でダブルシンクの洗面台を採用した事例。家族の中でも「男性用」と「女性用」を分け、「使用時間や使い方のストレスがなくなりました」（A邸）。

北欧テイストに洗面台を造《ぞう》作《さく》

既存の洗面室を北欧テイストにリノベーションした事例。明るめカラーの木のカウンターや収納棚がやさしい雰囲気を醸し出している（I邸）。

洗面台の反対側には収納スペースを用意。奥行きが浅くても収納に活かせる。

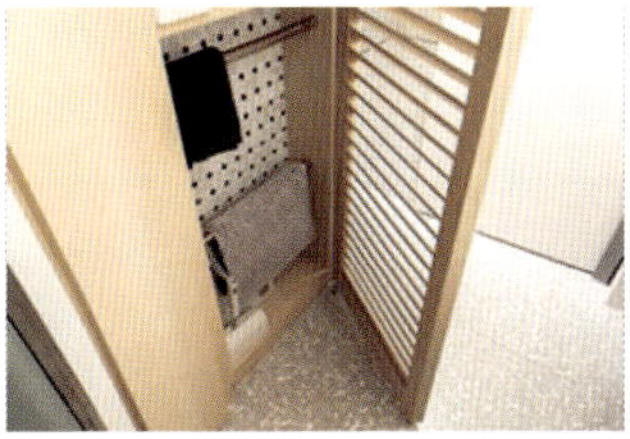

「タオルを表に出すのが好きではない」という施主の意向で、タオルハンガーにスチール製のカバーを造り付けた。

モノを極力出さない洗面室

既製の洗面台は採用せず、ステンレスのシンクにビアンコカララ大理石を貼り付けた。洗面台下の収納には座いすを備え、家族がメイクをする際に利用する（N邸）。

1日に何度も使うトイレは快適性に配慮する

トイレは2階建てなら各階に1カ所、3階建てなら全体で2カ所設置するのが原則です。一般的には音の問題を考えて、リビングから直接入るトイレは避け、人が留まらない玄関近くや階段下などにつくります。引き戸にするとスペースをとらず、高齢や車いすになったときにも開け閉めがしやすくなります。

トイレの機能もまた近年進化を遂げており、脱臭機能のあるものや掃除がしやすいものなどが販売されています。人感センサ付きの照明にすると、消し忘れの心配がありません。寒くなりがちな場所なので、将来暖房機器を設置することも視野に入れ、電源を確保しておきます。

階段下空間を利用したトイレ。珪藻土の壁にしたことで、調湿効果と消臭効果を高めた。ペーパーホルダーやタオルホルダーは自分たち好みのものを購入し、施工してもらった（M邸）。

子どもたちのトイレトレーニングや高齢期になってからの車いす対応も考え、一般的な広さの1.5倍に。タンクレスタイプの便器を選ぶと、より空間が広く使える（K邸）。

築古の和風建築をリノベした住まいで、シックな銀鼠色にまとめたトイレ空間（リノベN邸）。

便器や手洗い器、タオルリングなどを丸みのある造形に統一し、おとぎの国のような雰囲気に。手洗いシンクを設置した棚は大工の造作（I邸）。

家事動線を短縮する水廻りの事例

サニタリーは洗濯と関わりの深い場所。洗濯は「外干し」という工程が入ると、移動距離が長く重労働になりがちでしたが、花粉対策などから室内干しが一般的になっている今、サニタリー空間内で完結させると労働量を減らすことができます。さらにキッチンとサニタリーの距離を近づければ、複数の家事を同時進行でき時短につながります。

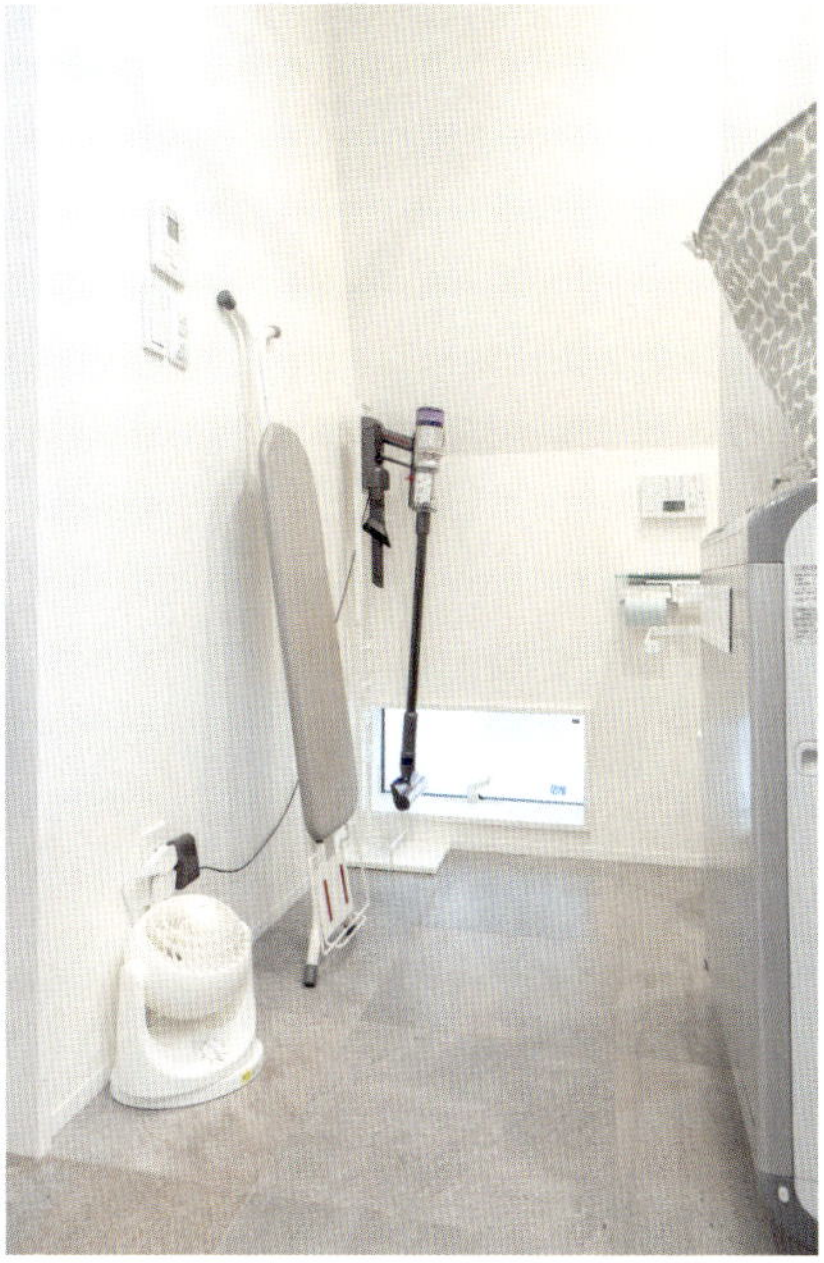

家事室を兼ねたスリーインワン

洗面室・浴室・トイレを1カ所に集中。洗濯機を回す→洗面室に干す→アイロンがけをする→たたむ、という一連の動作をほぼ移動せずに完結させている（Y邸）。

洗面室だけで洗濯を完結

子どもが生まれて洗濯物が増えたS邸では洗面室を広めにとり、手動式の物干しユニットを設置。その下に洗濯物をたたむための折りたたみ棚を設けた。「基本的に外干しすることは想定しませんでした。キッチンからもリビングからもアプローチできますし、扉を閉めれば音も漏れにくいので、とても効率のいい家事空間です」（S邸）。

洗濯物を干す際に活躍するのが、電動で上下するタイプの昇降式の物干しユニット。使用するときだけ下に降ろし、使用時以外は天井にすっきり収納されており、普段はその存在が気にならない。

ここも知りたい！

Q 浴室のガラスドア、外からの視線が気になりませんか？

ホテルライクで空間を広く見せる効果のあるガラスドアですが、家族や来客の視線が気になる人も多いでしょう。住み慣れてくれば、「誰かが入浴しているときは近づかない」という声もあり、家族の習慣に負うところが大きいようです。どうしても気になる場合はブラインドを設置することもでき、来客時などは目隠しが可能です（Y邸）。

エリア別個別プランニング

寝室

寝室では快適に眠れること、お互いのプライバシーを大切にすることがポイント。夫婦同室がよいか別室がよいかは、長く住むうちに変化することも。

ウォークインクローゼットとの兼ね合いも考える

夫婦同室の寝室に必要な広さはダブルベッドなら6畳、シングルベッド2台なら8畳程度といわれています。夫婦別室であれば、ひとり6畳程度でよいでしょう。寝室にウォークインクローゼットを併設するのが昨今のスタンダードですが、ほどよい面積割合にするには、収納するモノの量を考えながら検討する必要があります。また、寝室を仕切って書斎を設ける事例もあります。

寝室は「眠るための部屋」ですので、外部の音をなるべく通さない遮音性の高い窓や、遮光性の高いカーテンやブラインドなどを利用します。直接光が出る照明は眠る前には強すぎるため、間接光でリラックス効果を高めること。夫婦の起床時間が異なる場合は、相手を起こさないように廊下からウォークインクローゼットに出入りできると便利です。

夫婦同室で問題になるのが、エアコンの設定温度とイビキです。睡眠の質にも関わることなので、がまんができないときは夫婦別室を検討しましょう。それぞれに趣味や仕事があり、ひとりの時間を大切にしたい場合も同様です。使わなくなった子ども部屋を利用することもありますし、終の住処では最初から別室でプランニングすることもあります。

Point

寝室づくりのチェックポイント

次のような点を確認します。

□通行量の多い道路に面していないか？

□ベッドはダブルかシングルか？（今あるベッドを使うなら、寸法を測って部屋のスペースの余裕を確認する）

□横になったときに照明が直接目に入らないか？

□テレビを置く場合、見やすい位置に置けるか？

□ウォークインクローゼットを併設する場合は、寝室との面積割合は適正か？　動線に不便はないか？　廊下からもアプローチできるか？

夫婦同室の事例

ダブルベッドのシンプルな主寝室

南向きに大きな開口があるシンプルな主寝室。壁クロスのツートンカラーも落ち着きのあるコーディネイト。右側の壁の裏には妻のワークスペースを設けている（I邸）。

将来のベッド変更にも対応

両サイドにシングルベッドを置く場合にも、中央にダブルベッドを置く場合にも対応できる主寝室のプラン。「いずれはダブルベッドを購入し、両サイドにベッドテーブルを置くつもりです」（S邸）

寝室とクローゼットの配置例

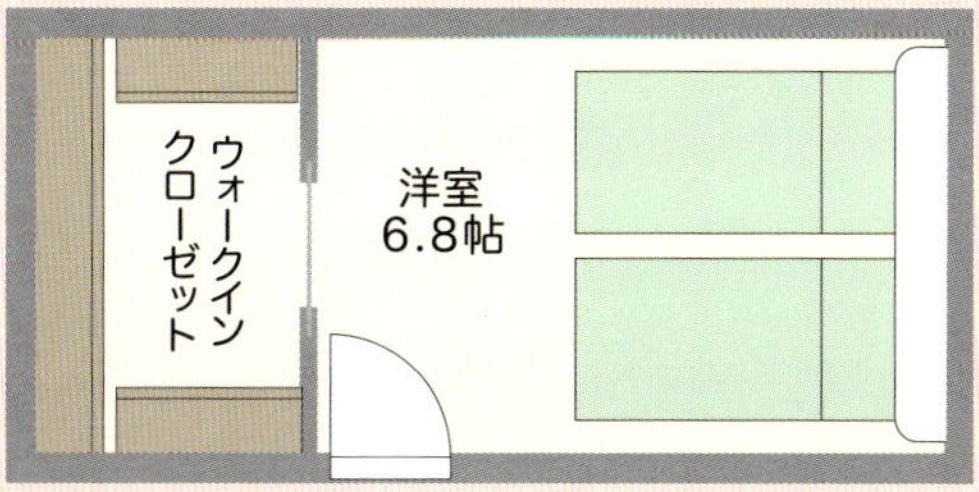

寝室とウォークインクローゼットのレイアウト例（夫婦同室）

一般的な配置例。ウォークインクローゼットの廊下側にドアを設けると回遊できるようになり、より機能的に。

寝室とウォークインクローゼットのレイアウト例（夫婦別室）

夫婦の寝室を別々にする場合、それぞれの部屋にクローゼットを設けることもできるが、右図のようにウォークスルークローゼットを共有すると省スペースになる。

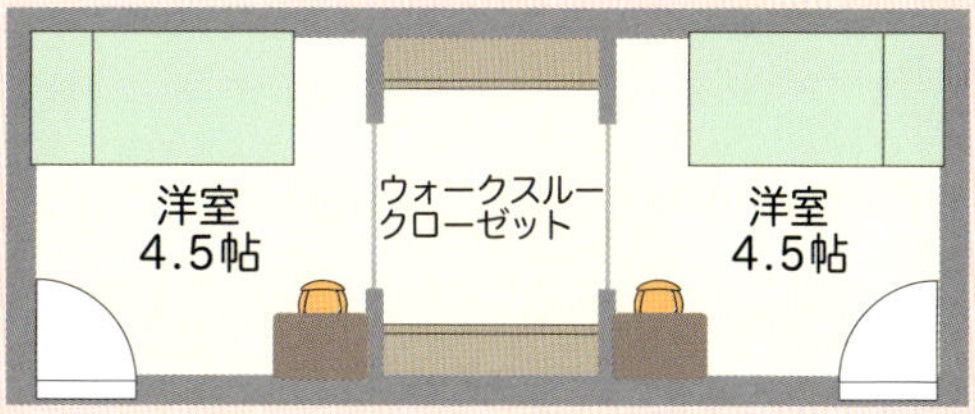

エリア別個別プランニング
子ども部屋

住まいの中でもっとも使用期間が短く、使い方が変化するのが子ども部屋です。ライフプランと必要な機能を見極めて、子ども部屋を用意します。

家族の変化に合わせてフレキシブルに対応

子どもが親とともに暮らす期間は意外に短く、大学進学や就職で独立すると子ども部屋は不要になります。そのため、子ども部屋はできる限りシンプルに設計するのが原則。最初からクローゼットを設けず、必要に迫られたらリノベするのもひとつの方法です。部屋にこもりがちになることが心配なら、階段をリビング内に設けて帰宅時に必ず顔を見れるようにする、ドアの一部をガラスにするなどの方法があります。

子ども部屋は子の成長に合わせて使い方を変化させていきます。幼い頃は親とともに眠り、リビングで遊ぶので個室は不要です。小学校に入学後もダイニングテーブルやワークスペースで宿題をする子は多く、個室を使う時間は限られます。

本格的にひとりの空間が必要になるのは思春期以降。子どもが2人以上で男の子と女の子なら、別々の個室が必要です。最初から人数を想定して子ども部屋をつくるのもいいですし、大きなフリースペースのような空間を用意し、子の人数に応じて分けるのもよくある方法です。個室を分ける際は「間仕切り壁を設ける」「ロフトベッドを置く」「間仕切りを兼ねたクローゼットを置く」などの方法があります。

ここも知りたい！

Q 子どもが2人なら、新築時に各自の個室をつくっておくべきでしょうか？

子どもが小学生以上で、2人だけと決めているなら、新築時に2部屋用意するとリノベの手間がかかりません。その際、子どもたちが巣立ってから壁を撤去できるよう、耐力壁を設けないようにします。

子どもが幼く、家の中では親やほかのきょうだいと行動をともにする場合は、空間を小分けにしないほうが広いプレイルームとしてのびのび遊べます。将来仕切ることを想定した1室を作る場合は、以下のポイントを必ず押さえておきましょう。

- **ドアと窓を2カ所設ける。**
- **メイン照明は中央にひとつではなく、2カ所に設ける。**
- **コンセントを多めに配置する。**

子ども部屋の間仕切り方法

あとから子ども部屋に間仕切り壁をつくる場合は、リノベ工事が必要です。
もっと気軽にすませるなら、以下の方法があります。いずれも壁を増築するのに比べると音や光が漏れ、
完全にプライバシーを守ることはできませんが、コストは少なくすみます。

ロフトベッドで仕切る

ベッドの上段と下段に板やカーテンで交互に目隠しすると、プライバシーを保ちやすくなります。

家具で仕切る

可動式のクローゼット、本棚などで仕切ります。さまざまな製品が市販されています。

パーティションやロールスクリーンで仕切る

天井から吊り下げるタイプのものや、手軽に設置できる突っ張り型もあります。

引き戸で仕切る

新築時に引き戸を施工しておき、必要になったら閉め切るようにします。

エリア別個別プランニング
ワークスペース

コロナ禍を経て、自宅にワークスペースを設けることがごく当たり前の時代になりました。夫婦それぞれがワークスペースをもつ家庭も増えています。

長時間のテレワークには「個室タイプ」を

テレワークが普及するにつれ、ワークスペースは「できれば欲しいもの」から「なくてはならないもの」に変わりつつあります。ワークスペースには「オープンタイプ」と「個室タイプ」があります。

「オープンタイプ」は家族とともに過ごす場所にカウンターデスクやパソコンコーナーを設けるもので、リビングやキッチンや主寝室の一角、廊下や階段上のスペースなどによく見られます。大人が仕事をするのはもちろん、子どもが勉強をする場にもなります。

一方、「個室タイプ」は四方を壁に囲まれた1～3畳程度の個室が主流です。従来はスペースに余裕がある場合につくられ、窓がないため図面上は納戸扱いのケースがよくありました。生活音や背後を家族が通る心配がなく、長時間のテレワークにも問題なく対応することができます。

Point

独立型ワークスペースに必要な要素

●**デスクセット**
パソコンの前に書類を置ける幅90㎝×奥行60㎝以上が目安。高さを変えられる可動式のデスクなら、立って作業することもできます。意外に大切なのはいすの快適性。座る時間が長いので、自分の身体に合ったものを選びます。

●**本棚**
書類や書籍をしまうため、造作する事例が少なくありません。必要な本棚の大きさを決め、プリンターやモデムなど周辺機器の設置場所を考えます。

●**電源、照明、空調**
電源コンセントは多めに、モジュラージャックも適切な場所に設置します。部屋の照明以外に手元はデスクライトなどで照らします。快適に仕事ができるよう冷暖房機器も必要です。

●**インテリア**
自分だけが使う空間なので、趣味の品を並べたり、壁や天井を好みのカラーやテイストで仕上げることができます。オンラインミーティングの際、自分の背後の風景が人に見られることも忘れないように。

ワークスペースの事例

オープンタイプ

リビングで家族の気配を感じながら

狭小地のため、リビングにワークスペースを造作した事例。テーブルはカフェと同じ奥行き40cmあれば、ノートパソコンで作業ができる（Y邸）。

独立タイプ

夫と妻、それぞれのスペース

夫も妻も自分好みの色柄の壁クロスや床材をチョイスできる独立スタイル。まったく雰囲気が異なる空間ができあがった。

フィットネススペースを兼ねたワークスペース

納戸だった場所をご主人の書斎兼フィットネススペースにリノベした。フローリング材と壁クロスの組み合わせやペンダントライトが、レトロでありながら新しさを感じさせる。天井高と明るさのある空間はもともと納戸だったとはとても思えない（リノベN邸）。

ミニキッチンがあるワークスペース

木製ドアで周囲と仕切ったワークスペース。広いデスクと大容量の本棚に加えて、ミニキッチンを造り付けた。「来客に飲み物を出すときやお酒を飲みたいとき、2階のキッチンまで取りに行くのが面倒なので、ワンルーム用のキッチンを施工してもらいました」（A邸）

エリア別個別プランニング
玄関・廊下・階段

玄関・廊下・階段は「移動空間」とも呼ばれます。単に通り過ぎるだけでなく、そこにさまざまな工夫を加えることで住まいはより豊かになります。

住まいの印象を大きく左右する玄関

玄関の面積は1・5坪程度が多いですが、広めにすると家全体の高級感が増します。外玄関はポーチに屋根があると出入りの際に雨に濡れず、荷物の多い買い物や車への移動のときなどは生活の満足度に直結します。

一方、内玄関は靴や傘などモノが多い場所でもあり、一気に収納できるシューズクロークを併設するとスッキリ片付きます。最近は、玄関に入ってすぐの場所にコンパクトな洗面台を設けるのも人気です。感染症対策はもちろん、庭いじりやゴミ出しの際にも手が洗えて便利です。

玄関ドアの種類

シングルドア

一般的な片開きドア。採光のために一部すりガラス製のものもある。

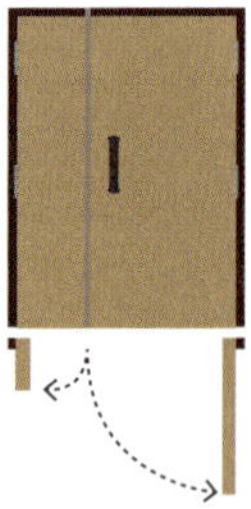

親子ドア

普段は大きい方のドアだけ使うが、家具などの搬入時に小さい方のドアも開くと大開口がとれる。

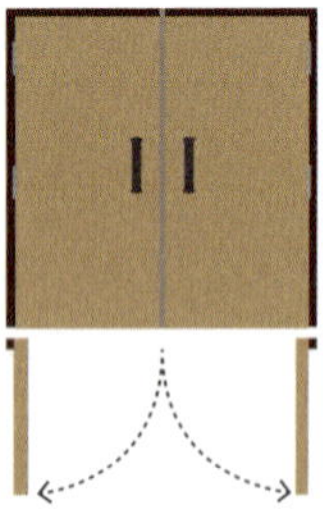

両開きドア

大開口がとれる以外にも、住まいに高級感を与える効果がある。

高級感が漂う両開きドア

両開きの玄関ドアにすることで住まいのグレード感が向上し、モノの出し入れもしやすくなった（A邸）。

両開きドアは内玄関にも広いスペースが必要。来客が多いA邸では上がり框をL型に。右側のドアが広いシューズクロークへと続く。

玄関の事例

吹き抜けから自然光が降り注ぐ玄関

玄関ドアを入った突き当りにシューズクロークを配し、住まいの奥への視線を遮るL型動線に。玄関の上部は吹き抜けで、左手の縦長窓や右手奥の地窓・天窓を含めて、三方から自然光が入るようにプランニングした。上がり框の幅は約1.3mと広めで、開放感がある（K邸）。

ライフスタイルを優先し、広々とした玄関土間に

もともとは一般的な広さの玄関だったが、廊下を部分的に潰して土間を広げたリノベ事例。靴は見せる収納にし、上がり框はあくまでもシンプルに（リノベN邸）。

階段下の土間スペースを活かして、子どもたちの外遊びの道具などを収納。リビングとの壁には室内窓を設けて明るさを確保しつつ、家族の気配を感じられるようにした。

シューズクロークをとれない場合は玄関収納家具で

親子ドアの内玄関。シューズクロークをとるスペースがなかったため玄関収納家具を選び、足元灯をつけた。反対側にも玄関収納家具があり、モノが露出しない玄関に（Y邸）。

見せる収納と隠す収納を使い分け

右側は靴などをしまう玄関収納、左側は大きなモノをしまうために棚板だけ設けたアウトドア用品収納コーナー。収納する場所を決めると片付きやすい（I邸）。

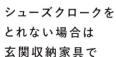

住まいの個性が表れる廊下・階段のプラン

部屋と部屋をつなぐ廊下は移動するためだけの空間なので、狭小地では極力減らして部屋に当てます。もちろん、どうしても必要な廊下もありますし、日当たりのいい廊下を広縁のように楽しむこともできます。

上階と下階をつなぐ階段は住まいの個性や設計の工夫が表れる場所。設置できる階段の種類は敷地の形状や面積にもよりますが、スケルトン階段にして吹き抜けや天窓を設けると、階段を通じて下の階まで光や風が通り、開放感と広さを感じさせるプランになります。また、ニッチを活かして本棚を造作《ぞうさく》したり、アートコーナーにすると、移動するだけの空間が趣味の空間へと生まれ変わります。

階段の種類

直《ちょく》階段

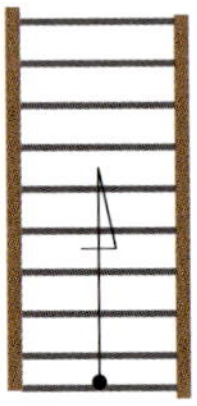

スペースをとらないため狭小地などに採用されますが、間取りの制約を受けやすくなります。転倒した場合、下まで落下するのが懸念材料です。

折り返し階段

踊り場を設けて、U字型に上り下りするもの。踊り場部分のスペースが必要ですが、本棚やアートスペースなどを設置しやすくなります。

かね折れ階段

途中に踊り場のあるL字型のもの。インテリア性の高いリビング内階段などが多く見られます。落下しても踊り場までの段数ですみます。

らせん階段

おしゃれな雰囲気が好まれ、採用される事例がほとんどです。省スペースですが、ステップ面積が狭いこと、家具などを搬入しづらいことがデメリットです。

階段の形状はそのままに蹴《け》込みクロスをリノベした事例

階段の蹴込みクロスを変えることで、移動空間の雰囲気を高めた。さまざまなクロスを検討し、ダークブラウンのクロスが2面続いた後に、木目調のクロスを1面挟むデザインに決定（M邸）。

Before

After

廊下・階段の事例

自然光を採り入れた明るい廊下

玄関から入った1階の廊下は将来車いすになっても通りやすいように、標準の幅90㎝より広めの100cmを確保。左手のスケルトン階段には地窓と天窓があり、廊下まで明るい光が届く(K邸)。

緩やかに空間を分ける階段

階段が部屋の間仕切り代わりとなり、空間を分けるスキップフロアの住まい。らせん階段やジグザグ階段など、いろいろなパターンを考えた結果、このプランに落ち着いたという。階段部材はメーカーへのオーダーとなったが、「コストが高くついても、これだけは譲れませんでした」(Y邸)。

収納にアートに、階段を活かす

折り返し階段の踊り場をアートコーナーにしつらえ、天窓からの自然光で絵画が楽しめる。また、階段の中央にあえて空間をとり、天井へ向けて照らす照明を設置した(N邸)。

階段と吹き抜けのコラボレーション

かね折れ階段と廊下の間に吹き抜けを設けて、光と風を通した。蔵書が多い家庭のため、使える空間を活かして書棚をあちらこちらに配置している(A邸)。

収納
エリア別個別プランニング

新築は収納の不満を一気に解決できる絶好のチャンス。収納計画をしっかり考え、美しく片付けやすい住まいで新生活を始めましょう。

使う場所の近くに収納することが重要

収納には「集中収納」と「分散収納」があり、ライフスタイルに合わせて両方を上手く使い分けることが成功への近道です。

「集中収納」とは納戸や物置など広さのあるスペースにモノをまとめてしまうことをいいます。収納する場所が普段の生活空間から離れているため、あまり使わない家具、季節物、スーツケース、スポーツ用品など比較的かさばるモノが対象となります。

「分散収納」は各部屋に小規模な収納スペースを設けることを指し、たとえば玄関のシューズクローク、キッチン横のパントリー、寝室のウォークインクローゼットなどがこれに当たります。靴や傘が必要なのは玄関ですし、食料品を使うのはキッチンなので、「使う場所のすぐ近くに収納する」ことが原則。テレビラックにDVDやゲーム機などを収納するのも同様です。

一般的に、収納スペースは居住空間の10～15％程度が適切といわれていますが、ライフスタイルは人それぞれ。モノが多い家庭もあれば少ない家庭もあります。自分たちが本当に必要と感じる収納を計画し、実行することが、入居後の暮らしやすさにつながります。

Point

収納計画成功の秘訣は？

具体的な収納方法を考える際には、モノの寸法を測ること。たとえば本一冊でも、大型の書籍と文庫本では大きさが異なるため、メリハリのある収納スペースづくりが必要です。バッグや帽子などは意外に奥行きが必要です。

また、新居のために新しい家具や収納用品を購入する際も、必ずサイズを測ること。収納ケースは同じブランドでカラーやサイズを揃えて購入すると、スペース全体がきれいに見えます。ケースのサイズを事前に測り、そこから収納棚の幅や高さを決めると、スペースにムダが生まれません。

収納計画の進め方

1《ステップ》 新居に持っていくモノを分別する

●現在の住まいにある家具やモノのうち、新居に持っていくものと捨てるものを分ける。買い替える必要があるものは、このタイミングでチェック。
●家具・家電、食器・キッチンツール、衣類、靴、書籍・DVD類、趣味の品など、カテゴリーごとに分類。

2《ステップ》 モノの数をカウントし、寸法を測る

●家具・家電の寸法（縦・横・高さ）を測定し、記録する。
●食器・キッチンツールを大きさごとに分け、数をカウント。
●家族一人ひとりの洋服や靴の数をカウント。
●書籍・DVD類の数をカウント。

3《ステップ》 新居のどこに収納するか考える

平面図をコピーし、家具の置き場所を書き込んでいく。周囲のスペースに余裕はあるか。扉を開けるときやいすを引くときに狭く感じないか。コンセント・スイッチ類に干渉しないか、などをチェック。

食器・キッチンツール

家庭によりかなり所有数に差が出るもの。自分たちの持ち数を把握し、キッチンにどれほどの引き出しや棚があれば収納できるか検討する。

洋服

あくまでも目安だが、75cmのハンガーラックにかけられる衣類の数は、約24着。所有する洋服の数から、最低限必要なハンガーパイプの幅を割り出す。

靴

余裕をもって靴を収納するには、婦人靴で20～25cm、紳士靴で25～30cmの幅が必要。ブーツや長靴、傘など、玄関廻りには収納に高さが必要なモノも多い。

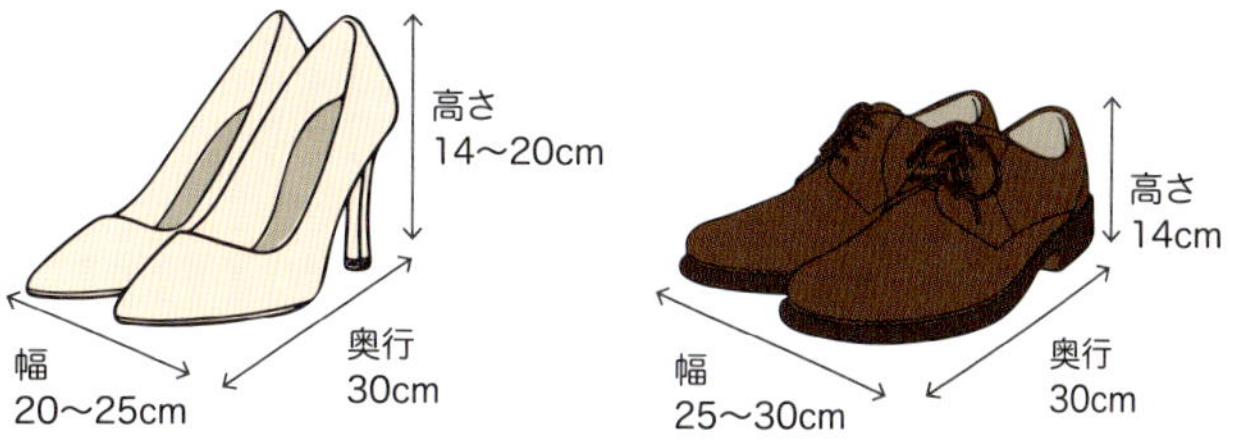

書籍・DVD類

書棚は個室だけでなく、リビング、廊下、階段などにも設置できるため、本の大きさや用途に分けて収納先を考える。DVD類はすぐに取り出せるよう、テレビ廻りに収納場所をつくる。

趣味の品

コレクションしている品物をどのようにしまうのか、あるいは見せるのか、場所とプランを考える。

ウォークインクローゼットの事例

主寝室に併設されたウォークインクローゼット。扉を開けた目の前に間仕切り壁を設け、そこにハンガーパイプを設置した。入口からの視線を遮り、収納空間を夫婦別々に緩く分けるアイデア(A邸)。

リビングをリノベし、ウォークインクローゼットをつくった事例。夫婦の洋服はすべてハンガーラックに収納。帽子やバッグは壁かけにし、わかりやすく工夫した。横長窓とダウンライトで明るさも十分(I邸)。

クローゼットの扉を取り外し、“見せる収納”にリフォームした事例。「ショップのような雰囲気を目指しました。洋服は着用する順番に並べています」(M邸)

主寝室収納の事例

季節物や毛布類をまとめて収納するため、主寝室からウォークインクローゼットへ続くドアの上に収納吊戸棚を設けた。収納力を上げるため、ドア高さを抑える、収納ケースは廃番になりづらい人気商品をセレクト。「収納するモノを早めに決め、収納ケースの大きさから棚のサイズも指定しました」(S邸)。

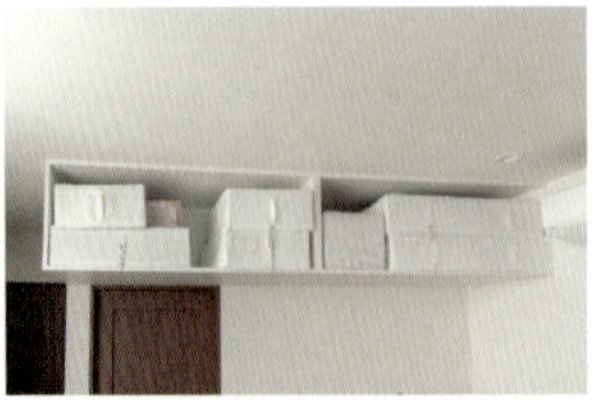

Point

家電の収納スペースは余裕をもたせる

家電製品や家具などの収納スペースをつくる場合、収納するモノよりも少し大きめの空間を確保するのがおすすめ。ギリギリの寸法だと実際には入らなかったり、扉や引き出しが開けにくいという事態になりかねません。とくに冷蔵庫は周辺スペースに少し余裕があるほうが省エネになります。また、時代により家電製品の標準サイズが変わる可能性もあります。

玄関収納の事例

表からは見えないシューズクロークに、靴、コート、バッグ、ベビーカー、子どものおもちゃなどを収納。外出先から帰ったら、コートを脱ぐ⇒靴を脱ぐ⇒奥の洗面台で手を洗う、という一連の動作がここで完結できるようになった（S邸）。

玄関横にしつらえた家族4人分のシューズクローク。4人分の靴やアウトドア用品の数とサイズをすべて洗い出し、奥行きの深い収納棚を設けた（A邸）。

玄関のディスプレイコーナーの下に収納引き出しがあり、アート作品などを収納する。一見、収納があるようには見えない場所だが、ニッチを有効活用した事例（N邸）。

キッチン収納の事例

「家電製品を表に出したくない」という理由から、壁にエアコン収納スペースをつくり、木製ルーバーで目隠し。スイッチ類も木製扉の内側に収納（N邸）。

収納に配慮したキッチン例。右奥のルーバー扉の奥には冷蔵庫が、左端の白いクローゼット扉の奥には洗濯機が収納されている（N邸）。

キッチン収納は開き戸タイプより引き出しタイプのほうが奥まで有効に使える。さらに出し入れしやすく、目的のモノを見つけやすいという利点がある（I邸）。

快適な照明・配線プラン

住み心地を大きく左右するにもかかわらず、施工が進んだ後の変更が難しいのが照明・配線のプランです。将来まで考えて検討するようにしましょう。

複数の照明を組み合わせ、自分たち好みの雰囲気に

照明には光源から出た光がその下を照らす「直接照明」と、壁や天井などに反射させたやわらかな光で照らす「間接照明」があります。

よく使われる照明器具はスポットライトやダウンライトで、複数の照明器具を組み合わせて明るさを確保する「一室多灯」プランが主流です。スポットライトは照らす方向を手で変えることができるため、下を照らせば直接照明に、壁や天井を照らせば間接照明になります。さらにライティングレールに複数のスポットライトを設置すれば、照明の位置がある程度動かせるため、住み始めてから自分たちでちょうどいい明るさに調整することができます。

ほかに玄関や階段などの雰囲気を高めたいならブラケット、ダイニングテーブルの上を照らすならペンダントなど、欲しい明るさに合わせて照明器具を選びます。

配線は目に見えない部分ですが、暮らしの利便性に深く関わります。生活シーンを思い浮かべながらコンセント、スイッチ、モジュラージャックなど、「どこにどれだけ必要か」よく考えて設計を依頼しましょう。コンセントは将来の家電やデジタル機器の増加を見込んで、多めに設定しておきます。

ここも知りたい！

Q

配線計画 失敗しないコツは？

リビングなど広い空間の真ん中でパソコンやホットカーペット、ホットプレートなどを使いたいとき、床埋め込みコンセントがあれば便利。壁までコードを這わせる必要がなくなり、すっきり安全です。

階段の上下に照明スイッチだけでなくコンセントも設置しておくと、足元灯や掃除機を使うときに役立ちます。

今後EV（電気自動車）を購入する予定があるなら、新築時にEV充電器を設置しておくと後付けするより低コストですみます。

照明・配線の事例

インテリアテイストを統一するため、レトロなブラケットやスイッチ類を自分たちで選び、施工会社に確認したうえで購入し、設置してもらった（M邸）。

ライティングレールをフレキシブルに使いこなす

ライティングレールから吊り下げたスポットライトとダイニングペンダントによるLD空間の照明。ライティングレールは3本平行させる案もあったが、四角形にすることで、空間の隅々まで光が行き渡りやすくなった。スポットライトは光の方向の自由度が高いため、直下を照らす、壁を照らす、天井を照らすなど、いろいろな明るさの取り方があるが、まぶしくなく暗くもない照明を住みながら試行錯誤し、現在の状態に落ち着いた（M邸）。

梁《はり》を活用してスポットライトとプロジェクターを設置

リノベして梁にライティングレールを取り付け、スポットライトを設置。広々としたLDKだが、明るさは十分だ。ライティングレールにはプロジェクターも後付けし、家族で映画を楽しんでいる（I邸）。

ディスプレイコーナーの照明

玄関ホールの間接照明に加えて、ダウンライトでアート作品をライトアップ（N邸）。

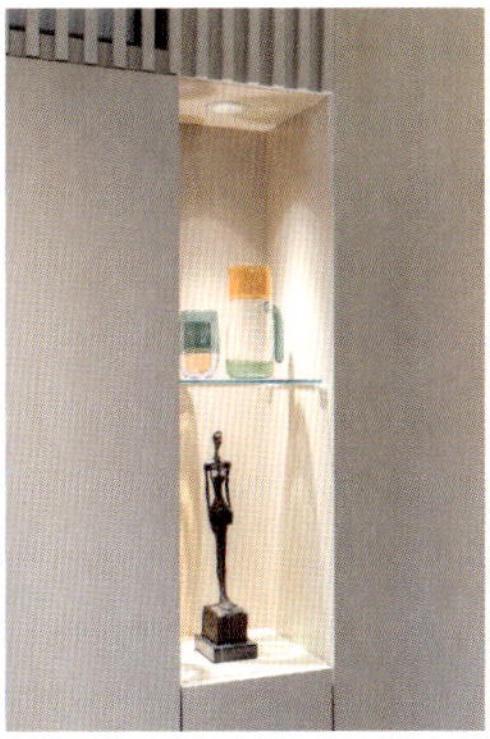

LDKの壁のニッチを活かしてアートスペースを設け、ニッチライトで照らす。

ダイニング＆キッチンの間接照明

間接照明とダウンライトでダイニングテーブルを照らす事例。ペンダントライトがないため、空間がすっきりと見える。奥のキッチン棚も間接照明のホライゾンライトで高級感を醸し出している（N邸）。

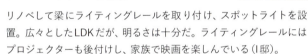

印象を決める建具《たてぐ》・床材のプラン

建具とは、ドアや窓など開口部で開け閉めできる仕切りのこと。建具も床材も内装に占める面積が大きいため、住まい全体の印象を大きく左右します。

明るさ、使いやすさとインテリアイメージを両立

建具《たてぐ》は採光や通風、換気、温度調節などの役割を果たし、その使い勝手は暮らしやすさと深く関わっています。玄関ドアは外開きですが、室内ドアは内外両方のタイプがあり、開閉しやすいか、他のものに干渉しないか、家具の配置も含めて考える必要があります。開き戸に比べて引き戸は開閉スペースをとらず、操作がラクなメリットがあります。廊下や階段、リビングなど明るさが欲しい場所では、ドアの一部がガラス製のものを選べば採光の効果があります。明るさは欲しいけれど内部を見られたくない場合はすりガラス製、子ども部屋などで内部の様子をそれとなく知りたい場合は上部に明かり窓付のドアを選ぶ方法もあります。

床材や壁材は室内に占める面積が大きく、内装イメージの鍵を握るもの。床材は直接足に触れる部分なので、風合いや触り心地、滑りにくさ、掃除のしやすさ、耐久性などから選びます。よく採用されるフローリング材には、自然素材の無垢《むく》フローリングと無垢材に表面材を張り合わせた複合フローリングがあり、それぞれに長所があります。他にもタイルやコルクなどを場所や目的に合わせて使い分ければ、住まいの場所により変化を楽しむこともできます。

Point

カラーコーディネイトの黄金比率

建具や床材を選ぶとき、よく考えたいのがカラー選択です。ライトカラーは部屋全体が明るく広く見えます。ダークカラーは高級感がある一方、室内が暗くなりがちです。リビングは明るめ、寝室は暗めの色にするなど、部屋ごとに変えるのもひとつの方法です。

カラーコーディネイトにはベースカラー70％、メインカラー25％、アクセントカラー5％という黄金比率があります。面積の広い壁材や床材を落ち着くベースカラーとし、建具や家具を好きなメインカラー、アート作品や置物などの小物をビビッドなアクセントカラーにすると、空間全体のバランスがよくなります。

建《たて》具《ぐ》の事例

アクセントカラーとして空間を引き締める

室内ドアを青みのあるグリーンで統一し、アクセントカラーにした事例。ゴールドの取っ手は別に購入し、取り付けてもらった（M邸）。

ドアノブのないスリット扉をオーダー

「ドアノブなどの突起物を極力排したい」という思いから、木製ドアに指をひっかけるスリットを入れた引き戸を多用した住まい。職人への細かなオーダーにより実現した（N邸）。

間仕切り壁に室内窓を設けることで、暗がりになりやすい場所に採光と通風がもたらされ、空間の閉塞感もやわらいだ。

暗くなりがちな部分を明るく

ガラスドアにすることでリビングからの光が階段まで届き、あたたかな雰囲気に（I邸）。

光と視線を通すガラスパーティション

手前は1階ホール、奥は書斎兼打ち合わせスペースとして活用。全開したときはもちろん、閉めているときも視線が抜けて広さを感じる（A邸）。

床材の事例

足元にやさしいコルク床のリビング

床材にはシックな雰囲気を求めて、ポルトガルのコルクメーカー・アモリン社のチェスナットコルクタイルを採用。コルク床はクッション性や保温性が高く、足元が冷えにくい特徴がある（M邸）。

住宅らしくない内装材という選択

重厚感と高級感を感じさせる黒い壁は、モールテックスというモルタルの塗り壁。職人がコテで手塗りして仕上げるため、ふたつとして同じ模様がない。床材は天然大理石を細かく砕いてコンクリートで固めた人造石テラゾー。店舗や商業施設などでよく見る素材が、非日常感を演出する（N邸）。

家を守るための防犯プラン

家族が安心して過ごすためには住まいの防犯対策も大切です。わが家を守るために、設計時に考えておきたいことをご紹介します。

防犯対策の3つの基本
見える・入れない・知らせる

防犯対策の基本は、①周囲から見えること、②侵入しづらい工夫をすること、③不審者がいたら家の外にも中にも知らせること。侵入犯は人の目を非常にいやがります。侵入するところを目撃されそうな家は最初から避けるため、プライバシーとの兼ね合いが難しいですが、外からほどよく視線が通る位置にドアや窓をつくるようにします。また、「防犯対策をしている家」と認識すると侵入をあきらめる傾向があるので、防犯ガラス、防犯カメラ、ホームセキュリティなどの対策を検討します。

防犯対策の3つの基本

1 周囲から見えること

- 塀や生垣は視線を遮らない程度の高さにする
- ドアや窓を周囲から見える位置にする

2 侵入しづらいこと

- 人が通り抜けられない縦長窓やアクセント窓を多めにする
- 窓やベランダにルーバーをつける
- 防犯ガラスを採用する
- ドアや窓に補助錠や防犯錠をつける
- 足場になりそうな室外機、タンク、機器類を窓の下に設置しない

3 不審者を知らせる

- カメラ機能付きインターホンで訪問者をチェックする
- 防犯カメラを設置する
- 人感センサ付きのライトを設置し、家に近づくと点灯する
- ホームセキュリティ会社と契約する

防犯対策の実例

侵入しづらい開口にする

防犯とプライバシーの確保のために、2階バルコニーの壁を高めに設定。1階部分は人が通り抜けられる窓を多くつくらず、窓の下に室外機やタンクを置かない（A邸）。

植栽を低めにして見通しをよくする

外部からの視線をすべてシャットアウトしてしまうと、不審者が侵入していても気づかれにくい。植栽や塀を低めにし、スリット入りの塀や柵にすると見通しがよくなる。

ルーバーでプライバシーを守りつつ侵入を阻止

外から侵入しやすい部分にルーバーを設置。プライバシーを守りつつ、風を通す効果もある（K邸）。

防犯カメラや人感センサ照明を設置する

防犯カメラは不審者を撮影して記録できるだけでなく、犯罪を未然に防ぐ効果があるといわれている。人感センサ付きの照明は人が近づくと点灯するため、周囲に知らせる効果がある（Y邸）。

ここも知りたい！

Q 防犯ガラスとはどんなもの？

空き巣の6割以上が窓ガラスを破って侵入し、ガラスを破るのに5分以上かかると7割があきらめるという調査結果があります。侵入犯を防ぐために開発されたのが、破りにくい防犯ガラスです。

防犯ガラスは2枚の板ガラスの間に樹脂製などの中間膜があり、たとえガラスを割ることができても中間膜がドライバーやハンマーの貫通を防ぎます。ガラスが割れても飛散しにくいため、災害時にも安心です。

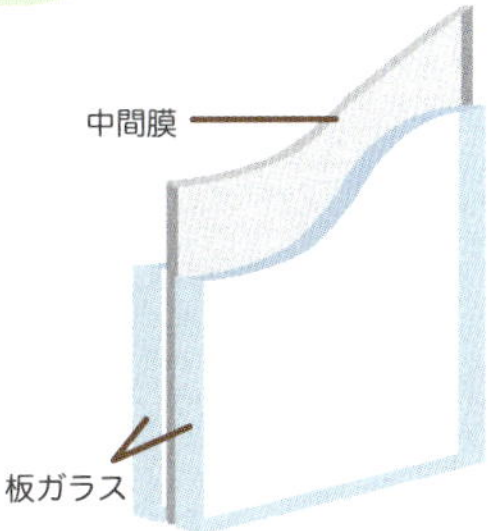

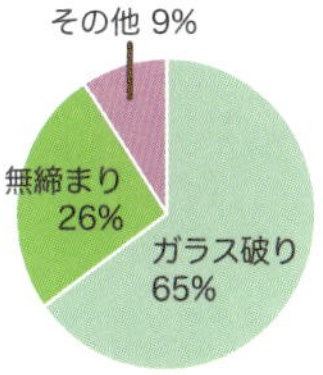

窓からの侵入手段

出典：警察庁「令和元年の刑法犯に関する統計資料」

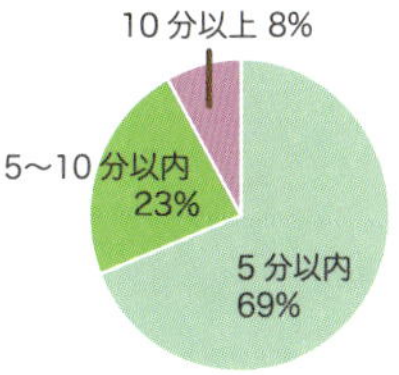

侵入をあきらめる時間

出典：（財）都市防犯研究センター

二世帯住宅・バリアフリーのプラン

二世帯住宅はほどよい距離を保ちつつ、同じ住宅に住むメリットを活かしたいもの。長く快適に暮らすために、バリアフリーにも気を配ります。

バリアフリーに配慮し、快適な二世帯住宅を

二世帯住宅は親世帯と子世帯が土地と建物を共有するため、建築費の負担が少なくすむ、普段の生活から家事や育児を助け合える、親の介護がしやすい、世代間の交流がある、などのメリットがあります。

二世帯住宅を建てる際はどの程度空間を共有し、どの程度プライバシーを保つのか、よく話し合う必要があります。とくにキッチンや浴室などの水廻り設備の共有度は、入居後の暮らしやすさに直結します。親の年齢からおおよその同居期間も想定し、介護が必要になった場合のことも考えてバリアフリーにも配慮しましょう。

バリアフリーの基本は、「段差をつくらない」ことと「必要な場所に手すりをつける」こと。高齢になるとわずかな段差にもつまずきやすくなり、それをきっかけに骨折したり、寝たきりになるケースがあります。また、ひざや腰が悪くなるので、長い移動距離や上り下りを不便に感じがちです。車いすを使うことになれば、フラットな床は必須です。手すりは階段やトイレ、浴室など、段差や動きの多い場所に設置します。新築時は不要でも将来設置できるように、必要になりそうな場所の壁に下地を入れておくと安心です。

二世帯住宅のタイプ

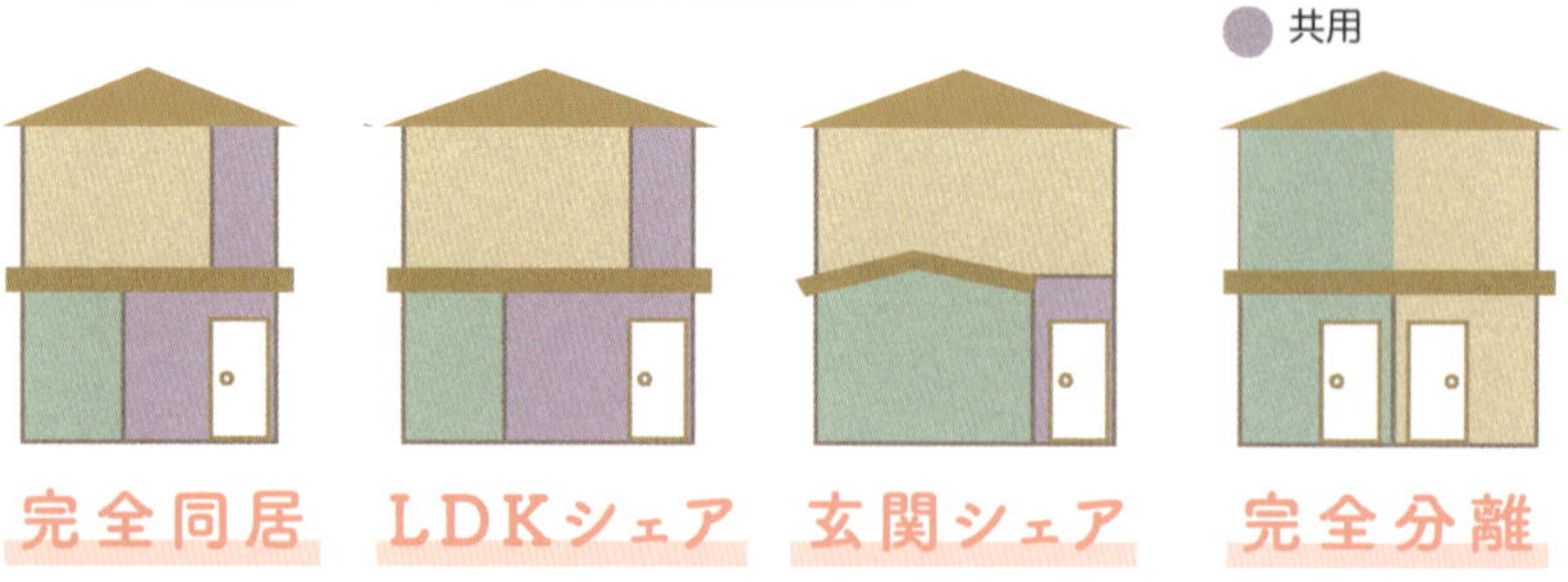

玄関やLDKをどの程度共有するかにより、二世帯住宅のプランはさまざま。両世帯でよく話し合い、必要なスペースや設備を決めていきましょう。

バリアフリーのポイント

段差がなく、動きやすいバリアフリーの住まいは、高齢者だけでなく若い世代も快適に感じるものです。プランニング時にどのような点に気をつければよいのか、ご紹介します。

段差をなくす

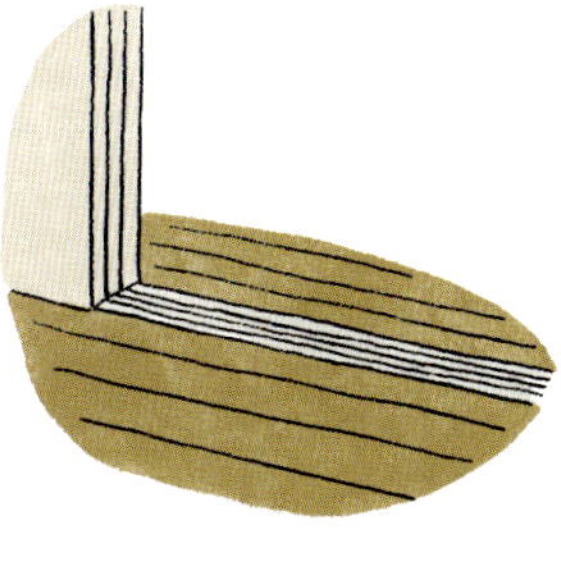

住まいには玄関や階段など必ず段差が必要な場所もありますが、なるべく大きな段差にしないこと。高齢になるとわずかな段差にもつまずきがちなので、廊下と居室の間を吊り引き戸にするなどし、敷居やレールをできる限り避けるようにします。

手すりをつける

手すりをつけたほうがよいのは、①玄関、階段、浴室など段差がある場所、②廊下など移動する場所、③トイレなど立ったり座ったりする動作がある場所です。手すりの高さや形状により使い勝手が変わるので、専門家に相談するといいでしょう。

引き戸を選ぶ

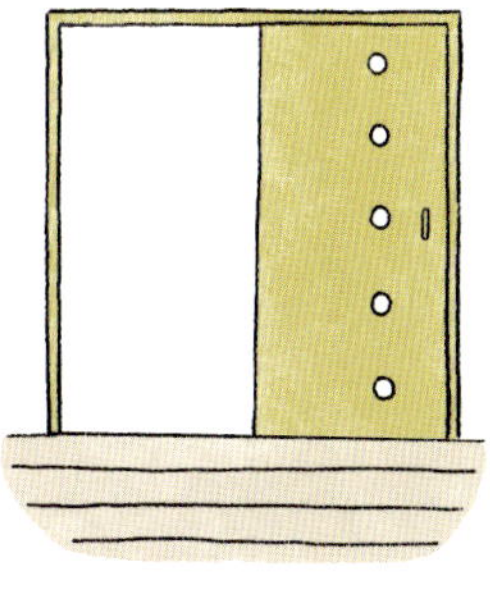

開き戸よりも引き戸のほうが開閉しやすく、動作も少なくすみます。温度調節のために少しだけ開いておくこともできます。

廊下の幅を広めにとる

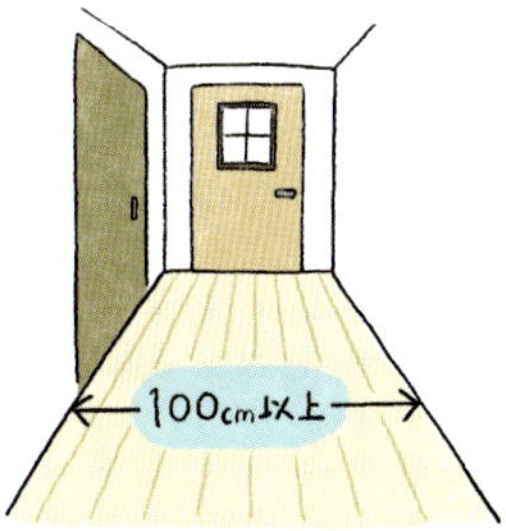

手すりを設置したり、車いすで通ることを想定するなら、100cm以上の幅があることが理想です。実際の廊下幅は図面で表示されている幅から柱や壁厚を除いたものになるので、設計者に確認するようにしましょう。

滑りにくい床材にする

フローリングの中でも滑りにくい加工がされたものや、コルク素材、タイル素材などを選びます。とくに浴室内の床材は滑りにくいものに。

住まいの中の温度差をなくす

気をつけたいのが温熱環境のバリアフリーです。冬場に居室と浴室・トイレとの間に大きな温度差があると、ヒートショックを起こしやすくなります。気密性・断熱性を高めて住まい全体を暖かく保ち、どこへ行っても温度差を感じないことが理想です。

外構・外観のプラン

外構・外観はその家の印象を決定づけるもの。自分たちの好みのテイストで、周辺環境やインテリアと調和することを念頭にプランを考えます。

ライフスタイルから外廻りのデザインを考える

外構とは庭・駐車スペース・アプローチなどの外廻りを指します。まず車の出し入れをしやすい場所に駐車スペースを配置し、そこからアプローチ、庭などを考えていきます。

庭は家族でガーデニングやバーベキューを楽しむなど、暮らしの夢が広がる場所。そのため、入居してからDIYで芝生を敷いたり、花壇をつくる例が少なくありません。外観には大きく分けて数種類のデザインテイストがありますが、色、かたち、素材によりできあがりは多種多様です。地を入れておくと安心です。

外構のデザインスタイル

オープン外構

特徴

建物の周辺に塀やフェンスをつくらず、道路から玄関までを見通せるスタイル。

メリット

- 開放感がある
- 侵入犯が隠れる場所がない
- 低コスト
- 日当たりがいい

デメリット

- 道路と敷地の間に遮るものがなく、誰でも入って来れる
- 外構にいると外から見られやすい

クローズド外構

特徴

住宅の周囲を塀やフェンスで囲み、外からは見えづらくするスタイル。

メリット

- 外から家の中が見えづらい
- 家族や来客以外の人が敷地に入って来ない
- 子どもやペットが飛び出しにくい

デメリット

- 侵入犯が一度敷地内に入ると隠れやすい
- 近隣の人と気軽に交流しづらい
- 高コスト

セミクローズド外構

特徴

オープン外構とクローズド外構の中間。敷地の一部に塀やフェンスを設け、外からの視線を遮るスタイル。

メリット

- オープン外構よりも外観の完成度が高まる
- オープン外構よりも道路との境界線がわかりやすい
- 近隣の人と交流しやすい

デメリット

- オープン外構よりもコストが高くなる
- 外からの視線を遮り過ぎると 侵入犯が隠れる場所ができる

外観のデザインスタイル

外観デザインは外壁の素材や色、屋根のかたちなどの組み合わせにより、100邸あれば100通りの住まいができあがります。ここでは主な外観スタイルをご紹介します。

シンプルモダン

シンプルで直線的なデザイン、フラット屋根や片流れ屋根のすっきりとしたフォルムが特徴です。木製素材を組み合わせてナチュラルに仕上げたり、金属素材と合わせてクールに仕上げたり、多様なデザインを展開できます。

ヨーロピアン

大きな切妻屋根があり、ドアや窓、バルコニーなどに木や石、タイルなどの自然素材を使うことが多いデザインです。白色に統一された破風や窓サッシ、塔屋を思わせるフォルムなど、ヨーロッパの地方により特徴もさまざまです。

ナチュラル

外壁材や屋根材にタイル、木、石、土などナチュラルな素材を使った、温かみを感じさせるデザインです。外壁は白やベージュ、クリーム色など明るいカラーで、庭やアプローチが映える可愛らしい外観が多く見られます。

和モダン

瓦屋根、木や竹を使った門扉、石をあしらったアプローチ、引き戸の玄関、開口部のルーバーなど、随所に和風建築の風格を採り入れつつ、モダンにアレンジしたもの。外壁はアースカラーの櫛引柄や塗り壁調が多く見られます。

ここも知りたい！
Q
インターホンやメールボックスをどこに置く？

オープンタイプの外構で塀や門がない場合、表札、メールボックス、宅配ボックスなどを設ける場所を考えなくてはなりません。アプローチのどこに配置し、どのようなデザインにするのか、生活シーンを想定しながら考えます。

アプローチの中ほどに表札、インターホン、メールボックス、宅配ボックスを設けた事例（S邸）。

アプローチの終わり、玄関ドアのすぐ外に表札、インターホン、メールボックスを設置した事例（K邸）。

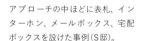

中古物件のリノベーション実例

「あこがれのエリアに住みたい」「予算面で新築は無理」という人は、中古の住宅を上手くリノベーションして自分好みの住空間を実現する方法があります。

南側から日射しがたっぷり入る2階リビング。木の温かみが伝わってくる空間で子どもが自由に遊び、家族の幸せな時間が続く。

実例

01 I邸

DATA

建設地：東京都
家族構成：夫婦＋子ども1人
構造：在来工法・2階建て
築年数：12年
敷地・対象面積約88㎡

リノベしやすい間取りが購入の決め手に

Iさんご夫妻は「既存の建物を自分の思い通りにつくり変えたい！」という思いから、中古リノベを考え始めました。とはいえ、不動産を購入するのもリノベをするのもはじめての体験。まず基本的な知識を身に

Before

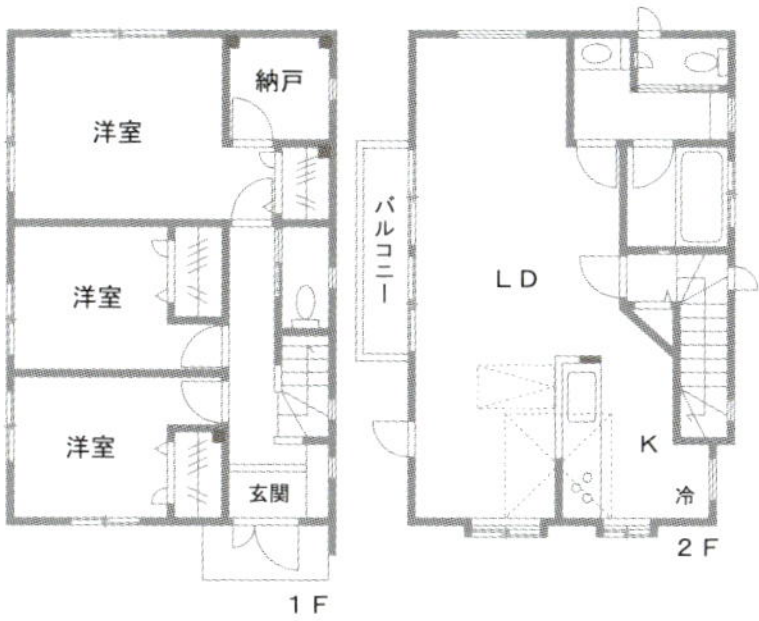

After

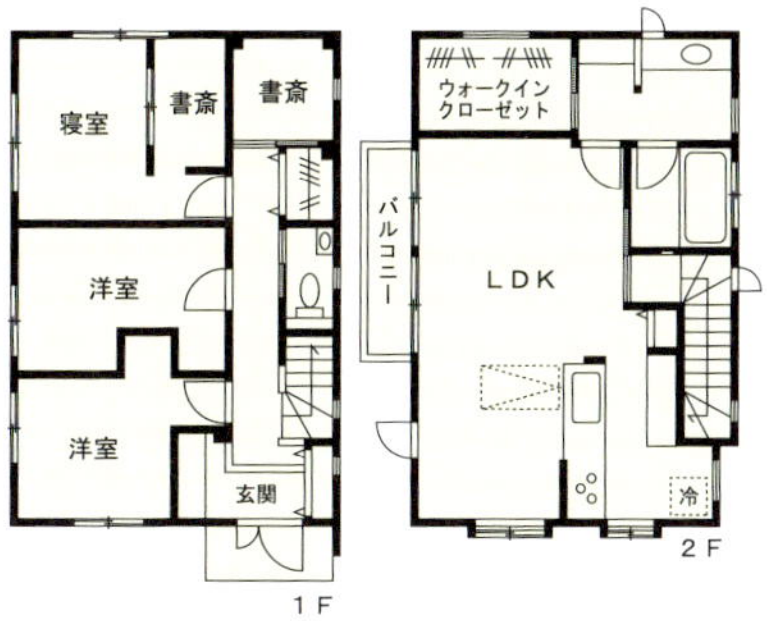

既存の間取りをできる限り活かし、自分たちのテイストにリノベーション。壁を一部動かしただけで、欲しい場所に欲しい収納スペースを確保することができた。もともと使われていた木の素材を活かし、住まい全体に北欧テイストのインテリアを実現している。

Before

After

既存の梁《はり》を ひと工夫しただけで雰囲気が変わる

LDK空間を縦横に走る自然素材の梁は、リノベ時にクロスを外したところ現れたもの。「クロスを剥がして木の素材を露出させた方が可愛いと思い、施工会社にお願いしました。梁にはライティングレールを取り付けてもらい、ダウンライトを吊り下げるなど、有効活用しています」（奥様）。

階段からLDKにつながる室内ドアを開き戸から引き戸へ変更。リビングを広く使えるようになり、南側からの光をたっぷり取り込んで階段も明るくなった。

つけるため、不動産会社やリノベ専門会社の相談会やセミナーに積極的に参加したそうです。

「築年数の考え方や建ぺい率などの法律面を教えてもらえましたし、内見会にもつきあってくださって、とても助かりました」（Iさん）。

購入の決め手となったのはリノベしやすい間取りであること。夫婦2人分のワークスペースや将来家族が増えた場合に備えて3つの個室が必要でしたが、1階は基本的な部屋の配置をほとんど変えることなく理想の間取りを実現できました。2階のLDKと水廻りも配置はそのままに、設備を一新して床・壁・天井を自分たちの好みのテイストに改修。明るい自然光と木の素材にあふれたマイホームが完成しました。

「家づくりの過程では、実際に足を使って見て回ることが大切だと実感しました。何軒も見学するうちに夫婦のこだわりポイントが明確になり、価値観をすり合わせていくことができました」（Iさん）。

Before

After

余分な壁を取り払い、明るくカラフルなキッチンに

奥様がもっともこだわったのはキッチン空間。白い壁を取り払い、明るいクリーム色のシステムキッチンへと入れ替えた。さらに以前は階段収納だった部分をパントリーに改修。広く明るいDKに生まれ変わった。

以前は階段側にあった収納をキッチン側に付け替え、パントリーに。食品だけでなく、書類類もきれいに収まり、DKがすっきり。

壁タイルの水色の目地とキッチンのクリーム色の組み合わせがお気に入り。左の棚は造作し、旅先で買った小物などを飾っている。

After

リビングの一角をウォークインクローゼットに

リビング奥を仕切ってウォークインクローゼットを設けたことで、大きな白い壁が生まれた。梁にプロジェクターを設置し、壁をスクリーン代わりに使って映画などを楽しんでいる。

Before

家族全員の洋服類が収まったウォークインクローゼット。いずれ子どもが成長し、収まり切らなくなったときは子ども部屋にクローゼットをつくる予定。

細長いタイル、明るめ木質カラーのカウンターが水廻りにも温かさを感じさせる。「以前から広いシンクにあこがれていました。ホテルライクな北欧デザインの空間を提案していただき、満足しています」(奥様)。

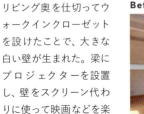

夫婦それぞれに独立した
ワークスペース

夫

納戸だった場所を夫のワークスペースにリノベーション。立ったまま作業できるように、デスクは天板の大きな電動昇降のものにした。今はテレワークに使うだけですが、いずれはここでゲームや趣味を楽しみたいです」（Iさん）。

妻

主寝室に間仕切り壁と室内窓を設け、その裏側に奥様のワークスペースを設けた。閉塞感を極力取り除き、適度にプライバシーが保てる場に。

玄関を入ってすぐの場所にオープンタイプの収納スペースを設けた。キャンプ用品やベビーカー、園芸用スコップなど、大きさがあり、収納に困るものをここに集約。

施主に聞く

家づくり成功の秘訣とは？

民泊を利用して、さまざまな住まいを体験

「物件は必ず現地に足を運び、自分の目で確認することをおすすめします。私たちも実際に行ってみて、“坂道がきつくて自転車は無理”“高速道路の近くで騒音がうるさい”“近隣にいいショッピングセンターがない”などの気づきがあり、毎日の生活を想像しながら物件を探すことができました」（Iさん）

「家づくりははじめての経験なので、見学会などを利用し、たくさんの家を見に行きました。役に立ったのは国内外の民泊でいろいろなタイプの家に泊まったこと。ひと晩泊まってみることで意外なメリット・デメリットに気づいたり、自分たちが知らなかった設備を体験できて、その後のプランづくりに役立ちました」（奥様）

築浅のメリットを活かし、米国風ヴィンテージ空間を実現

古着屋巡りが好きで、デザインやテイストの好みがはっきりとしているMさんご夫妻は、新居に米国風のヴィンテージ空間を実現したいと考えました。当初から予算・立地・間取りの条件が明確だったこともあり、中古住宅のリノベーションに絞って、自分たちに合う物件を探し始めましたが、なかなか理想の物件が見つからないまま2年が経過。それでも妥協することなく探し続けた結果、ぴったりと条件に合う築浅物件に出会い、その日のうちに購入を決意しました。

築4年の物件だったため、設備や間取りはほぼそのまま再利用。壁・床・建具《たてぐ》・照明器具などを自分たち好みにリノベし、ごく一般的な建売住宅をニューヨークのヴィンテージショップのような雰囲気に一新させました。

実例

02 M邸

DATA

建設地：東京都練馬区
家族構成：夫婦
構造：在来工法・2階建て
築年数：4年
敷地・対象面積約81㎡

LDの全景。天井にライティングレールを大胆に設置し、照明器具や観葉植物を吊り下げることでショップのような非日常空間に。「ここで映画を見たり、音楽を聴いたりして過ごす時間が長いです。賃貸ではできなかった植物のハンギングも楽しめています」(Mさん)。

Before

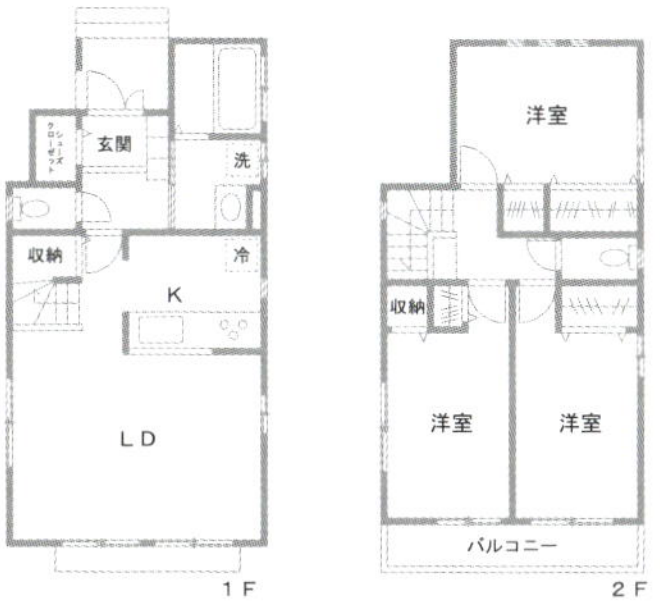

After

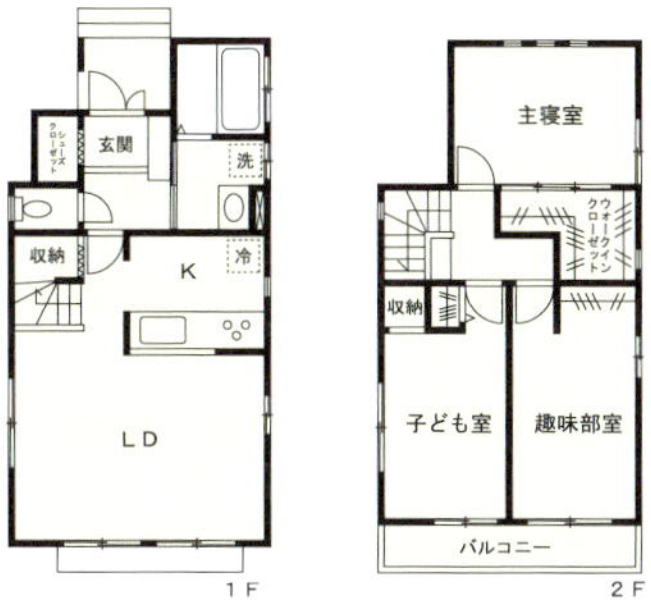

間取りの変更は2階のトイレをウォークインクローゼットに改修した程度。住宅設備をほぼそのまま使用できたことでコストを抑えられ、空間のイメージづくりに予算を集中させることができた。

Before

After

アクセントクロスが ヴィンテージ感を演出

LD空間の壁の一面を落ち着いたグリーンのアクセントクロスにすることで、空間イメージががらりと変貌した。床にはシックなチェスナットコルクタイルを採用。照明の雰囲気も相まって、ヴィンテージライクな空間に。

玄関からLDKに通じる扉もアクセントクロスによく似たカラーを選択。「建具は既製品の中から、よく似た色をチョイス。取っ手はレトロなフォルムのものをこちらで探し、付けてもらいました」（Mさん）。

ごく普通の個室が ニューヨークテイストの趣味室に

ロフト付きの個室はご主人が趣味を楽しむ空間に改修。床には寄木細工のタイル、天井には木目調のクロス、ハシゴも年代を感じさせる色に塗り直した。奥の洋服収納はあえてクローゼット扉を取り外し、ショップのような「見せる収納」に。扉がない分、奥行きが生まれ、部屋が広く見えるようになった。

天井高を活かしてシーリングファンを設置。縦にも横にも開放感のある空間になった。「ここでヒップホップ音楽を聴きながら、ぼんやりと洋服を眺める時間が気に入っています」（Mさん）。

実例

03 N邸

DATA

建設地：東京都杉並区
家族構成：夫婦＋子ども2人
構造：在来工法・2階建て
築年数：40年
敷地・対象面積約114㎡

築40年の和風建築をモダンテイストにフルリノベ

Nさんご夫妻はのびのびと子育てできる戸建て住宅を求めて、中古リノベできる物件を探していました。その際、気を配っていたのは長く住むための耐震性と断熱性。現在の住まいも自ら足を運んで改修前の建物を確認し、耐震補強や断熱改修が可能であることから選びました。

リノベ物件は築40年の典型的な和風建築。和室が多く、収納も押入ばかりと若い世代が暮らす家とは大きくイメージが異なるものでしたが、リノベを経てハイセンスなマイホームへと生まれ変わりました。

Before

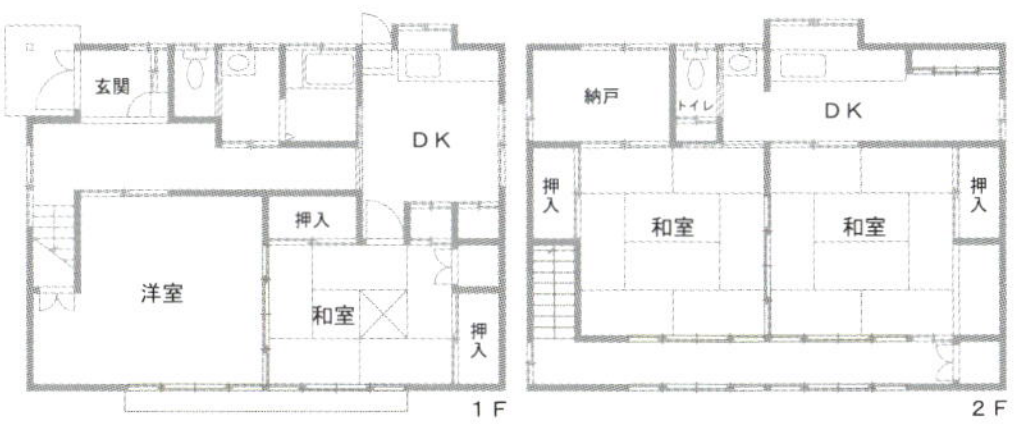

After

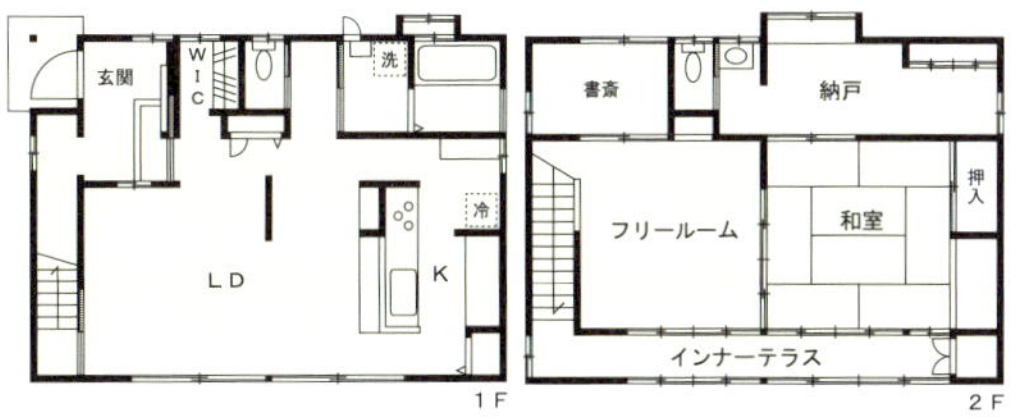

リノベした物件はしっかりとつくられた和風住宅。1階は柱や壁を取り除いて広々としたLDKにし、2階はもとの間取りを活かして、自分たちのニーズに合う空間につくりかえた。以前は玄関から直接2階へ上がる階段だったが、子どもたちが成長した後も帰宅時に見守れるように、リビングを通って2階へ行くかたちに方向を付け替えた。

Before

ダイニングからリビングを臨む。右側の扉は玄関に、左側の扉は2階への階段につながっている。室内窓も効果的に採り入れ、明るさと開放感を演出。

After

柱と壁を取り払うことで開放感が生まれる

押入などで空間が細かく仕切られ、柱や壁が多かった和室を、構造柱と耐力壁だけ残してすっきりとリノベ。住まいの北側に集中していた水廻りはそのままに、廊下を極力排したオープンな空間に一新した。

和風テイストを残しつつ 子育てしやすい間取りに

リノベ前の1階はDK、洋室、和室に仕切られた空間でしたが、構造上必要な柱や壁以外は取り除き、広々としたLDKに。余分な壁を取り払ったことで、リビングからもキッチンからも水廻りにアプローチできるようになり、家事効率がよくなりました。

2階は2間続きの和室でしたが、1間を無垢《むく》フローリングのフリースペース、もう1間を家族の和室の寝室に。あまり広くなかった納戸をワークスペースに改修し、反対に広い面積を占めていた2階DKを納戸に変えて収納量を増やしました。

和風建築のよさを活かしつつ、ライフスタイルに合わせてフルリノベしたN邸。住宅性能向上のための補助金も活用し、耐震補強、配管の更新、断熱改修、床暖房の設置なども行い、家族が安心して住み続けられるマイホームが完成しました。

Before

After

独立キッチンから
リビングを見守れる対面キッチンへ

昔ながらの壁付キッチンがおしゃれな対面キッチンに。木質系の素材に統一することで、空間にやさしさと温かさが生まれた。キッチンカウンター越しに家族と対話しながら家事が進む。

器具を並べてディスプレイ。

ホーロー製のシステムキッチンは高い機能性を保ちつつ、レトロな味わいもあり、N邸のコンセプトによく似合う。壁や床のタイルづかいも築40年であることを忘れさせる。

Before

After

2間続きの和室を
モダンに改修

2階の2間続きの8畳間は、フリースペースと和寝室として活用している。フリースペースの床にはサクラの無垢フローリングを採用。書院窓のある格式高い和室はもともと客間だった場所だが、壁は塗装、襖は自分たちで上から塗装し、モダンな雰囲気に生まれ変わった。障子の向こうには長いインナーテラスが控える。

Part6

安全な家をつくるために確認しておきたいこと

契約書や登記登録、設計図など専門的な書類が多いのも家づくりの特徴。
わからないと投げ出さず、不利な契約や欠陥住宅を生じさせないためにも、
確認のポイントを押さえておきましょう。
マイホーム取得後のメンテナンスについても解説します。
安全に長く住める家を目指しましょう。

相見積りを取って しっかり比較する

いざ家を建てようとしたとき、最初に悩んでしまうのが「どこの建築依頼先にするか」ではないでしょうか。この際、ぜひ行いたいのが相見積りです。

家族にとって最適な依頼先を絞り込む方法

　相見積りとは、複数の事業者から見積書を出してもらい、各プランを比較検討して、家族にとって最適な依頼先を絞り込む方法です。

　注文住宅は、事業者によって工法や標準仕様の設備などが異なります。それゆえ、同じような間取りの家でも2倍前後の価格差が生じることもあります。ですから、複数の事業者から見積りを取り、比較検討する必要があるのです。この際、希望通りのプランになっているか確認するために設計図もセットで提出してもらうのが基本です。

　相見積りを取るタイミングは、土地が決まってからです。土地が決まらないことには、プランの立てようがないからです。

　見積りを依頼する際は、事前に家族で話し合って「間取りや設備の希望」「予算」を決めておきましょう。その上で、依頼をする事業者を2～4社程度に絞ります。見積書の書式が各社バラバラといったことから、あまり多くの事業者に依頼をすると、確認しきれません。

　各社のプランを見比べて、希望の間取りや設備などの詳細が確定してきたら、それをもとに内容を統一して再提出を依頼します。これで各社の違いが、より明確になります。

Point

値引き交渉をするなら

　業者がこちらの希望をよく理解していないうちに値引きを打診すると、価格ありきになってしまい、「安かろう悪かろう」の家になる可能性が高まります。交渉をするなら、プランに満足し、依頼先を絞り込めたタイミングです。効率的な交渉には、「あと〇万円安くなったら契約します」といった具体的な数字を出すのがポイントです。

　ただし、大手メーカー以外では、値引き交渉に応じることが難しく依頼を断る業者もゼロではありません。本当に気に入ったプランであれば、値引きの余地がある依頼先かどうかの見極めも重要です。

依頼するときの注意点

予算をしっかり伝える

建築費は、使用する部材や設備などによっていくらでも上がる。そのため、予算は具体的にしっかり伝えたい。ただし、「よい提案内容ならば多少増やしてもいい」とつけ加えるのは問題ない。

プランを統一する

「4人家族が快適に住める家を」といったあいまいな依頼内容だと、各社バラバラの提案内容になり、比較がしにくくなる。そこで「4 LDK」「リビング内階段」といったように具体的な希望を伝える。

設備の仕様を明記してもらう

たとえば、同サイズのシステムキッチンでも仕様によって価格は大きく異なる。より公平な判断をするために各設備の仕様を明記してもらう。

概算の地盤工事費を入れてもらう

地盤調査は工事請負契約後に行うのが一般的だが、地盤補強には100万円単位の費用がかかることも。そのため見積書には、近隣の調査結果をもとに概算の工事費を入れてもらう。

相見積りであることを伝える

相見積りだと伝えることで、こちらが本気で検討していることが伝わる。また、競合他社がいることがわかれば、よりベストを尽くした提案を期待できる。

見積書の確認の仕方

一般的な見積書は、大きく以下の4つの項目に分かれています。

①本体工事費

建物本体をつくるための工事費。具体的には基礎や柱などの構造体、外壁、断熱、屋根、窓、内装、キッチン、トイレ、浴室といった材料費と職人への人件費等。一般的な坪単価は、この費用から算出される。

②付帯工事費

本体工事以外に行う工事の費用。屋外給排水工事費、ガス工事費、地盤改良工事費、太陽光発電工事費、空調工事費など。一部を本体工事費に入れる会社もある。

③諸経費

設計料、建築確認申請の手数料などは、おもに人件費。住宅ローンを組むための諸費用や印紙代などが入ることもある。

④その他

エクステリア工事費、照明器具、カーテン、地鎮祭など、その他の費用。この項目は、依頼主によって異なることが多い。

ここをチェック！

□プランが希望通りか

見積額が安くても、プランが希望通りでなければ意味がない。設計図で間取りなどが希望通りかチェックする。

□仕様を確認する

外壁から床材、トイレまで、ほとんどの部材、設備には複数の仕様があり、これによって性能と価格が異なる。納得できる仕様の商品を採用しているかチェックする。

□価格だけで判断しない

家の価格は、間取りや広さが同じでも仕様によって大きく異なる。また、いくら安くてもアフターフォローや保証制度がいい加減なら後々後悔するだろう。総合的な判断を。

住宅の保証制度を確認しよう

住宅は家電製品のように不良品だからといって返品することはできません。そこで国が定めた保証制度などがあります。それらの内容を確認しておきましょう。

すべての新築住宅は10年保証が付く

新築住宅に対する保証には、大きく分けて「建物の構造部分に関する保証」と「設備や内装に関する保証」の2つがあります。

そのなかで「建物の構造部分に関する保証」については、すべての新築住宅に10年間の保証が義務付けられています。これは、「住宅の品質確保の促進等に関する法律（品確法）」の3本柱のひとつ「新築住宅の瑕疵《かし》担保責任に関する特例」によって定められています。そのため、引渡しから10年の間に建物の構造部分に瑕疵が生じた場合は、建築会社や販売会社へ補償を求めることができます。

建物の構造部分とは具体的に、基礎、土台、柱、横架材、斜材、小屋組、外壁、開口部、屋根などです。瑕疵は欠陥や施工不良のことですので、「入居者が雨どいの掃除をしなかったことで雨漏りが発生した」といった場合は補償対象になりません。

品確法の3本柱

①新築住宅の瑕疵《かし》担保責任に関する特例

「住宅の構造耐力上主要な部分」と「雨水の浸入を防止する部分」について、住宅引き渡し後10年以内に瑕疵が発見された場合、住宅取得者は建築会社や販売会社へ無償修理や賠償金の支払いを請求できる特例。

②住宅性能表示制度 （➡P116）

建物の耐震性など10分野の性能を第三者機関が客観的に評価し、その結果を等級として評価書に表示する制度。国が個々の住宅の性能にお墨付きを与える制度といえる。評価を受けることは任意で、10万円前後の費用がかかる。

③住宅専門の紛争処理体制

住宅性能表示制度の評価を受けた住宅は、引き渡し後に建築会社や販売会社とトラブルが発生した場合、指定住宅紛争処理機関（各自治体の弁護士会が運営）にあっせんや調停を依頼できる。

住宅瑕疵《かし》担保責任の範囲

品確法では、以下の「構造耐力上主要な部分」と「雨水の浸入を防止する部分」について、引き渡しから10年間の瑕疵担保責任を定めています。

新築木造の場合

雨水の浸入を防止する部分

構造耐力上主要な部分

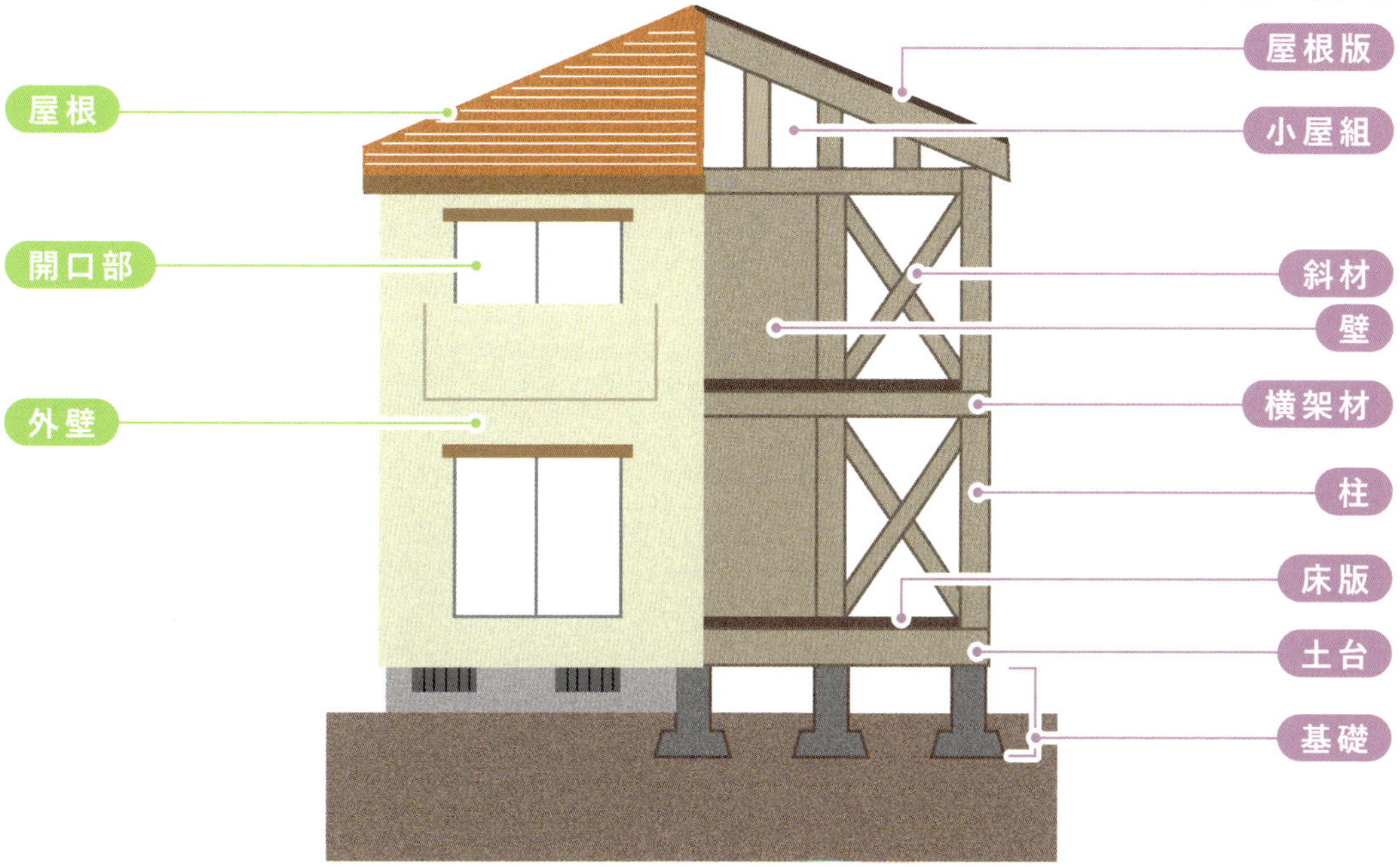

ここも知りたい!
Q
設備や内装の保証はどうしたらいい?

設備や内装の保証については、一般的にそれぞれの製品、部位によって保証期間が異なります。目安としては、右の表のように2年前後の保証期間が多くなっています。ただし、給湯器などの設備については、メーカーによって有償の延長保証を受けられることがあります。

ハウスメーカーや工務店でも設備の延長保証制度を整えているところは少なくありませんので、契約前に確認してみましょう。また、延長保証制度サービスを商品にしている民間企業もあり、そういった企業のサービスを取り扱う販売店で設備機器を購入すると、延長保証を申し込むことができます。

設備・内装	保証期間の目安
システムキッチン	1~2年
ガスコンロ	1年
ユニットバス	2~3年
洗面台	1~2年
トイレ	1~2年
給湯器	2~3年
フローリング	2~3年
建具	1~2年
壁紙	1~2年

さまざまな保証・保険制度

新築住宅購入者を守る制度は、ほかにも住宅完成保証、地盤保証、新築住宅瑕疵《かし》保険などがあります。

住宅完成保証とは、注文住宅の建築中に施工会社が倒産した場合、施主が最小限の追加負担で完成できるように保証する制度です。

地盤保証とは、建築後に地盤の不同沈下が発生した際、その損害に備えるものです。

新築住宅瑕疵保険とは、10年保証の期間中に施工会社が倒産した場合、瑕疵の補修費用などを保険法人へ直接請求できる制度です。

ハウスメーカーや工務店と契約する前に、どんな保証制度があるのか確認しておこう。

ここも知りたい！ Q

築10年以内にリフォームした部分も保証されますか？

残念ながら築10年以内であっても、リフォームした部分は「新築住宅の瑕疵担保責任に関する特例」の対象にはなりません。もしリフォームした部分も保証を希望するならば、リフォーム瑕疵保険に加入する必要があります。この保険の期間は、構造主要部分および雨水の浸入部分については5年、その他の部分は1年です。

ただし、瑕疵に対する補修費用以外にも、補修工事のために一時転居する場合は仮住まいの家賃と引越し費用、さらに補修の範囲などの調査費用も支払われる保険金の対象になります。

リフォーム瑕疵保険は、施主ではなくリフォーム業者が加入します。したがって、保険金も業者へ支払われます。しかし、保険料は施主が負担するケースが大半となっています。折半という方法もあるので、実際は加入前に話し合って決めればいいでしょう。

Point

定期点検は各社バラバラ

住宅を建築する多くの会社は、新築から半年、1年、2年、5年、10年といったように定期点検制度を設けています。しかし、定期点検の実施は義務ではありません。それゆえ、点検の時期や頻度は会社によってバラバラというのが実情です。

しかしながら、ほとんどの会社は、10年保証の期間内ならば、ある程度の回数は無料で点検を行ってくれます。とくに新築から2年目と10年目は念入りにやってもらいましょう。

2年目は、システムキッチンなどの設備や壁紙などの内装の保証期間が終了する時期です。また、10年目は、義務化されている「住宅の構造耐力上主要な部分」と「雨水の浸入を防止する部分」の保証期間が終了する時期です。保証が切れる前に、不具合が生じている部分はすべて補修や交換をしてもらいましょう。

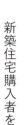

保証と保険制度

いずれも、施工会社が加入する保証・保険制度です。
依頼予定の施工会社がこういった制度に加入しているか確認することが大切です。

住宅完成保証

注文住宅の建築中に施工会社が倒産してしまうと、「支払った着手金が返金されない」「工事を引き継ぐ会社が見つからない」「引き継ぎ工事によって予算が大幅にオーバー」といったさまざまな問題が生じます。「住宅完成保証」は、そのような施主の負担を最小限にするための制度です。

加入は任意のため、工事請負契約の前に加入の有無を確認しましょう。各保証会社のホームページで検索すれば加入している施工会社を確認することはできますが、施工会社に直接聞くのが簡単です。

加入者：施工会社
期　間：引き渡しまで

地盤保証

現在では、家を建てる前の地盤調査は義務化されています。しかし、その結果を参考にどのような地盤補強工事を選択するのかは、施工会社に任されています。

また、いくら万全と思える補強工事を行っても、建築後に地盤の不同沈下が発生する可能性はゼロとはいえません。不同沈下が発生すると建物がゆがみ、外壁にひびが入ったり、ドアや窓の開閉に支障が出たりします。

そのような不測の事態に備えるのが「地盤保証」です。利用するには、まず地盤保証に加入している施工会社を選ぶ必要があります。

加入者：施工会社
期　間：10~20年

新築住宅瑕《か》疵《し》保険

以前は、10年保証の期間中に施工会社が倒産した場合、瑕疵が見つかっても施主は自己負担で補修したり、建て替えたりしなければなりませんでした。そのような不利益を解消するため、2007年5月に住宅瑕疵担保履行法が成立。現在では、施工会社は「新築住宅瑕疵保険」に加入し、十分な補修費用を負担できる状態で新築住宅を引き渡すことになっています。

10年保証の期間中に施工会社が倒産しても、瑕疵の補修費用などは、保険法人へ直接請求することができます。

加入者：施工会社
期　間：10年

Point

ハウスメーカーによる保証制度

義務化されている10年保証とは別に、大手ハウスメーカーを中心に多くの建築会社は独自の保証制度を導入しています。

しかしながら、その内容は各社バラバラです。「不具合があれば伺います」とあいまいなところもあれば、定期点検を実施する時期などを明記した保証書を発行する会社も少なくありません。なかには、「24時間365日対応」「建物がある限り永久保証」などとうたう会社もあります。

保証内容をチェックする際は、以下の2点に注意しましょう。

1点めは基本保証です。無料保証は何年か、その間の無料点検は何回か、コールセンターの休業日などを確認します。

2点めは延長保証です。ほとんどのハウスメーカーは、築11年以降も保証を付けています。その延長期間と条件を確認しましょう。なかには有料点検の実施を条件にしている会社もあります。

契約時に気をつけたいこと

注文住宅を建てるときには、「設計監理契約」と「工事請負契約」の2つの契約があります。さらに土地購入には「売買契約」を交わします。流れと注意点を確認しておきましょう。

設計監理契約と工事請負契約

注文住宅の契約の流れには、大きくふたつのケースがあります。

ひとつは、プラン設計を設計事務所などに依頼し、設計と工事が別々の会社になるケースです。その場合は、最初に設計事務所と設計監理契約を交わし、プランが決定した後に施工業者と工事請負契約を交わすことになります。契約を交わす機会が2回あるということです。

もうひとつのケースは、ハウスメーカーなど設計と工事が同じ業者の場合です。前述のケースのように段階を踏んで契約を2回に分けることもありますが、通常はふたつの契約を同時に行うのが一般的です。

また土地や建売住宅、中古住宅などを購入する際は、売買契約を結ぶことになります。

設計監理契約の前に必ず行う重要事項説明

設計監理契約の前には、必ず「重要事項説明」が行われます。これは、契約の最終決断をするうえで重大な影響を与えることの説明を義務づけたものです。

注文住宅の場合は、建築士から書面をもって説明を受けます。作成する設計図書の種類、工事監理の実施方法などがおもな説明内容です。土地や建売住宅、中古住宅などの購入では、宅地建物取引士が書面をもって説明をします。物件の状況、権利関係、契約条件などの説明を受けます。

重要事項説明に納得できれば、書面にサインをし、契約手続きに進むことになります。

「どうせわからないから」などと考えず、納得できるまで確認することが大事。

重要事項説明と契約時の注意点

契約

注文住宅の場合は、ある程度プランが固まってから契約します。ただし、壁紙の種類など細かい部分は契約後でも変更可能なので、契約書のなかで決めておく必要はありません。

- □事前にコピーを受け取り、打ち合わせ内容と一致しているか確認する。
- □契約前に疑問点はすべて解決しておく。
- □納得できなければ絶対に押印しない。
- □解約できる条件を確認する。

重要事項説明

注文住宅の場合は、建築士が建築士免許証または建築士免許証明書を提示して行います。土地や建売住宅などの重要事項説明は、宅地建物取引士が取引士証を提示して行わなければなりません。

- □事前にコピーを受け取る。
- □難しくても最後まで読み、わからないことはメモをしておく。
- □説明を聞いてわからないことは何度でも質問する。
- □その場でわからなければサインは後日にする。

契約時に必要なもの

□実印
夫婦などで共有名義にする場合はそれぞれ用意。

□印鑑証明書
夫婦などで共有名義にする場合はそれぞれ用意。

□手付金
金額は双方が話し合って決める。
代金の1割程度が一般的。

□委任状
本人が出席できない場合のみ必要。

□収入印紙または収入印紙代
契約代金に応じた金額の収入印紙を
契約書に貼って消印する。

契約金額	印紙税額
300万円以上500万円以下	2,000円（1,000円）
1,000万円以下	10,000円（5,000円）
5,000万円以下	20,000円（10,000円）
1億円以下	60,000円（30,000円）
5億円以下	100,000円（60,000円）

（　）内は2027年3月31日までの軽減措置です。

重要事項説明を受けるとき

重要事項説明は1時間以上かかることもあるほど内容が多く、専門用語も多数使用されます。そのため事前にチェックシートなどを用意し、準備を万全にしておきましょう。

説明内容に納得できなければ持ち帰ることも可能

注文住宅の重要事項説明は、設計監理契約を結ぶ前に、建築士が行います。建築士免許証または建築士免許証明書を提示し、書面を交付したうえで行うのが正式です。実は注文住宅では、施主が説明不要と思えれば、書面でその意思を伝えることで省略できます。しかし、施工不良やトラブルを防ぐためにも、必ず説明を受けましょう。

一方で、土地や建売住宅などの売買契約では、重要事項説明は必須です。宅地建物取引士が取引士証を提示し、書面を交付したうえで、口頭で行う決まりになっています。

重要事項説明は、聞く側が承諾すればオンラインでも可能です。また以前は、説明する側が書面に記名押印することになっていましたが、現在は押印が不要になりました。

説明を聞き納得できれば、書面にサインしますが、その時点ではまだ契約は未成立です。契約は別途契約書を交わすことで成立します。なお、説明に納得できなければ書面を持ち帰り検討しても問題ありません。

Point 契約を解除できるとき

重要事項説明の内容に納得して書面にサインをすれば、次は契約を結ぶことになります。土地や建売住宅を購入する場合は、これによって売主は物件を引き渡す義務を負い、買主は代金を支払う義務を負います。注文住宅を建てる場合は、建築会社は工事を完成する義務を負い、施主は完成に対して報酬を支払う義務を負います。ただし、下記のようなケースでは、契約を解除することができます。

- **売主が不動産業者であるといった条件をクリアしてクーリング・オフが適用できるとき**
- **契約書にローン条項があり、予定していたローン審査が通らなかったとき**
- **買主または施主が手付金を放棄したとき**
- **不動産が引き渡し前に災害や火災などで消滅してしまったとき**
- **売主や建築会社に重大な過失があったとき**

Check!

重要事項説明は ここをチェックする

PDF

重要事項説明を受ける際は、できれば1週間前にはコピーを受け取り、熟読しておきましょう。とくに土地の場合は、事前に登記事項証明書を取り寄せておき、当日にその内容と一致しているか確認できると安心です。

注文住宅の場合

説明書の内容について

□立会検査の回数が打ち合わせ内容と同じか。

□工事監理の報告方法に納得できるか。

□報酬の額および支払いの時期が打ち合わせ内容と同じか。

□契約の解除に関する事項が打ち合わせ内容と同じか。

省エネ住宅について

□省エネ住宅を建てる意義が理解できたか。

□省エネ住宅とはどういう建物か理解できたか。

□省エネ住宅を建てるメリットを理解できたか。

□現状の設計での省エネ基準適合の有無。

□適合していない場合、適合させる方法と費用を理解できたか。

土地・建売住宅などの場合

□不動産の表示
事前にオンラインなどで登記事項証明書を取り寄せておき、それと照らし合わせて所在地、地番、地目、抵当権などを確認する。

□敷地と道路の関係
セットバックの有無などを確認する。

□私道に関する事項
私道負担の有無、ある場合は使用料を確認する。

□インフラ設備について
ガス・電気・水道の整備状況。整備予定の場合は、負担金の有無を確認する。

□売買代金など金銭について
売買金額や支払日、固定資産税など税金の負担割合などを確認する。

□契約解除について
どのような場合に解除できるのか、とくに融資を受けられなかった場合のローン条項を確認する。

□ローンについて
融資を受ける予定の金融機関、金利等を確認する。

□住宅性能表示制度について
建売住宅の場合は評価の有無を確認する。

Part6
安全な家をつくるために
確認しておきたいこと

契約を交わすとき

住宅は業者と契約を交わすことで自分のものとなります。しかし、この契約に慣れている人は少ないはずです。そこで契約時のチェックポイントを紹介しましょう。

契約の締結によって代金の支払い義務を負う

注文住宅の場合、ハウスメーカーや工務店と工事請負契約を結ぶことになります。これは建設業法第19条に従って契約事項を記載した書面に署名捺印するものです。

土地と中古住宅の場合は、売主と売買契約を結びます。売買契約は民法上、口約束でも成立しますが、不動産業者が関係する場合は、契約書の作成が義務づけられています。

どちらの契約書も2部作成し、双方が署名捺印して保管します。

これらによって施主、買主は代金の支払い義務を負うことになります。

ここも知りたい！ Q

重要事項説明で「隣地のマンションは建たない」と聞いていたのに、建設の予定があることを知りました。土地の契約を解除したいのですが手付金は戻ってきますか？

この場合、マンション建設の説明会などがすでに行われており、建設の情報を不動産業者が知り得る状況であれば重大な過失と見なされます。その場合は、契約解除と手付金返還を要求することができます。

ここも知りたい！ Q

住まいの買い替えを予定しています。現在住んでいる家が売れなかったら、契約は解除できますか？

契約書に現在の家が売れなかった場合、違約金を支払うことなく契約解除できる旨の「買い替え特約」を記載しておけば解除できます。

特殊な条件や不安な要素がある場合は、弁護士に契約書の内容を確認してもらうリーガルチェックを受けておくと安心です。費用はかかりますが、各地の弁護士会などで相談できます。

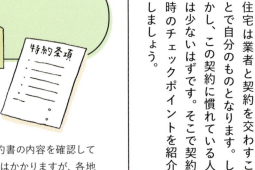

Check!

契約時にはここをチェックする

契約書の内容は、重要事項説明書と重なる部分が多々あります。しかしながら、契約書のほうがより具体的であり、重要事項説明で話し合った内容も反映されています。そのような点にも注意してひとつひとつの項目をチェックしていきましょう。

売買契約

□売買代金について
売買金額や支払日に間違いはないか確認する。

□土地の面積について
登記簿面積と実測面積が異なるケースもある。その場合、どちらで売買価格を決定するのか確認する。

□瑕《か》疵《し》担保責任について
保証対象と期間を確認する。

□税金の負担
固定資産税などの税負担に関する内容を確認する。

□住宅ローン条項について
ローン審査が通らなかった場合の契約解除について確認する。

□特約事項
すでに建物が立っている場合の解体費用のことなど、その他特約事項を確認する。

工事請負契約書

□間取りについて
設計図の間取りに不備がないか確認する。

□設備の仕様について
水廻りの設備などの仕様が希望通りになっているか確認する。

□引渡時期
予定通り引越しできるスケジュールになっているか確認する。

□請負代金
オプションなどの打ち合わせ内容が反映されている金額か確認する。ただし、契約後の追加・変更も可能。

□請負代金の支払い方法
手付金の金額や何回に分けて支払うか等を確認する。

□履行遅延の違約金について
施工会社の都合で工事が遅れた場合の違約金の算出方法等を確認する。

設計図の種類と確認ポイント

家を建てるときに必ず作成する設計図。見方のポイントを知っておくと、設計士や施工者との打ち合わせもスムーズに進められます。

設計図で確認しながら理想の家を建てる

設計士が建て主の希望の家を具体的に描いたものが設計図です。設計図には意匠、構造、設備、外構のための図面が各種あり、仕様書とワンセットで設計図書と呼びます。

図面は大きく分けると、基本設計図と実施設計図の2種があります。まずは配置図や平面図などの基本設計図が作成され、設計士との打ち合わせや、見積りの際に使われます。

基本設計図の内容に納得できたら、実地設計図が作成されます。現場で実際に作業する施工業者が確認するもので、より専門的な設計図になります。

専門家でないとわからないと感じてしまいそうですが、図面の見方がわかれば、自分の希望がどう実現されていくのかを知ることができ、設計士や施工者と修正や変更を話し合うことができます。工事が始まると修正できないものもあるので、後悔のないマイホームのためにも図面ごとに見方のポイントを確認しておきましょう。

自分で確認すべき点は、おもに間取り、デザイン、設備など。不明な点があればためらわず設計士に確認を。

Point

家ができあがっても設計図は保存を

建てた家をリノベーションするときや、のちの相続の際などには建築図面が必要とされます。設計図は処分せずに保存しておきましょう。

クロスやフロアの張り替え程度の部分的な内装のリフォームや外壁の塗り直しやクリーニングなどであれば図面は必要ありませんが、間取りの変更や構造部分にまで関わるリノベーションの場合には図面が必須となります。

図面がないままリノベーションを行って問題が発生した場合、元の家の問題かリノベーション工事の問題か判別しにくいためトラブルとなってしまいます。

設計図の種類

	図面の名称	縮尺	確認できる内容	基本設計	実施設計
仕様書	工事概要書		住宅の建設地、施主名、工期、建物の構造、延床面積と各階の床面積など	○	○
	外部仕上表		屋根、外壁、玄関やバルコニーの床などの仕様や仕上げ法、断熱材の仕様など	○	○
	内部仕上表		各部屋の床、壁、天井などの仕様や仕上げ法など	○	○
	建築設備表		各部屋のスイッチ、コンセント、照明、ガス栓、水栓などの数	○	○
	特記仕様書		図面には記載できない施工の手順など		○
意匠図	配置図	1/100、1/200	敷地の形状、敷地内の建物の位置、周辺地との高低差、方位、道路と敷地・建物の関係など	○	○
	平面図	1/100、1/200	各部屋の大きさや配置、廊下や階段の幅、ドアや窓の位置や開き方、家具などの設置スペースなど。実施設計の平面詳細図は縮尺が1/50になり、より詳細になる	○	○
	立面図	1/100、1/200	外観デザイン、屋根やひさしの形状、窓やドアの位置、雨どいの位置など	○	○
	展開図	1/30、1/50	建具やコンセントの位置、家具のデザインや設置場所など		○
	断面図	1/100、1/200	各部屋の天井高、段差など	○	○
	矩計《かなばかり》図	1/50、1/30	構造、詳細な各部の寸法など		○
	天井伏図	1/100、1/200	天井の形状や仕様、照明位置など		○
	建具《たてぐ》表	1/50、1/100	建具のデザイン、仕様、寸法、性能など。ガラスや建具金物の仕様など		○
構造図	基礎伏図	1/100、1/200	基礎の寸法や形状、アンカーボルトの位置、換気口の位置など		○
	床梁《はり》伏図	1/50	梁や柱のサイズ、位置、仕様など		○
	軸組《じくぐみ》図	1/100、1/200	柱、間柱、筋交いの位置など		○
設備図	電気設備図	1/50	スイッチ、コンセント、分電盤の位置、照明器具の位置など		○
	給排水ガス設備図	1/50	給排水配管の経路、給湯器などの仕様と位置など		○
	空調設備図	1/50	空調配管の経路、換気扇の仕様と位置、冷暖房設備の仕様と位置など		○
外構図	外構図	1/50	外構デザイン、門や塀のデザインや仕様、植栽の種類と配置など	○	○

仕様書の確認ポイント

仕様書とは？

仕様書は設計図書の一部で、工事の内容や施工方法、材料、部材メーカーなど設計図に記載できない詳細な情報が記載されます。現場では施工監理をするうえで欠かせない書類で、設計図と仕様書の内容が異なる場合は、仕様書が優先されます。

仕様書には、基本的な情報を記した標準仕様書とそれを補足する特記仕様書があります。施工ミスなどを確認できる書類でもあるので、施工現場を見学するときには持参しましょう。

内部仕上表

部位		床					巾木		額縁		壁					天井	
仕上		磁器質タイル（ｾﾗｽﾄ ｸｫｰﾃﾞｻﾞｲﾝ ｱﾌﾟﾛｽﾃｯﾌﾟ ﾀﾞｰｸ）	無垢フローリング（ﾎﾜｲﾄｵｰｸ）	上がり框（ﾎﾜｲﾄｵｰｸ）	ユニットバス	BOX階段	磁器質タイル（ｾﾗｽﾄ ｸｫｰﾃﾞｻﾞｲﾝ ｱﾌﾟﾛｽﾃｯﾌﾟ ﾀﾞｰｸ）	木製（ｴｿﾞﾏﾂ）	木製（ｴｿﾞﾏﾂ）	ユニットバス枠	ビニールクロス（ベース白）	ビニールクロス（緑）	ビニールクロス（ベージュ）	モルタル	タイル	ビニールクロス（ベース白）	シナ合板
		マリスト	マルホン	マルホン	TOTO	マルホン	マリスト			TOTO	リリカラ	サンゲツ	リリカラ	モルテックス	マリスト	リリカラ	リリカラ
		QDS-6030AS/DK	FEKU17-122	S002-04	承認図	ﾎﾜｲﾄｵｰｸ	QDS-6030AS/DK			承認図	LW-2241	RE-7354	LW-2137	BMO/ﾅﾁｭﾗﾙ	[illegible]T-4795/101	LW-2241	LW-2241
寸法		300x600	w90	w150	1616	257.5	h180	h30	出10	–	–	–	–	–	–	–	–
厚さ		t10	t15	t40	–	t30	t10	t6	t21	–	–	–	–	–	–	–	5.5
塗装		–	オイルクリア	オイルクリア	–	オイルクリア	–	オイルクリア	オイルクリア	–	–	–	–	–	–	–	–
下地		–	–	–	–	–	–	PB t12.5	–	–	PB t12.5	PB t12.5	PB t12.5	PB t12.5	PB t12.5	PB t12.5	PB t12.5
階	室名																
1F	玄関	○		○			○		○		○					○	
	SIC	○		○			○		○		○					○	
	ホール・廊下		○					○	○		○					○	
	LDK		○					○	○		○			○	○	○	○
	納戸-1		○					○	○		○					○	
	トイレ-1		○					○	○		○	○				○	
	洗面室		○					○	○		○				○	○	
	浴室				○					○							
2F	フリースペース・廊下		○					○	○		○					○	○
	主寝室		○					○	○		○		○			○	○
	WIC		○					○	○		○					○	
	納戸-2		○					○	○		○					○	
	子供室		○					○	○		○					○	○
	トイレ-2		○					○	○		○	○				○	
共通	階段					○		○	○		○					○	
	収納		○					○	○		○					○	

外部仕上表

屋根	ガルバリウム鋼板t0.35タテハゼ葺き@455＋	日鉄住金鋼板	耐摩カラーSGL	耐摩いぶし銀 No.570S
	ｱｽﾌｧﾙﾄﾙｰﾌｨﾝｸﾞ＋野地板t12＋通気胴縁45x30@455＋断熱材t50＋構造用合板t24			
笠木	ガルバリウム鋼板t0.35曲げ加工	日鉄住金鋼板	耐摩カラーSGL	耐摩いぶし銀 No.570S
軒天	ケイカル板t6　EP塗装			外壁色
外壁（一般）	内外装薄塗材E＋	ｱｲｶ工業	ｼﾞｮﾘﾊﾟｯﾄ ｱﾙﾌｧJP-100	割肌 T1000
	軽量モルタルt15＋通気ラス下地＋通気胴縁18x45@455＋断熱材t40＋透湿防水シート＋構造用合板t9	富士川建材	ﾗｽﾓﾙⅡ/ﾉﾝｸﾗｯｸ通気工法	–
~~外壁（ｱﾌﾟﾛｰﾁ）~~	~~レッドシダーt15＋木材保護塗装＋~~	~~オスモ~~	~~ｳｯﾄﾞｽﾃｲﾝﾌﾟﾛﾃｸﾀｰ~~	
	~~軽量モルタルt15＋通気ラス下地＋通気胴縁18x45@455＋断熱材t20透湿防水シート＋構造用合板t9~~	~~富士川建材~~	~~ﾗｽﾓﾙⅡ/ﾉﾝｸﾗｯｸ通気工法~~	~~–~~
土台水切	ガルバリウム鋼板t0.35曲げ加工			
基礎立上り	コンクリート打放し			
外部建具	アルミ樹脂製建具、木製建具	建具表	–	ｻｯｼ:ｼｬｲﾝｸﾞﾚｰ 玄関:ﾚｯﾄﾞｼﾀﾞｰ
竪樋	ガルバリウム鋼板製	ﾀﾆﾀﾊｳｼﾞﾝｸﾞｳｪｱ	丸たてとい60φ	ﾀﾆﾏｯﾄﾎﾜｲﾄ
軒樋	ガルバリウム鋼板製	ﾀﾆﾀﾊｳｼﾞﾝｸﾞｳｪｱ	ｽﾀﾝﾀﾞｰﾄﾞ半丸120	ﾀﾆﾏｯﾄｶﾞﾝﾒﾀ
バルコニー床	構造用合板t12＋12　FRP防水	ｱｲｶ工業	住宅ﾍﾞﾗﾝﾀﾞﾉﾝｹｲｶﾙ	JE-2089
バルコニー手摺	鉄製　SOP塗装			
換気	棟換気：有1800x3　軒・軒天換気：有　床下換気：無			

外構仕上表

駐車スペース舗装	土間コンクリートt80、溶接金網6φ100x100			
屋外階段	土間コンクリートの上　磁器質タイル	ﾏﾘｽﾄ	QDS-6030AS/DK	ﾀﾞｰｸ
玄関ポーチ床	土間コンクリートの上　磁器質タイル	ﾏﾘｽﾄ	QDS-6030AS/DK	ﾀﾞｰｸ
テラス	–			
建物廻り	土のまま			
隣地境界塀	既存のまま			
植栽	別途工事			

認定番号（その他建築物）

屋根不燃材	ガルバリウム鋼板	社団法人日本鉄鋼連盟	NM-8697
外壁防火構造	モルタル・外断熱＋充填断熱・石膏ボード	アキレス株式会社	PC030BE-3625(4)
バルコニー床飛び火認定	FRP防水	アイカ工業株式会社	DR-1552

断熱仕様（H28年省エネ基準、断熱地域区分：6、外皮平均熱貫流率UA：＊＊＊ W/(㎡・K)、）

屋根（外張）	熱抵抗値 2.38>4.0	硬質ウレタンフォーム断熱材2種2号D相当 ｱｷﾚｽ ｷｭｰﾜﾝﾎﾞｰﾄﾞ 50mm	床（その他の部分）	熱抵抗値 –>2.2	無し
壁（外張）	熱抵抗値 1.90>	硬質ウレタンフォーム断熱材2種2号D相当 ｱｷﾚｽ ｷｭｰﾜﾝﾎﾞｰﾄﾞ 40mm	土間床等の外周部	熱抵抗値 1.90>1.7	硬質ウレタンフォーム断熱材2種2号D相当 ｱｷﾚｽ ｷｭｰﾜﾝﾎﾞｰﾄﾞ 40mm
壁（充填）	熱抵抗値 2.2>2.2	高性能グラスウール10K 防湿フィルム付 ﾏｸﾞ ﾎﾞﾘｶｯﾄ(R2.2) 100mm	開口部	熱貫流率 2.33≦3.49	アルミ樹脂製建具 LIXIL ｻｰﾓｽⅡ-H Low-Eｶﾞﾗｽ（空気層10mm以上・日射遮蔽型）
床（外気に接する部分）	熱抵抗値 2.38>3.3	硬質ウレタンフォーム断熱材2種2号D相当 ｱｷﾚｽ ｷｭｰﾜﾝﾎﾞｰﾄﾞ 50mm	玄関ドア	熱貫流率 1.78≦3.49	木製建具 ユダ木工　MIYAMA桧

仕様書はここをチェック！

□**工事の概要**

施主名、工事が行われる場所、建物の構造、階数、床面積など。

□**外装の仕上げ**

基礎、外壁、屋根などの仕上げ方法。

□**内装の仕上げ**

天井、床、壁などの素材や製品情報、塗装などの仕上げ方法。

□**設備について**

・キッチンやバスルームの設備や器具のメーカーやモデル。

・冷暖房のシステム、エアコンの種類や能力。

・電灯、スイッチやコンセントの位置、数など。

・ガスと水道栓の位置、数など。

配置図の確認ポイント

配置図とは？

配置図は敷地の形状がわかり、敷地の中に建物がどのように配置されるか、その方向や距離、道路からの距離など位置関係が示される図面です。土地の高低差、周辺地との関係性などがわかるようになっていますので、日当たりの具合、プライバシーへの配慮がなされているかなどをチェックすることができます。

配置図は立面図（⇨P208）と組み合わせて確認することで建物の全体像がイメージしやすくなります。

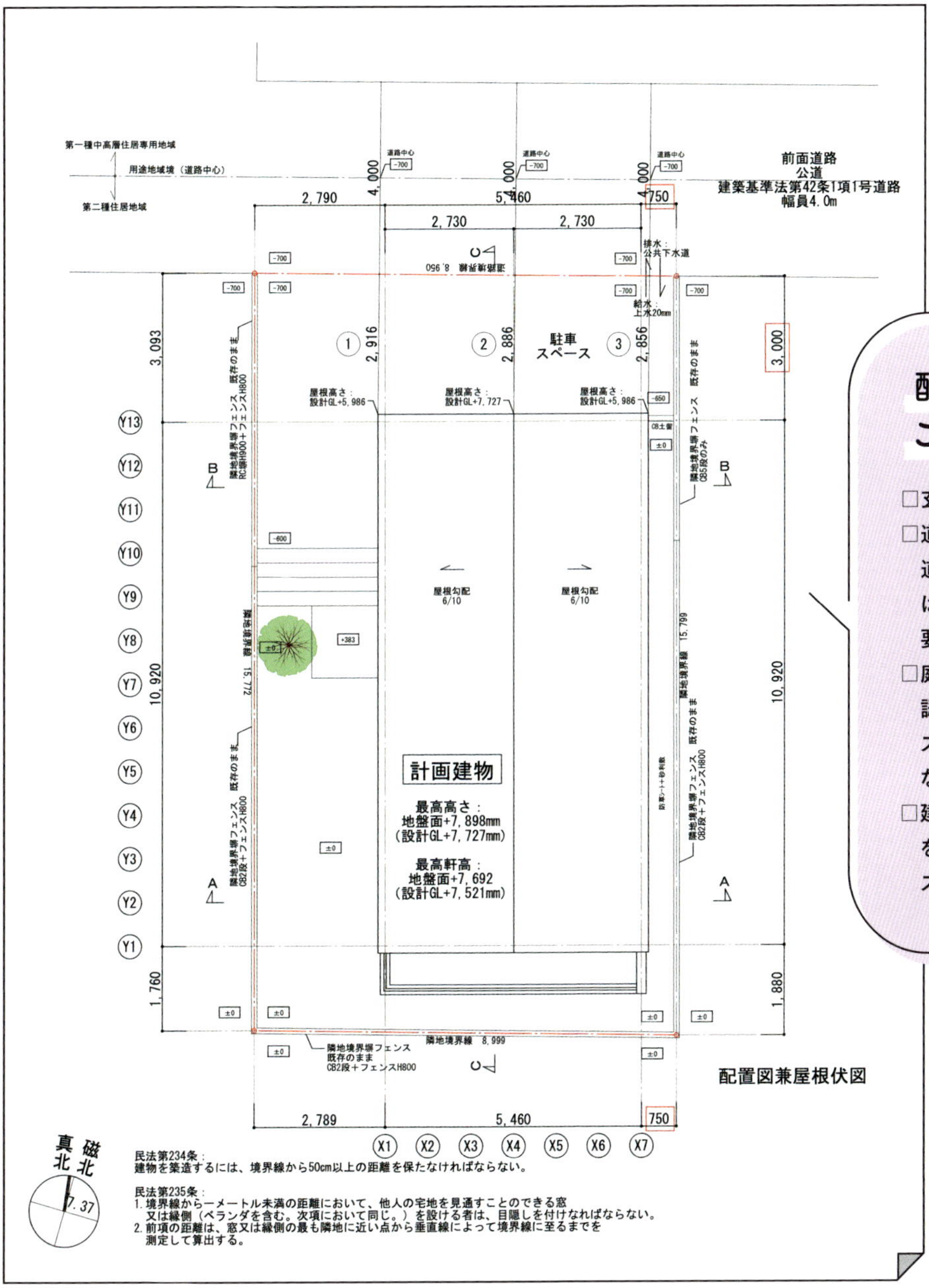

配置図はここをチェック！

□玄関や各部屋が位置する方角。
□道路と敷地内の高低差。敷地が道路よりも低くなっている場合は、排水計画などに注意が必要。
□庭や駐車スペースの大きさを確認する。車の出し入れがスムーズにでき、ドアの開閉に問題がない広さかどうか確認を。
□建物周辺のスペース。物置などを置く予定があるなら、十分なスペースかを確認する。

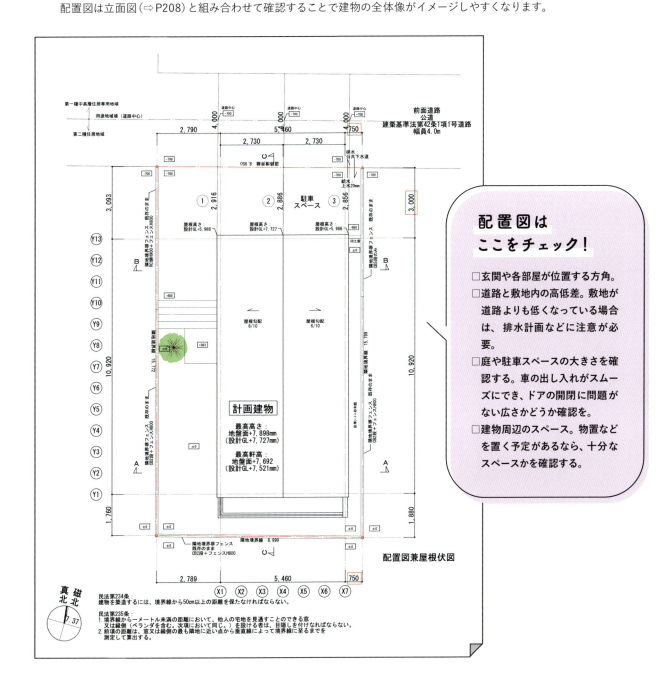

平面図の確認ポイント

平面図とは？

不動産屋の店頭に張り出されたビラや雑誌やネットの空室情報でおなじみの、建物を上から見た図です。柱や壁、各部屋の大きさや位置をはじめ内部の構成、部屋の間取りがわかりやすく示されます。縮尺は1/100くらいですが、実施設計図では1/50程度の身近な図面になります。

建物が複数階であれば、各階ごと水平にスライスした平面図が描かれます。

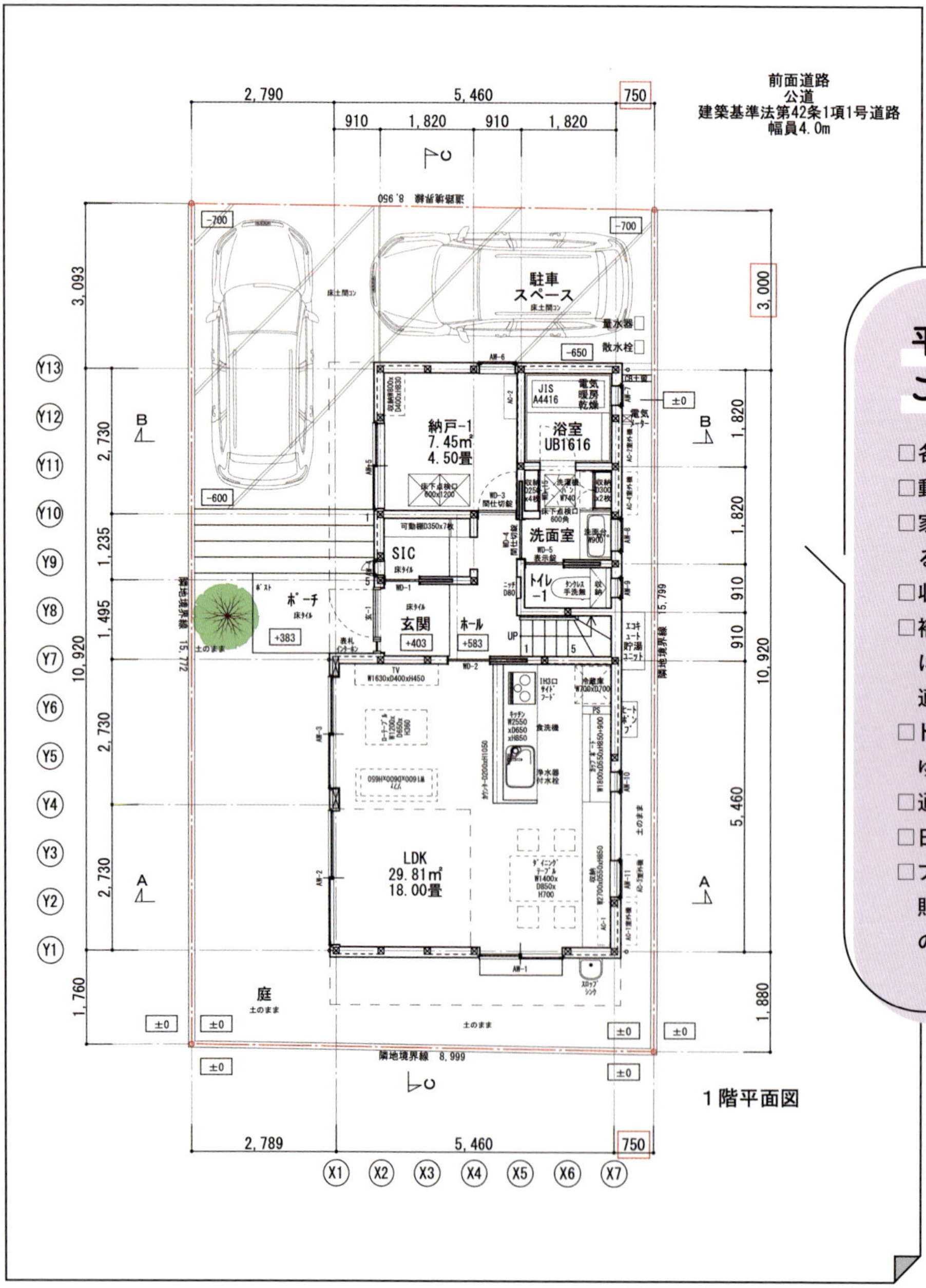

平面図は ここをチェック！

□各部屋の配置と関係はどうか。
□動線はスムーズか。
□家具を置くためのスペースはあるか。
□収納の場所と広さは十分か。
□補強のために柱と柱の間に斜めに入れる筋交いは、位置と数が適切になっているか。
□ドアや扉の場所、開閉の方向とゆとりはあるか。
□通路や廊下の幅は十分か。
□日当たりや通気性はあるか。
□フローリングやタイルの材質、貼り方の方向やパターンは好みのものか。

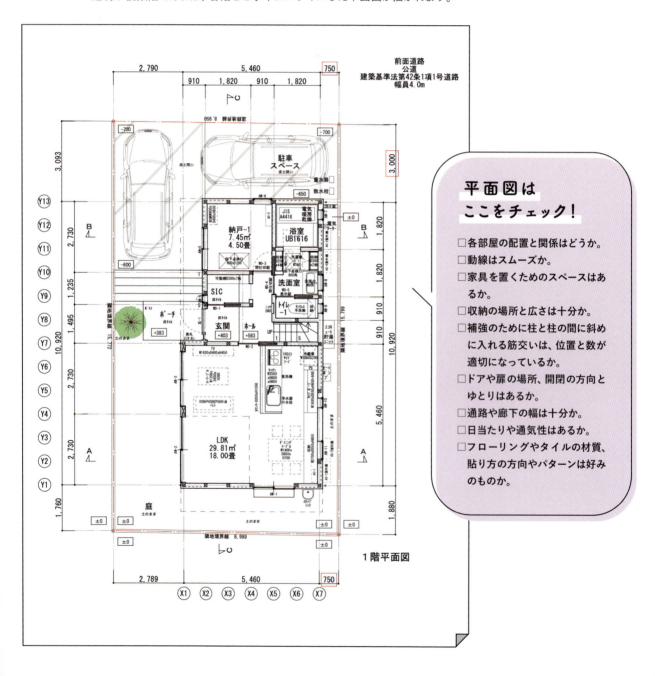

平面図に使われる記号

設計図には、特有の記号、用語、略語などが記載されています。
記号の意味がわかれば、図面を理解できる部分が広がります。ここではおもに平面図で使われる記号を紹介します。

扉

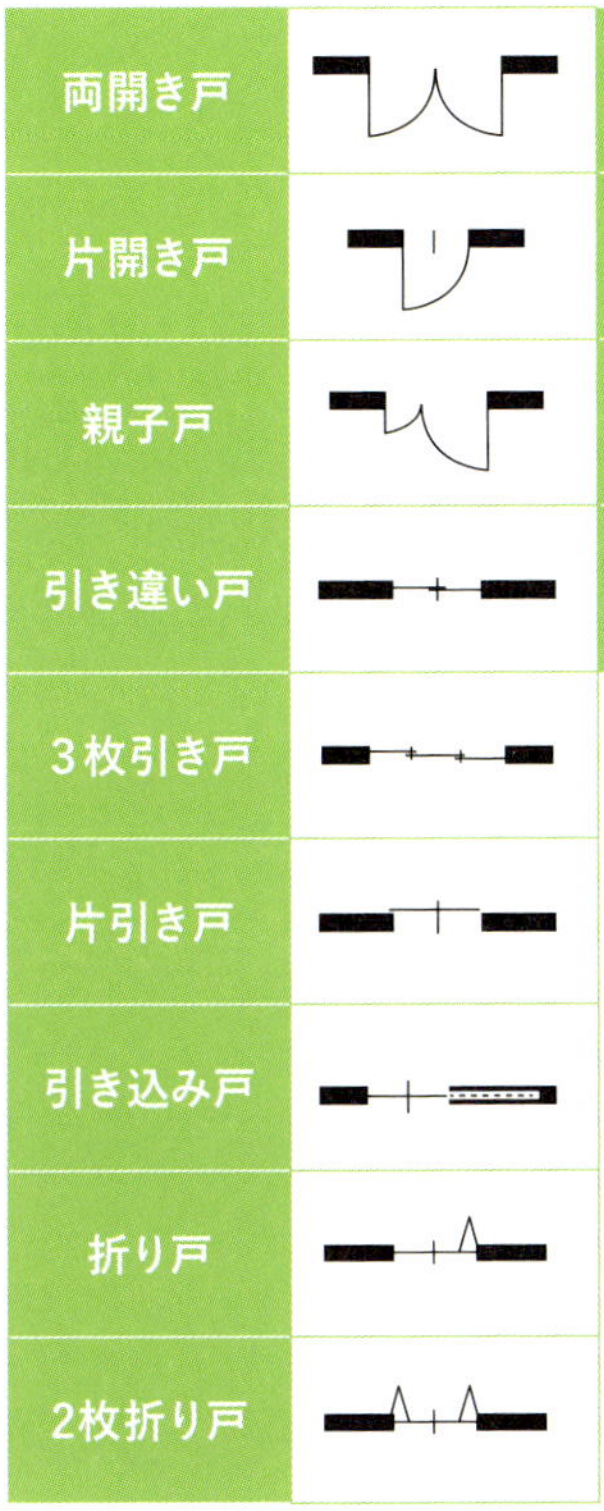

記号	図	記号	図
両開き戸		アコーディオンカーテン	
片開き戸		網戸	
親子戸		雨戸	
引き違い戸		シャッター	
3枚引き戸			
片引き戸			
引き込み戸			
折り戸			
2枚折り戸			

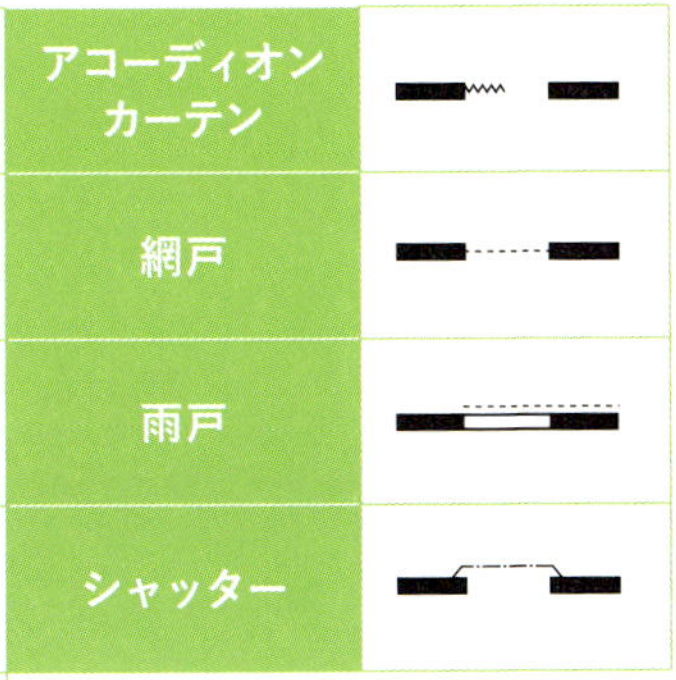

窓

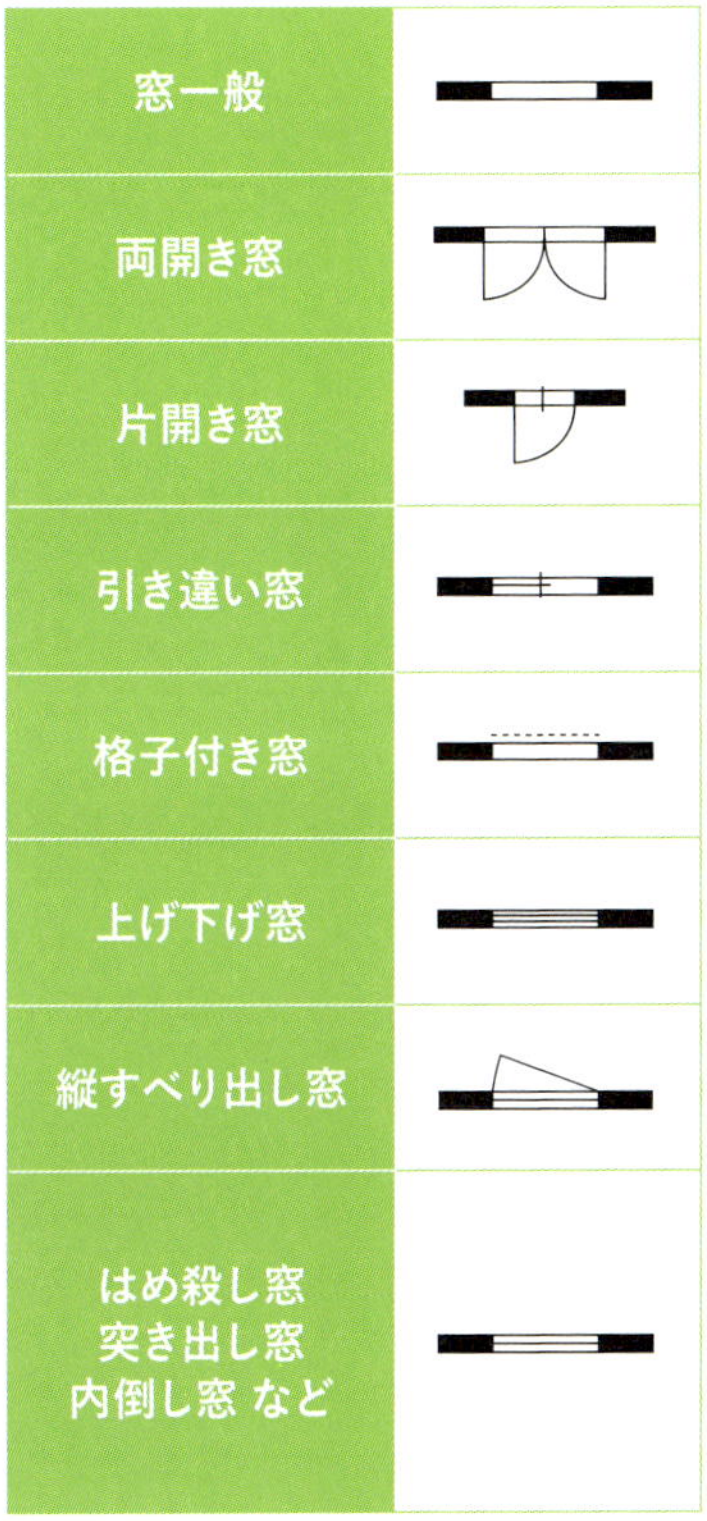

記号	図
窓一般	
両開き窓	
片開き窓	
引き違い窓	
格子付き窓	
上げ下げ窓	
縦すべり出し窓	
はめ殺し窓 突き出し窓 内倒し窓 など	

床

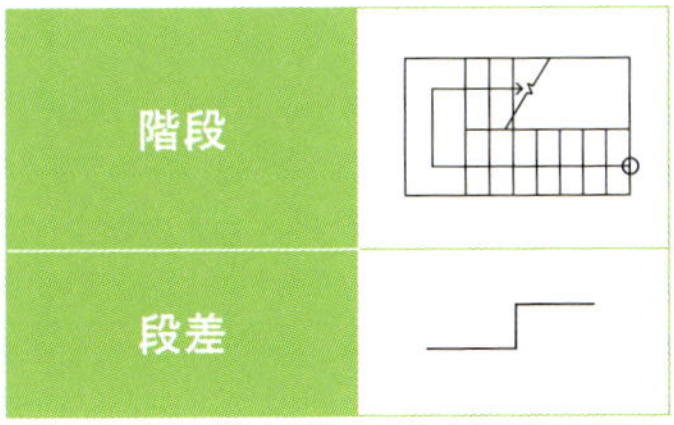

記号	図
階段	
段差	

Point ライフサイクルと間取り

家の住まい方は住む人のライフサイクルによって変化します。

子どもが生まれたり、また子どもが独立して家を出たりすると住む人数が変わります。また、介護や老後のためのバリアフリーが必要になったり、趣向や用途が変わって部屋数を減らしたり増やしたりすることも考えられます。そうした新しい環境に対応するためには、リノベーションが必要になることもあります。

リノベーションをする場合、構造を支える役割をもった柱や耐力壁、筋交いを撤去することができません。そのため、間取りを変えたいと思ってもできないという事態も起こり得ます。

将来リノベーションすることを視野に入れているのであれば、設計士にそのことを事前に伝えておくことが大切です。家族の将来を想像しながら、構造的にリノベーションをしやすい設計をしてもらいましょう。

設備図の確認ポイント

設備図とは？

設備図は、電気やガスの設備、給排水設備、空調設備などを記載したものです。コンセント、照明器具、噴き出し口やコントローラー、換気グリル、換気扇などの種類や設置場所が示されます。

スイッチの位置、コンセントの数や位置など生活動線を想像しながら確認しましょう。

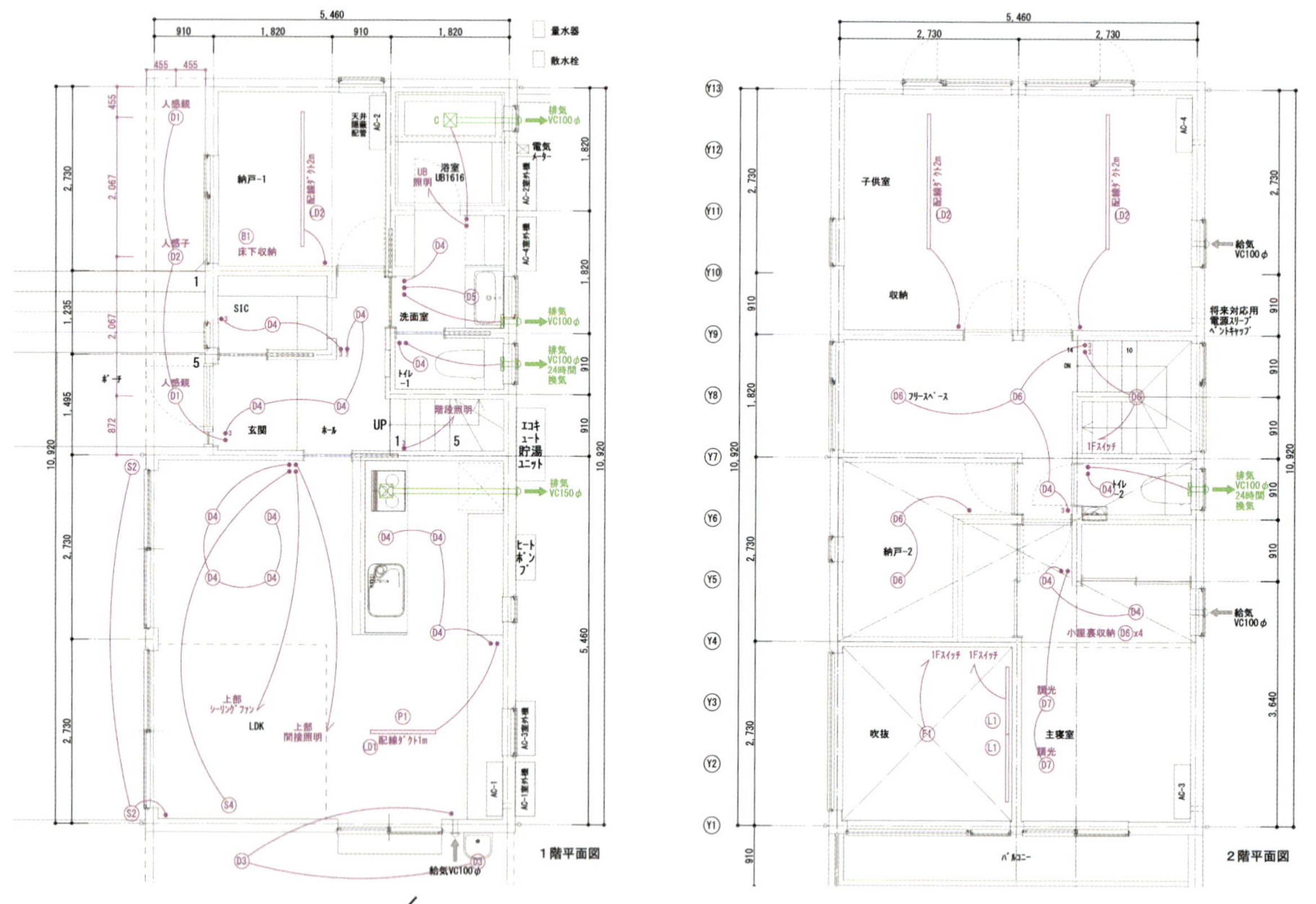

設備図は ここをチェック！

- □スイッチ、コンセントの配置、数、高さは適切か。玄関からの動線を確認し、それぞれの部屋の状態を確認する。
- □消費電力の高いエアコン、電子レンジ、IHクッキングヒーターなどは専用回線になっているか。
- □トイレ、浴室、洗面台のコンセント配置は適切か。
- □階段の照明位置は高すぎないか。高すぎると電球の交換などがしにくくなる。
- □インターホン、給湯器などのモニターの位置は適切か。ドアの開閉などで隠れてしまわないかを確認。
- □エアコンや室外機の位置や方向は問題ないか。

設備図に使われる記号

設備図は生活のしやすさをチェックできる図面です。
照明計画などにも関わるので、できるだけ確認しておきましょう。

配管

給水管（直径20㎜の場合）	———20
給湯管	—I—
ガス配管	—G—
排水管	———
通気管	-------

排水

排水受口	●
汚水受口	◎
掃除口	◐ ◑

水栓

給水栓	¤
給湯栓	●
混合水栓	● ●
シャワー付き混合水栓	※

空調

室内機	▱
室外機	⊠
室内機想定位置	▱
室外機想定位置	⊠

照明

ダウンライト	○ ◎
ペンダントライト	Ⓟ
シーリングライト	㏅
埋め込み照明	◎
蛍光灯天井付	━●━
蛍光灯壁付	━●━
ブラケット	◐
引掛シーリングライト	◎
2口コンセント	⊖2

電気など

アース付きコンセント	⊖E
防水コンセント	⊖WP
エアコン用コンセント	⊖
マルチメディアコンセント	Ⓜ
LANコンセント	Ⓛ
電話用アウトレット	●
テレビ用アウトレット	ⓣⓥ
インターホン	Ⓘ
給湯コントローラー	C
換気扇	∞
分電盤	◤◥

展開図について

展開図は部屋の4つの壁面をひとつずつ展開した図面です。平面図(→P204)のように上から見ただけではわからない、窓の状態、内装の仕上げや素材、造作家具（つくりつけ家具）などがチェックできます。

コンセント、スイッチ、照明器具、空調設備の正確な取り付け位置なども示されますので、平面図や設備図を見る際は展開図と組み合わせて確認すると、内部の空間の細かいところが具体的に把握できます。

立面図の確認ポイント

立面図とは？

立面図は建物を東西南北の４方向で正面から見て描いた図面です。建物の高さや外観、立ち上がりがわかるので姿図ともいいます。平面図ではわからない窓の位置やサイズ、段差の高さなどが明示され、外観のデザインも端的にわかります。

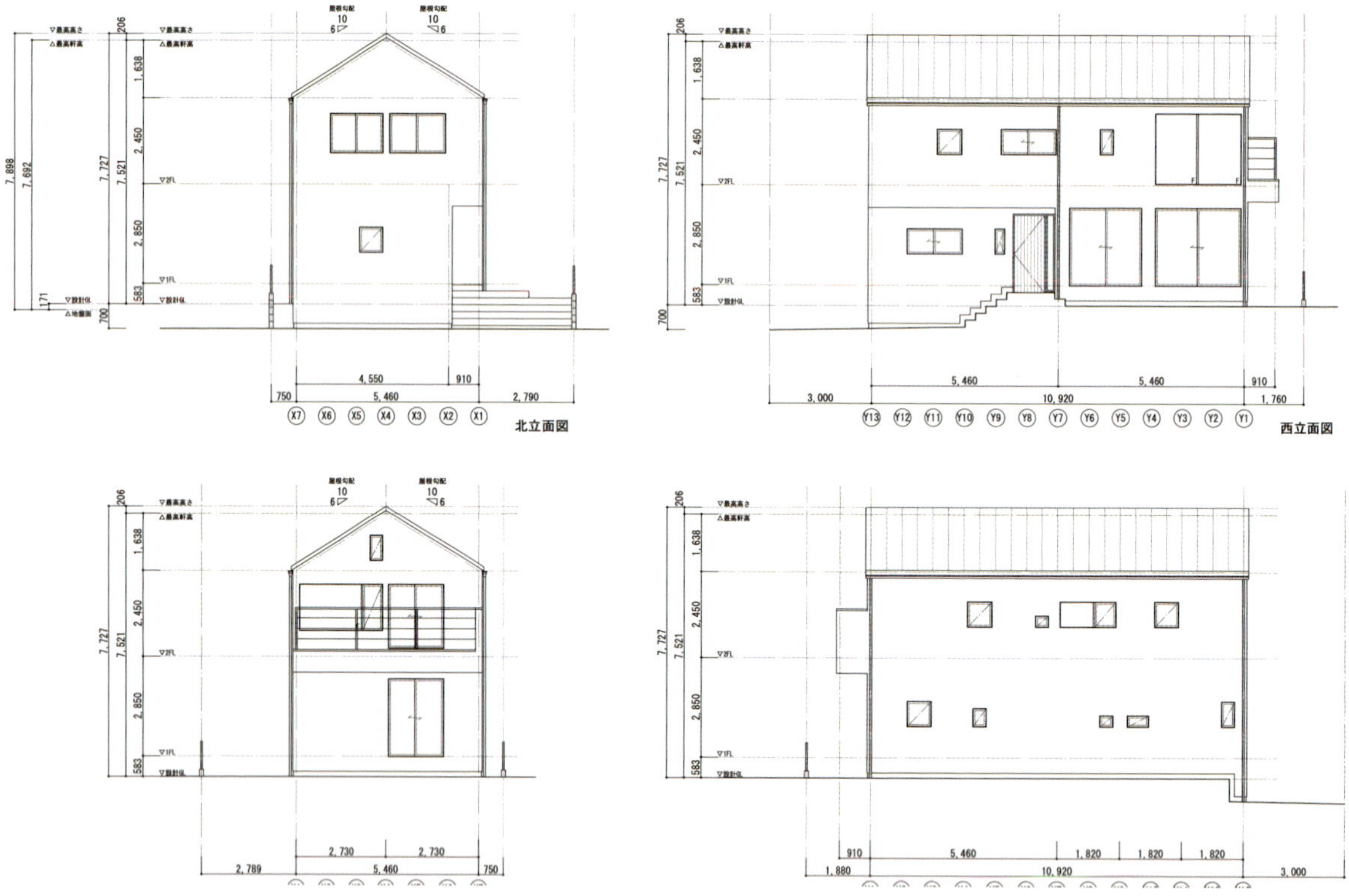

立面図はここをチェック！

- □外観、外壁のデザインや色は希望のものになっているか。
- □窓の高さやサイズを確認する。隣家の窓の位置との関係もチェックする。
- □窓枠、雨どい、雨戸、シャッター、サッシ、手すりの色や全体とのバランス。
- □吸排気口の位置。

断面図の確認ポイント

断面図とは？

建物を垂直にカットして内部の様子を示したのが断面図です。断面図をさらに細かく記載したものを矩計図（かなばかりず）といいます。屋根や外壁、柱の素材、壁の厚み、建物の床の高さやその下にある基礎部分などがわかります。

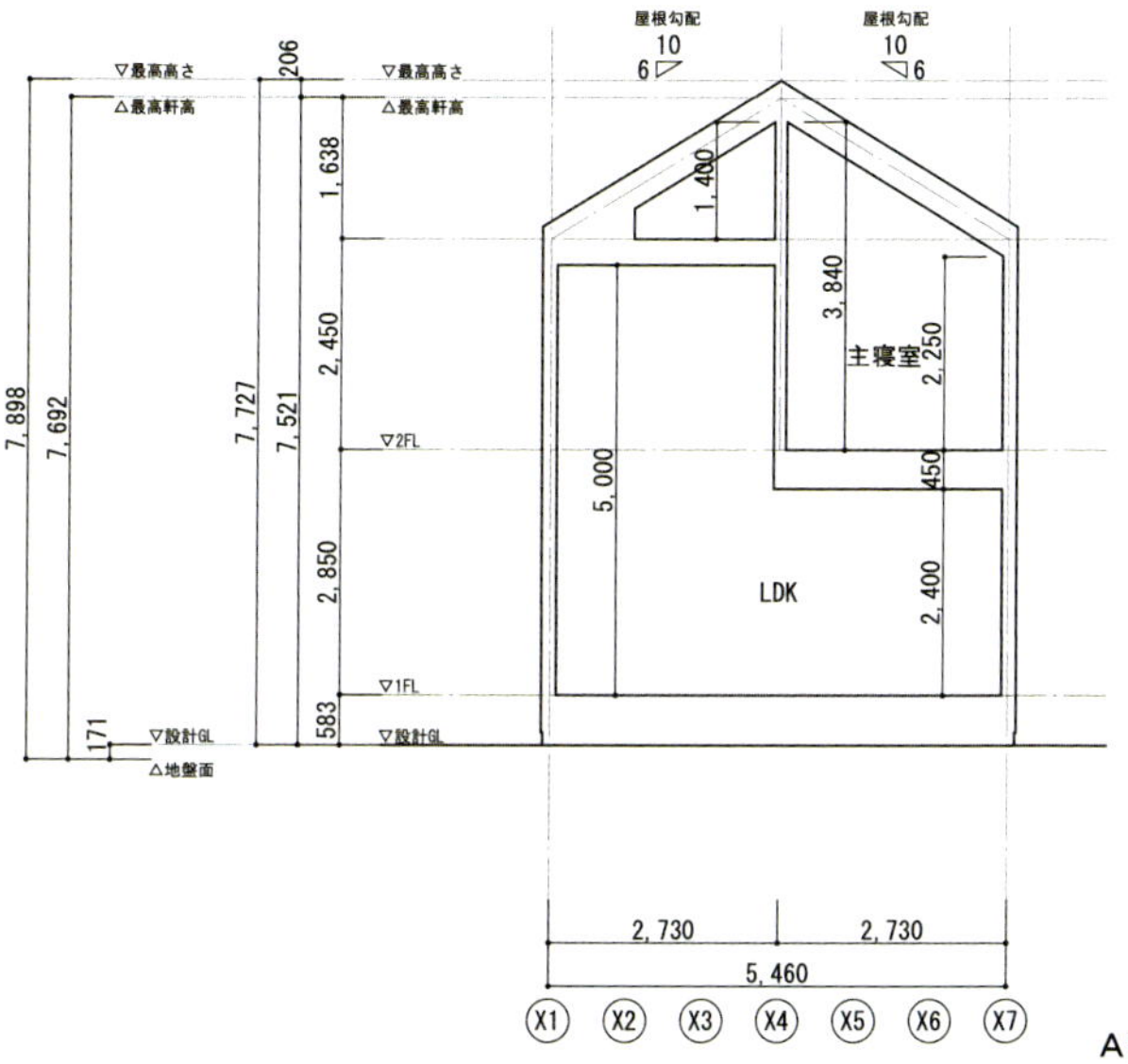

A断面図

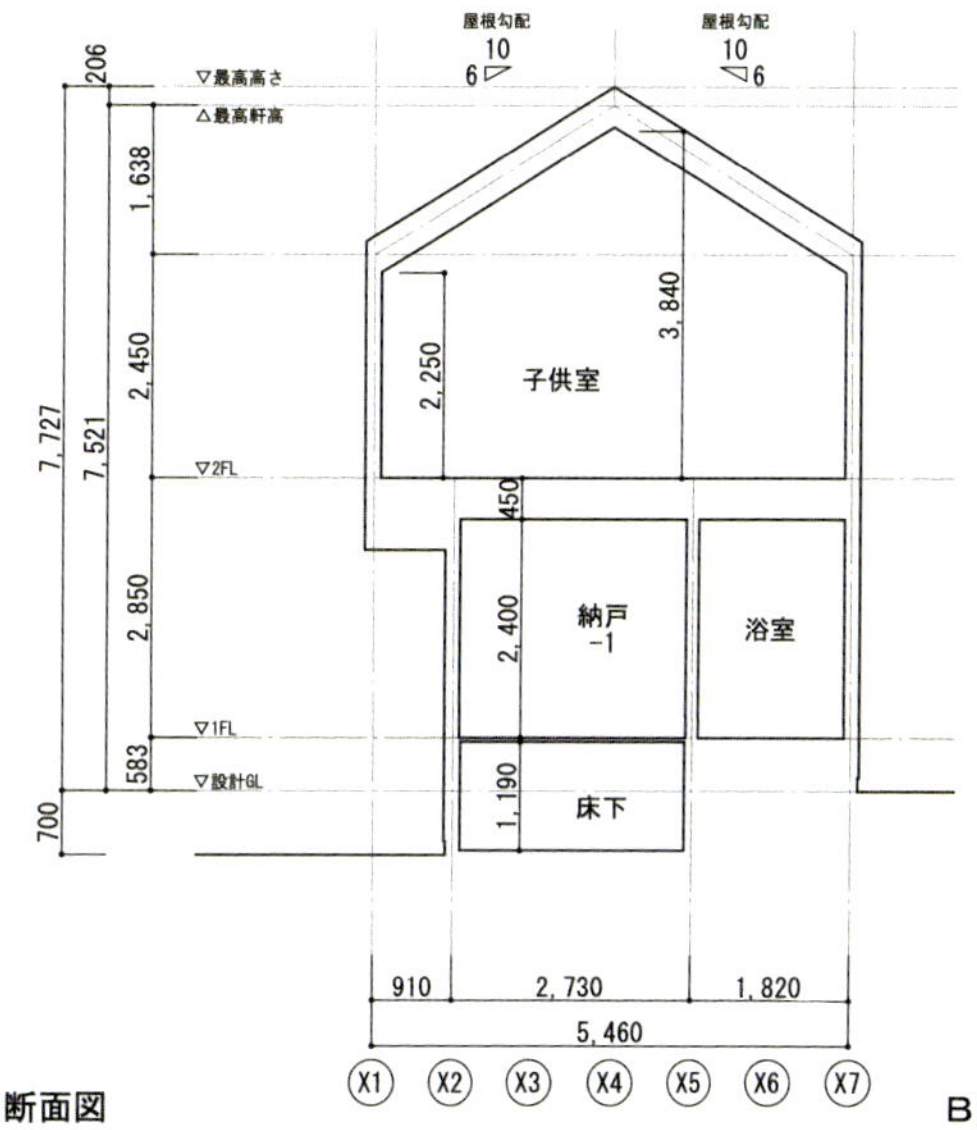

B断面図

断面図は
ここをチェック！

□各部屋の天井高は2.4m程度はあるか。最低でも2.1m必要。
□部屋の出入り口の高さは1.8m以上あるか。
□階段の勾配は適切か。
□水廻りは１階と２階で同位置にあるか。
□階段上の吹き抜けの高さは2.4～2.7m程度あるか。
□断面図の一種である矩計図（かなばかりず）で基礎の形状、壁内の断熱材、天井裏や床下の状態などをより詳細にチェックする。

施工工事の現場を確認する

図面をチェックしたあとは、その家がどのように建てられるか、実際に何回か工事現場へ足を運び、プロセスごとに状況を確認するのも大切です。

すべてを業者任せにせず足を運んで状況を確認する

工事の前には、建築確認申請を行う必要があります。申請は設計業者が行い、これから建てる家が法的に問題ないとされれば、建築確認済証が交付され施工がスタートします。

家は実施設計図（⬇Ｐ２００）をもとに建てられていきます。工事が始まったあとも業者に任せっぱなしにすることなく、適宜チェックしておきましょう。

工事内容によって期間の違いがありますが、通常は着工から建物が引き渡しされるまで4～6カ月ほどかかります。この期間中に実際に現場に足を運び、工事がどの段階でどうなっているかという状況を自分なりに把握しておくと安心です。質問などもできるように、日ごろから現場監督とは良好なコミュニケーションを築いておくのも大切です。

必ず確認したい現場は基礎工事・木工事《もくこうじ》・内装工事

建築工事は細かい段階がいろいろありますが、とりわけ、コンクリートの打設をする前とするときの基礎工事、棟上《むねあげ》するときの木工事《もくこうじ》、断熱剤を封入する際の内装工事は重要です。設計士は施工監理も担当するので、疑問があれば設計士や現場監督に確認しましょう。

Point

プランの変更は建築確認申請までに詰める

工事がスタートすると、想像していたものが形になっていく様子にわくわくしてくるでしょう。一方で、「こうしたほうがよかったかも」「こっちの製品のほうがいいかも」といった考えが出ないとも限りません。

着工時には材料の手配が済んでいることも多く、変更が出ると工期が延びたり、工事費自体がアップしたりすることがあります。

確認済証が出たあとでも多少の変更は可能ですが、大規模な変更は再度の確認申請が必要です。できるだけ変更は避けるのが無難です。

施工工事の流れ

一般的な木造軸組《じくぐみ》住宅の工事の流れです。
施工会社の進め方や天気の状況などで、作業の順番は前後することもあります。

建築確認済証の交付

- 地《じ》縄《なわ》張《は》り
- 地《じ》鎮《ちん》祭《さい》

着工準備

(⇨P212)

着工

仮設工事

(⇨P 212)

- 地盤改良工事(⇨P106)※必要な場合は行う。
- 遣《や》り方《かた》
- 水道工事

基礎工事

(⇨P214)

- 根切りと砕石敷き
- 配筋工事
- 型枠工事
- コンクリート打設
- 足場組み

木《もく》工《こう》事《じ》

(⇨P216)

- 建て方(組立て)
- 上棟式《じょうとうしき》
- 屋根工事
- 床・壁・サッシ取り付け
- 電気工事
- 断熱材の取り付け
- 外壁工事

内装工事

(⇨P218)

- 床のフローリングやタイル張り
- クロス張り
- 造作《ぞうさく》工事・建具の設置
- 照明・電気工事
- 設備の取り付け

外構工事

(⇨P218)

完成

着工前の準備と仮設工事の確認ポイント

建築確認済証が交付されると工事がスタートできますが、ほとんどの建築現場では工事の安全を願って着工前に地鎮祭が行われます。近隣へのあいさつもこの頃に行いましょう。

着工前に行うのは地縄《じなわ》張《は》りと地《じ》鎮《ちん》祭《さい》

工事を始める前には地縄《じなわ》張《は》りをします。細いロープを張って1階部分の位置や形を示す作業で、設計図通りに家が配置されるかどうかを確認します。

地縄張りとあわせて行う儀式が地《じ》鎮祭《ちんさい》です。祭壇を設置し、神主さんによる祝詞《のりと》奏上《そうじょう》と、施主、設計士、施工関係者による玉串奉奠《たまぐしほうでん》を行います。家を建てる土地に宿る神様を鎮めて、工事の安全を祈願するのが目的です。施主は、神主へのお礼やお供物などの用意が必要です。

地鎮祭の具体的なやり方は、地域や神社によって異なります。必須の儀式ではありませんが、ほとんどの建築現場で行われる儀式なので、心づもりをしておくほうが賢明です。

仮設工事の遣《や》り方《かた》は正確さが求められる作業

地鎮祭を済ませたら、いよいよ着工です。最初の工事となる仮設工事では、遣《や》り方《かた》を設置します。

遣り方は、杭《くい》を打って柱や壁の正確な位置を設定する作業です。工事が始まると撤去されてしまう仮設工作物ですが、遣り方が不正確だと、建物の位置がずれて隣地や道路との境界線がおかしくなってしまいます。素人が正確さを見極めるのは難しいですが、建物のドア、窓、開口部の位置や開閉の際のゆとりがあるかを確認できるので、完成した建物のイメージを思い描ける作業でもあります。

地盤改良の工事（⬇Ｐ１０６）が必要な場合は、遣り方を設置する前に行います。

地鎮祭の前後、遅くとも仮設工事の着工までには、近隣へのあいさつを済ませておく。

着工前の準備と仮設工事はここをチェック！

地《じ》縄《なわ》張《は》り

□隣地との境界線が明確になっているか。

□隣地や道路との位置関係に問題はないか。

遣《や》り方《かた》

□ドアや窓の位置に間違いはないか。

□ドアや窓の開閉の際、ゆとりがあるか。

□道路から玄関までの高さや外階段の段数など。

地《じ》鎮《ちん》祭《さい》

地鎮祭については施工会社や設計会社に確認して行う。
儀式に使う道具やお供物は施主が準備するのが一般的。
神主には「御初穂料」として3〜5万円程度を包む。

基礎工事の確認ポイント

基礎は家づくりにおいても重要な部分です。あとから確認するのが難しい場所のため、コンクリートを流し込む前と後の状態で現場を見ておくと安心です。

工事の詳細は現場責任者に確認を

建物の下に設置し、建物を支える土台となるものが基礎です。基礎がしっかりしていないと建物が傾いたり、沈下したりしてしまうので、基礎の工事はとても重要です。

基礎工事では最初に「根切り」と「砕石敷き」が行われます。根切りは基礎の形に沿って土を掘る土木工事です。掘る深さや幅は図面に記載されていますので、自分でも確認することができるでしょう。根切り後は、全面に砕石を敷き転圧をかけ、その上に防湿シートを隙間なく張り込みます。

次が「配筋工事」と「型枠工事」です。配筋は基礎部分に鉄筋を配置して組み立てる工事で、型枠はコンクリートを流し込むための木枠を設置する工事です。コンクリートを流し込むことは「打設」といいます。

基礎工事では、配筋工事が完了したあと、コンクリート打設のあとが、現場をチェックするタイミングです。通常は設計士などの施工監理者が検査を行いますが、第三者の検査員や検査機関に依頼することもできます。

重要な工事ですが、素人には確認しにくい面もあります。現場責任者などに図面通りの工事ができているか説明してもらうとよいでしょう。

Point

現場チェックの時間帯と持っていくもの

現場を訪れる場合は、作業時間を避けて、作業員の昼休みや休憩時間に行きましょう。

現場で疑問に感じたとことは必ずメモし、写真を撮っておきます。記録の際は日付も残します。疑問点や取り決めは、質問書・回答書といった形で文書でやりとりしておくと、万が一のトラブルの際の証拠になります。

●持ちもの

□図面　□筆記用具

□スマートフォンやカメラ

□上履き用のスリッパ（上棟式後）

□軍手　□マスク

□スチールメジャー　□水準器

基礎工事はここをチェック！

配筋工事

□配筋の位置が正しく、水平に保たれているか。

□鉄筋の長さ、太さは規定通りか。

□かぶりの厚さ（コンクリートの表面から鉄筋の表面までの最短距離）は規定通りか。

□床下防湿シートがしっかり施工されているか。

コンクリート打設

□基礎の形や大きさは図面通りかどうか。

□出入り口や床下換気口の位置は図面通りか。

□アンカーボルトとホールダウン金物の位置は正しいか。

コンクリートを打設しているところ。

工事が完了した基礎。

アンカーボルトとホールダウン金物で継がれた土台。アンカーボルトとは、布基礎と土台を緊結するため布基礎にあらかじめ埋め込む棒状金物のこと。ホールダウン金物とは地震による揺れで柱が土台や梁から抜けないようにするために取り付ける金物のこと。

Part6
安全な家をつくるために
確認しておきたいこと

木《もく》工《こう》事《じ》の確認ポイント

基礎工事が終わると、いよいよ本体の工事です。構造部分を組み立てる木工事では、耐震のための施工ができているか確認しましょう。上棟式の儀式もこの時期に行います。

施工の仕方はもちろん木材の保管状態も確認する

木工事《もくこうじ》は、木材を使った工事の総称です。柱を立て、桁《けた》、梁《はり》などの横架材を渡して骨格をつくり、床・壁・天井の下地工事、棚や押し入れなどの造作《ぞうさく》工事、ドアやサッシ類の取り付けをします。最後は断熱材を入れて、外壁の下地をつくります。

確認ポイントは、土台、梁、筋交い、構造用面材、防腐（防蟻《ぼうぎ》）処理、開口の位置などです。また、工事の期間中は、木材が雨の当たらない場所に置かれているか、直置きでなく枕木の上に保管されているかもチェックします。

上棟式《じょうとうしき》の相談は着工前の早めの時期に

家づくりの儀式で、この時期に行うのが上棟式《じょうとうしき》です。家の骨組ができ、建物の最上に配される棟木《むねぎ》を上げたあとに行います。

上棟式では、工事関係者へご祝儀を渡し、式のあとの直会《なおらい》で飲食を提供します。最近は酒と弁当の引出物で済ますケースも多いようです。

実施するかどうかは施主の判断です。職人さんたちをねぎらう目的もある儀式なので、工事の着工前など早めのタイミングで、現場監督や設計士、工務店などに相談しておくのがおすすめです。

Point

屋根の施工はルーフィングが重要

ルーフィングとは屋根に張る防水シートのことです。住宅の屋根の防水はルーフィングが重要で、瓦などの屋根材が破損してもルーフィングが無傷であれば、雨漏りはしないのです。そのためルーフィングを張る作業は、屋根工事のなかでもっとも重要な施工とされています。

ルーフィングの素材や方法はいろいろありますが、屋根材に合った耐久性の高いものを選ぶことが大切です。屋根材がしっかりしていてもルーフィングの耐用年数が短ければ、屋根材を撤去してルーフィングを交換することが必要になります。

屋根の防水機能については、プラン段階からしっかり確認しておきましょう。

木《もく》工《こう》事《じ》はここをチェック!

建て方と接合金物

- □10.5cm ×10.5cm以上の管柱(2階建て以上の木造住宅で、各階に挿入される柱)が90~180cm間隔で入っているか。
- □柱や梁に大きな穴や切断面がないか。
- □部材の繋ぎ目に緩みがなく、接合金物でとめられているか。
- □正しい箇所に正しい接合金物が使われているか。
- □金物どうしが接触していないか。

防腐剤・防《ぼう》蟻《ぎ》剤《ざい》

- □地面から１mの高さまで薬品が塗られているか。
- □浸透型の塗料の場合、２回重ね塗りをされているか。

屋根工事

- □屋根の形状、種類、仕上げ材の材質や工法は間違いがないか。
- □小屋裏換気口の位置や種類は図面通りか。
- □ルーフィングは下から横方向に順序よく張られているか。
- □屋根や壁の切り替え部や接合部に「雨押さえ」のための金属板が張られているか。

壁・床・天井の下地処理

- □製品が指定通りのものか。
- □張り方にむらや凸凹、ゆがみはないか。
- □グラスウールやロックウールが断熱材として用いられる場合は、石膏ボードを張る作業と同時に行われているか。

サッシ・ドアの取り付け

- □サッシ製品、使用ガラスは希望のものか。
- □サッシ廻りの防水処理ができているか。
- □防犯性、メンテナンスのしやすさは問題ないか。
- □取り付け位置は正しいか。
- □ドアの種類、開き方は図面通りか。
- □錠、付属品に不備や問題はないか。

断熱工事

- □断熱材の種類、厚みは図面通りのものか。
- □工法に間違いがないか。
- □断熱材が連続して継ぎ目が少なくなるように張られているか。

内装工事の確認ポイント

木工事が終了すると、家の中を仕上げる内装工事に入ります。いわゆるインテリアの工事ですから、好みの仕上がりになっているかどうかしっかり確認しましょう。

完成後もずっと目につくため念入りにチェックを

内装工事は、室内の見た目を整える工事です。壁のクロスや床材を張ったり、ドアなどの建具《たてぐ》を取り付けたり、造りつけ家具をつくったりします。システムキッチンやユニットバスの設備工事も同時に行われます。さらに、電気・ガス・水道工事、ネット環境や空調の取り付けが行われ、最後に通電確認が終われば工事はほぼ完了です。

内装工事の仕上がりは、普段から目に入り、生活にも密着する部分なので、チェックも念入りにしたいところです。

Point

外装工事・外構工事の確認ポイント

内装工事と同時に、屋根や外壁などの外装仕上げ工事も行われます。また、住宅工事が完了すると、玄関廻りや庭などの外構工事も始まります。外装工事・外構工事の現場では、次のようなことを確認しておきましょう。

外装工事

□雨水や外気が断熱層に侵入しないように透湿防水シートが施工されているか。
□外壁の通気層は縦に連続して施工されているか。
□外壁材は指定通りの色柄か。
□外装剤の種類、サイディングの種類、厚さ、色柄は正しいか。
□サイディング材などに破損やヒビはないか。
□気密性や防水性を高めるために、施工の際にできる隙間にコーキングがされているか。その使用材料と施工は正しいか。

外構工事

□敷地内の排水勾配、排水経路は問題がないか。
□インターホンや表札、ポストなど門廻りの設備は問題ないか。
□設置場所、設置の高さは問題ないか。
□門から玄関までのアプローチはどうか。
□外廻りの照明は十分か。必要な場所に設置されているか。
□パーキングのスペース、車の出し入れに問題はないか。
□屋根付きのパーキングの場合、高さは適切か。
□植栽計画に無理はないか。将来の生育状態を考慮できているか。

内装工事はここをチェック！

造《ぞう》作《さく》工事・建《たて》具《ぐ》の設置

□作業や搬入などによる傷や破損を防ぐための養生シートは張られているか。

□重い家具、蔵書、吊式戸棚、シャンデリアなどに対しての補強は十分か。

□造作家具は図面通りか。寸法、材質、デザインを確認する。

□ドアはあらかじめ決めた商品になっているか。

□ドアの開き方、枠、ガラス、鍵、金物は希望通りか。

□手すり、タオルかけなどの強度は足りているか。

照明・電気工事

□電気のコンセント、スイッチが希望通りの位置にあるか。

□電話、インターホン（防犯カメラ）、テレビ、電気メーター、分電盤の設置位置は正しいか。

□照明器具の種類、電球、デザイン、センサーは希望通りか。

壁・床・天井

□壁のクロスは、むらや凸凹がなく、きれいに張られているか、継ぎ目の模様がずれていないか。

□左官や塗装の仕上げ、種類、範囲、色柄は正しいか。

□石膏ボードはスムーズな継ぎ目になっているか。

□フローリング、クッションフロア、畳は正しい場所に施工されているか。

□床には問題となりそうな段差がないか。

□巾木（壁のいちばん下に取りつける横材）の種類、厚さ、色柄、範囲は正しいか。

□巾木や天井回り縁（天井と壁が接するところにつけられる縁木）にすきまはないか。

□天井のクロス、木材は正しいか。

□天井に吸音パネルが張ってあるか。

□床下や天井の点検口の位置は正しいか。

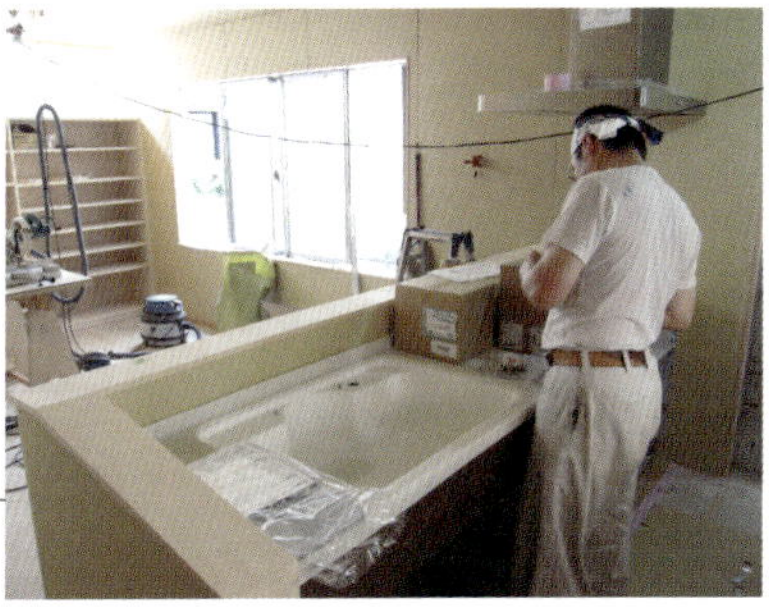

設備の取り付け

□ユニットバスの色、取り付け状況は正しいか。

□シャワー、鏡、リモコン、手すりの取り付け位置は正しいか。

□キッチンユニットの製品、サイズ、天板は指定のものか。

□シンク、水栓、レンジフード、加熱器、食洗機は希望通りか。

□洗面化粧台の種類、色柄、洗面ボール、水栓は希望通りか。

□便器の種類、材料、暖房、洗浄の便座は指定通りか。

□洗濯物干しの種類、設置位置、施工は正しいか。

□配管工事で、排水トラップはついているか。

□吊り下げ配管に吊バンドはついているか。

□水廻り器具に直結された配管は構造に安定するように設置されているか。

□屋内用配管には防露保湿剤が巻かれているか。

□水抜栓（冬期に水道管が凍結するのを防止するための器具）、水道メーター、散水栓の設置位置、種類は正しいか。

□給湯器、暖房機器、換気扇の種類や位置は正しいか。

建売住宅はここをチェックする

すでに家ができあがっている建売住宅は、施工不備の問題があっても見つけにくいもの。まずは図面を確認し、断熱性や耐震性などは問題ない基準になっているか、外観や間取りなどは図面通りに仕上がっているかなどを確認しましょう。わからないことは担当者に確認し、不安があればホームインスペクター（➡P89）に相談する方法もあります。

❶土地

重要なのは地盤の状態。すでに家が建っている土地でもある程度の地盤状況は確認できるので、業者の言葉をうのみにするのではなく、自分で調べることが重要。

- □希望する地域の物件か。
- □最寄駅までのアクセス、生活に必要な施設の有無など、周辺環境は問題ないか。（➡P96）
- □地盤の状況は問題ないか。（➡P95）
- □災害リスクはありそうか。（➡P95）
- □過去に、水害、風害、地震などの大きな被害を受けた地域ではないか。
- □切り土や盛り土（➡P239）の土地ではないか。盛り土の場合、1年以上締め固めを行っていたか。
- □隣地との境界線に問題など起きていないか。
- □土地面積の表示は実測値か、登記簿記載の面積か。
- □周辺エリアに大規模な開発事業、大型マンションの建設、道路工事などの計画はないか。
- □車の出入りはスムーズにできそうか。

Check!

❷構造・外観

目で確認できる範囲はもちろん、建築図や書類などもチェックする。通常依頼すれば、配置図（➡P203）、平面図（➡P204）、立面図（➡P208）などの図面、「建築確認申請書」と「建築確認通知書（検査済証）」の書類は提出してもらえる。断られた場合は、その時点で契約を見直すほうが賢明。

- □建築基準法の基準がクリアできているか。
- □建築確認申請書と図面に相違がないか。
- □基礎のコンクリートにひび割れはないか。
- □外壁にひび割れはないか。
- □1階の床は地面から45cm以上上がっているか。
- □床下の換気口が、5m以下の間隔で設けられているか。
- □筋交いの数は問題ないか。筋交いは金具などで補強されているか。
- □断熱材のタイプと貼っている場所の確認。
- □構造材や外壁材は耐火性のあるものを使用しているか。
- □床下に不用物やゴミなどが置きっぱなしになっていないか。
- □シロアリなどの被害跡がないか。
- □外部から侵入しやすい位置に窓がないか。
  踏み台にできるようなエアコンの室外機などが窓の下に設置されていないか。
- □玄関やベランダの庇の長さは十分か。
- □窓の位置が隣家とのプライバシーに配慮されているか。
- □窓やドアを閉めた状態で、外部からの防音性はどうか。
- □上階の足音などが階下に響いたり、生活音がほかの部屋に響いたりしないか。
- □将来、リノベーションや増築、建て替えなどが可能か。

③内部・内装

室内のチェックは、実際に生活していることをイメージしながら確認するとよい。

□家族の生活スタイルに合った間取りになっているか。

□各部屋の広さは十分か。

□収納スペースは十分か。

□室内の動線に問題はないか。使いやすい動線になっているか。

□壁や床の素材、色、模様などは好みのものか。

□コンセント、モジュラージャックの数は十分か。取り付け位置は問題ないか。

□家具の配置を想定し、ドアの開け閉めに支障はないか。

□階段の勾配に問題がないか。

□日当たりは問題ないか。

□風通しの悪い部屋がないか。

□床がきしんだりしないか。

□天井や壁にシミなどがないか。

□床張り、壁の処理などの仕上がりに問題はないか。

□建具などはスムーズに動くか。

④設備

設備は実際に稼働させて、問題がないか確認するとよい。

□設備のグレードや種類に問題ないか。

□浴室、洗面所、トイレ、キッチンなどの給排水に問題がないか。

□ガス器具、給湯器、照明器具、冷暖房器具、換気扇などは問題なく動くか。

□設置されているエアコンは、室内の広さに適した性能のものか。

□ドアや窓のカギの施錠・解錠は問題なくできるか。

□電気・ガス・水道・ネット環境などに問題がないか。

Check!

5 建築条件付き物件の場合

建築条件付き物件では、指定された施工者や設計プランに納得がいくかどうか確認する。

□施工する業者は信頼できそうか。（➡P79）

□施工業者の現場見学や施工物件の見学はできるか。（➡P80）

□提案された設計プランは満足がいくものか。

□プランの変更にどのくらい対応してもらえるか。

□指定期間内に提案された設計プランに合意できなかった場合、契約を白紙に戻す旨の停止条約が売買契約書に盛り込まれるか。

□停止条件に、土地売買で支払った手付金などの返金がされる旨が記載されているか。

6 借地権付き物件の場合

借地権付き物件では、登記簿謄本などで土地の権利関係を確認し、更新時や返還時の条件なども確認する。

□土地の権利者は明確になっているか。

□毎月の地代は適正価格か。

□保証金や権利金は適正価格か。

□保証金は、借地期間の終了後、または契約解約時に戻ってくるか。

□地代の改定条件などは適正なものか。

□更新時の契約条件に納得ができるか。

□契約期間は妥当か。

□満期以前の中途解約は可能か。

□住宅の増改築、建て替え、売却は可能か。その際に貸主の承諾が必要か。

□住宅の相続の際、貸主の承諾が必要か。

□土地の返還時には、建物を取り壊して更地にする必要があるか。

□土地の返還時の原状回復とはどのくらいの程度のものか。

□将来、土地を買い取りできる可能性がありそうか。

□住宅ローンの審査が通る土地か。

引き渡し後の登記について

不動産の引き渡しを受けるのと同時に行うのが登記です。登記は不動産の権利を主張するうえで非常に重要な制度です。その内容を解説しましょう。

大切な土地と建物の権利を守る制度

登記とは、それぞれの土地や建物の所在、面積、所有者、担保の有無などの権利関係を記録し、公開する制度です。そのデータは、法務局などの登記所で保管されています。

登記をする目的は、大切な財産である土地や建物の権利を守るためです。登記によって、不動産の権利関係などの状況が誰でも確認でき、取引を円滑に行えるようになるのです。

登記の内容は、以前は、紙の登記簿によって管理されていました。しかし現在はすべてデータ化され、登記簿は登記記録、登記簿謄本は登記事項証明書と呼びます。

不動産の登記には、「表題部登記」と「権利部登記」の2種類があります。表題部は、土地と建物に分かれ、それぞれの所在や面積など物理的状況が記載されます。

権利部には、文字通り不動産の権利関係が記載されます。こちらは甲区と乙区に分かれ、前者には所有者の住所・氏名、後者には登記の目的・権利者などが示されます。

登記を行う際は、登録免許税と手続きを行う司法書士などへの手数料がかかります。前者については、不動産評価額から算出します。後者は、依頼する司法書士によって異なりますが、一般的には10万円前後です。

不動産登記が必要なとき

不動産に関する登記は、不動産を取得したときだけでなく、登記内容に変更があったときも行う必要があります。おもに行う場面は次の5つです。

①不動産（新築住宅）を取得したとき　「建物の表題登記」「所有権の保存登記」「抵当権設定登記（住宅ローン利用時）」を行う。

②結婚などで姓が変わったとき　登記名義人の「氏名の変更登記」を行う。

③不動産の所有者が亡くなったとき　相続人が「所有権の移転登記」を行う。

④住宅ローンを完済したとき　「抵当権の抹消登記」を行う。

⑤建物を解体したとき　「建物の滅失登記」を行う。

登記をする内容

東京都特別区南都町１丁目１０１　　全部事項証明書　　（建物）

表題部（主である建物の表示）		調製	余白	不動産番号	００００００００００００００
所在図番号	余白				
所在	特別区南都町一丁目　１０１番地			余白	
家屋番号	１０１番			余白	
①種類	②構造	③床面積　㎡		原因及びその日付〔登記の日付〕	
居宅	木造かわらぶき２階建	１階　８０：００ ２階　７０：００		令和１年５月１日新築 〔令和１年５月７日〕	

表題部（附属建物の表示）				
符号	①種類	②構造	③床面積　㎡	原因及びその日付〔登記の日付〕
１	物置	木造かわらぶき平家建	３０：００	〔令和１年５月７日〕
所有者	特別区南都町一丁目５番５号　法務五郎			

権利部（甲区）（所有権に関する事項）			
順位番号	登記の目的	受付年月日・受付番号	権利者その他の事項
１	所有権保存	令和１年５月７日 第８０５号	所有者　特別区南都町一丁目５番５号 法務五郎

見本

権利部（乙区）（所有権以外の権利に関する事項）			
順位番号	登記の目的	受付年月日・受付番号	権利者その他の事項
１	抵当権設定	令和１年５月７日 第８０７号	原因　令和１年５月７日金銭消費貸借同日設定 債権額　金４，０００万円 利息　年２・６０％（年３６５日日割計算） 損害金　年１４・５％（年３６５日日割計算） 債務者　特別区南都町一丁目５番５号 法務五郎 抵当権者　特別区北都町三丁目３番３号 株式会社南北銀行 （取扱店　南都支店） 共同担保　目録(あ)第２３４０号

共同担保目録			
記号及び番号	(あ)第２３４０号	調製	令和１年５月７日
番号	担保の目的である権利の表示	順位番号	予備
１	特別区南都町一丁目　１０１番の土地	１	余白
２	特別区南都町一丁目　１０１番地　家屋番号　１０１番の建物	１	余白

＊　下線のあるものは抹消事項であることを示す。　　整理番号　Ｄ１２４４５　（　２／３　）　　１／２

「表題部」

土地と建物に分かれ、それぞれの所在や面積など物理的状況が記載される。

土地

所在、地番、地積、取得原因とその日付などを記載する。

建物

所在、地番、地積、取得原因とその日付などを記載する。

「権利部」

不動産の権利関係が記載される。こちらは甲区と乙区に分かれ、前者には所有権に関する事項、後者には抵当権など所有権以外の事項を記載する。

甲区

所有者の住所、氏名、登記の目的、取得年月日と取得原因を記載する。

乙区

登記の目的、原因、権利者などを記載する。

Point

不動産登記の流れ

不動産登記の手続きは、非常に手間がかかり、専門知識を要することも多いため、司法書士に依頼するのが一般的です。また、新築一戸建てを建築または購入する場合は、新たに「建物の表題登記」をしなければなりません。その際は建物図面が必要になるため、土地家屋調査士に依頼するのが一般的です。
登記のおもな流れは次のようになります。

①申請書と必要書類を管轄する法務局へ提出する
②登記官が申請内容を審査する
③登記記録に新しい情報が記録される
④登記完了証と登記識別情報通知書が発行される

なお、登記完了証はその後とくに利用することはないので破棄しても問題はありません。登記識別情報通知書については、不動産売却時などに必要になるので大切に保管しておきましょう。

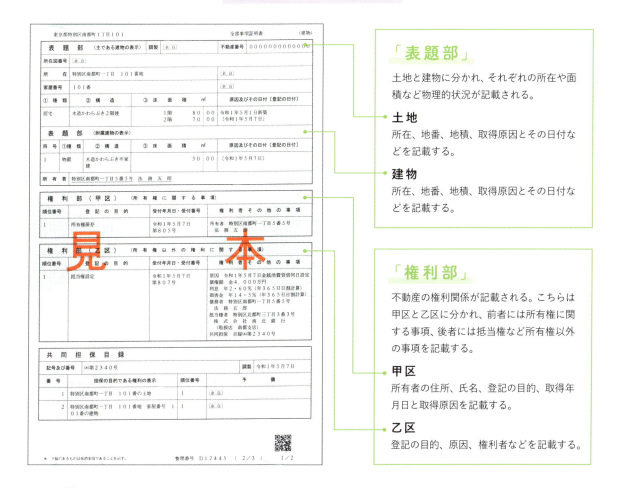

不動産登記のやり方

登記は司法書士などの専門家に依頼せず、自分で行うことも可能です。そこで登記のやり方と登記しないことによるデメリットなどを解説しましょう。

事前準備をしっかりすれば自分で行うことも可能

不動産の登記は、そもそもその不動産が誰のものかを明確にし、権利を主張できるようにする制度です。つまり自分の不動産を守るための手続きなので、権利部登記は義務ではありません（2024年4月1日より相続登記は義務化）。

しかしながら表題部登記については、固定資産税・都市計画税を徴収する際に必要な登記である、といった側面から法律によって義務付けられています。

では、権利部登記は、費用をかけてまでする必要はないのでしょうか。実は登記をしないことによるデメリットは複数あります。

そこで登記手続きを自分で行いたいと考える人もいるでしょう。どちらの登記手続きも自分で行うことは可能です。きちんと書類を揃えて手続きを行えば、司法書士などへ支払う手数料負担は不要になります。その際、最大のネックとなるのは、表題部登記に必要となる建物の図面作成でしょう。しかし、これも素人でも作成可能な方法があるので次ページで紹介します。

不動産登記の手続きは、かなりの手間と専門知識が必要になることは間違いありませんが、やる気があれば挑戦してみましょう。

Point

自分で手続きをするときの注意点

自分で登記手続きを行う際は次のような点に注意しましょう。

●違法取引ではないか確認する

世の中には、土地の所有者になりすまして売却をもちかけ、多額の代金をだまし取るといった詐欺事件も発生しています。法律の専門家である司法書士を通さない場合は、このような違法性も自分でチェックする必要があります。

●住宅ローンを組めない場合がある

住宅ローンを申し込む際、金融機関から司法書士による登記手続きを求められるケースもあります。本人による手続きがOKかどうか、事前に確認しておきましょう。

登記に必要なもの

登記に必要なものは、登記の種類によって異なります。
用意に時間のかかるものもあるので、余裕をもって準備しましょう。

所有権移転登記・保存登記

土地を購入して新築一戸建てを建てた場合、土地については「所有権移転登記」を行い、建物については「所有権保存登記」を行う。

必要なもの

- **印鑑証明書（作成後3カ月以内のもの）**
- **実印**
- **住民票**
- **住宅用家屋証明書（市区町村の窓口で入手可能）**
- **登記申請書**

建物の表題登記

新築一戸建てを建築・購入した場合に必要。必要書類のなかの「建物図面」の作成は、一般的に土地家屋調査士に依頼する。自分で用意する場合は、B4用紙に手書きまたは設計ソフトで書いても問題ない。

必要なもの

- **検査済証と建築確認通知書**
- **施工業者の工事完了引渡証明書**
- **住民票**
- **登記申請書**
- **建物図面・各階平面図**
- **案内地図（インターネットのマップをプリントアウトしたものでも可）**

抵当権設定登記

住宅ローンを利用して不動産を購入した場合に必要になる登記。ローンを完済したら抹消登記も行う。

必要なもの

- **抵当権設定契約書（金融機関が用意）**
- **実印**
- **登記済証または登記識別情報通知**
- **印鑑証明書（3カ月以内のもの）**
- **身分証明書（運転免許証など）**

ここも知りたい！

Q 登記をしないとどうなる？

建物の表題登記については義務化されており、所有権を取得してから1カ月以内に申請を済ませなければなりません。これに違反すると、10万円以下の過料に処されることがあります。

権利部登記のなかでも相続登記については、2024年4月1日より義務化されています。それ以外は任意となっていますが、しないことで次のようなデメリットが生じる可能性があるので、することをおすすめします。

●売買や賃貸ができなくなる
登記を済ませていないと基本的に所有権を主張できなくなる。これによって市場は、その不動産を「所有者がわからない物件」と評価するため、売却や賃貸がしにくくなる。

●第三者に権利を奪われる
仮に第三者が登記をしてしまうと、法律上はその者が所有者となってしまう。その結果、勝手に売却されてしまうこともあり得る。

●不動産を担保にして融資を受けられない
事業資金などを調達するために金融機関へ融資を申し込むと、不動産の担保を求められることが多い。その際、登記をしていないと担保として認められない。

●災害時などに補償を受けられなくなる
東日本大震災による原発事故では、自宅に住めなくなった人が多数発生した。このような場合、登記を済ませていないと、自分の家ということが証明できず、電力会社等からの補償を受けにくくなる場合もある。

登記事項証明書の請求方法

不動産を売買するときや住宅ローンを利用するときなどに必要になる登記事項証明書。その種類は複数あります。それらの違いと請求方法などを解説します。

「登記簿謄本」と「登記事項証明書」は同じ内容

「登記簿謄本は知っているが、登記事項証明書は知らない」という人も少なくないはずです。以前、登記に関する情報は登記簿という紙の書類に記載されていました。しかし現在それらの情報は、すべてデータ化されています。そのため、「原本の転写」という意味をもつ登記簿謄本から、登記事項証明書へ名称が変更されました。

登記事項証明書は、用途などに応じて「全部事項証明書」「現在事項証明書」「一部事項証明書」「閉鎖事項証明書」の4種類があります。

登記事項証明書の種類

全部事項証明書

その不動産が登記されてから現在に至るまですべての権利関係が記載されている。過去の所有権の移転、抵当権の設定・抹消なども含まれるが、閉鎖登記記録は記載されない。

現在事項証明書

以前の所有者や抹消された抵当権などは記載されず、現在効力のある権利だけを確認できるもの。内容がシンプルなので、現在の状況だけわかればいい場合は見やすい。

一部事項証明書

複数の権利者の中の一部の名義の権利だけを証明するもの。マンションの敷地のように、大人数の権利者がいる場合などに利用する。

閉鎖事項証明書

データ化される前に解体された建物や合筆により閉鎖された土地など、すでに存在しない不動産の記録。その不動産を管轄する法務局でのみ取得が可能。

請求のしかた

事前準備

登記事項証明書の請求方法は、おもに「登記所（法務局や支局、出張所）窓口」「オンライン」「郵送」になります。登記所の場所は、全所オンラインでつながっているため、どこでも問題ありません。請求する際は、対象となる不動産の「地番」「家屋番号」を把握している必要があります。わからない場合は、登記所の職員に聞くこともできます。

登記所窓口

登記所の窓口へ行き、備え付けの請求書に必要事項を記入して提出する。以前は、その不動産を管轄する登記所へ出向く必要があったが、現在は最寄りの窓口で受け取ることができる。

手数料：600円
所要時間：15分前後

オンライン

法務局の「登記・供託オンライン申請システム」から請求する。申請者情報を登録し、必要事項を入力する。受け取りは、登記所窓口または郵送となる。

手数料の納付は、インターネットバンキングまたはPay-easy（ペイジー）マーク表示のあるATMでできる。

手数料：480円（窓口受取）、
500円（郵送受取）
所要時間：2日前後

郵送

登記事項証明書の請求書と返信用の切手を貼った封筒を、その不動産を管轄する登記所へ郵送する。

請求書には手数料600円（1通当たり）の収入印紙を貼り、請求者の住所、氏名、電話番号、請求したい不動産の地番、家屋番号等を記載する。

請求書は手書きでも構わないが、法務局のHPからもダウンロードできる。

手数料：600円＋返信用切手代
所要時間：基本的に請求書が届きしだい郵送される

Point

閲覧だけならインターネットでも可能

登記記録の内容を確認したいだけなら「登記情報提供サービス」を利用するという方法があります。サイト上で登記情報を閲覧できる有料サービスで、登記情報をPDFファイルで提供しています。手数料は全部事項331円、所有者事項141円で、支払いはクレジットカードで行います。

登記事項証明書とは異なり証明文や公印が付加されないので、住宅ローン控除や不動産売買時などの際に必要な証明書としては使えませんが、登記記録を確認するだけなら便利なサービスです。利用時間は、平日午前8時30分～午後11時、土日祝日 午前8時30分～午後6時です。

マイホーム取得後のメンテナンス

新築の家は清潔で使い勝手もよく、快適に暮らせるものです。しかし、その状態がいつまで続くかはメンテナンス次第です。その重要性や費用の目安などを紹介しましょう。

経年劣化や資産価値の低下を防ぎ、快適な暮らしを維持するために

家は、最初はいくらきれいで頑丈でも、長年風雨や日光にさらされることなどで経年劣化していきます。日本の家の寿命は、先進国の中でもとくに短く、約30年といわれています。また、資産の減価償却に用いる法定耐用年数でも、木造住宅はたった22年です。もちろん、それ以降も住み続けることのできる建物がほとんどですが、この年数を過ぎると極端に資産価値が下がるケースがめずらしくはありません。

このような経年劣化や資産価値の低下を防ぎ、できる限り長く快適な暮らしをするために必要なのがメンテナンスです。メンテナンスとは、住宅の点検、維持、管理、修理のことで、計画的に行っておけば住宅の寿命を延ばすことができます。

メンテナンスは、バス・トイレなどの水廻り設備や外壁材などの部材の耐久年数に合わせて、10～20年周期で取り組むのが理想です。そうすれば一般的な木造住宅でも、80年前後までもたせることも不可能ではありません。

適切なメンテナンスを行うには、ある程度まとまった費用が必要です（➡P232）。計画的に積み立てておきましょう。

Point

部材は仕様によって耐久年数が異なる

適切なメンテナンスは家の寿命を確実に延ばしますが、しかしそれ以前に、それぞれの部材の仕様によって耐久年数は異なります。たとえば、外壁材の塗料の場合、一般的に普及しているシリコン塗料が15年前後であるのに対し、フッ素塗料は20年前後です。外壁材自体でも、一般的なサイディングは30年前後ですが、タイルは50年前後です。

耐久年数の長い部材はメンテナンスの手間と費用が軽くすみますが、それは施工時の価格に比例してきます。部材を選択する際は、建築依頼先とよく相談して、費用対効果が高いと思えるものを選びましょう。

メンテナンスをするメリット・しないデメリット

するメリット

●家の寿命が延びる
解体を余儀なくされるまでの期間を倍にすることも不可能ではない。

●住みづらさを解消できる
雨漏りがする、床がきしむ、といった住みづらさを解消できる。また、調子が悪くなった給湯器などの設備を交換することで快適性がアップする。

●資産価値を維持できる
メンテナンスが行き届き、住宅の基本性能が維持できている家は、資産価値が下がりにくい。とくにメンテナンス履歴の記録が残っている家は評価される。

しないデメリット

●雨漏りが発生する可能性が高まる
外壁や屋根のメンテナンスを怠ると、塗装が剥がれて雨漏りが発生する。雨漏りは天井の抜けや家の傾きの原因となり、最悪の場合は倒壊につながる。

●シロアリが発生する
シロアリは湿気を多く含んだ木材を好む。雨漏りによって濡れた柱などは、まさに好物。シロアリは、木材以外にも断熱材や電気コードなどもかじって家にダメージを与える。

●突然、設備が使えなくなる
給湯器やガスコンロなどの調子が悪いまま放置しておくと、突然使えなくなることもある。もし、真冬に給湯器が使えなくなったら、かなりつらい状況になる。

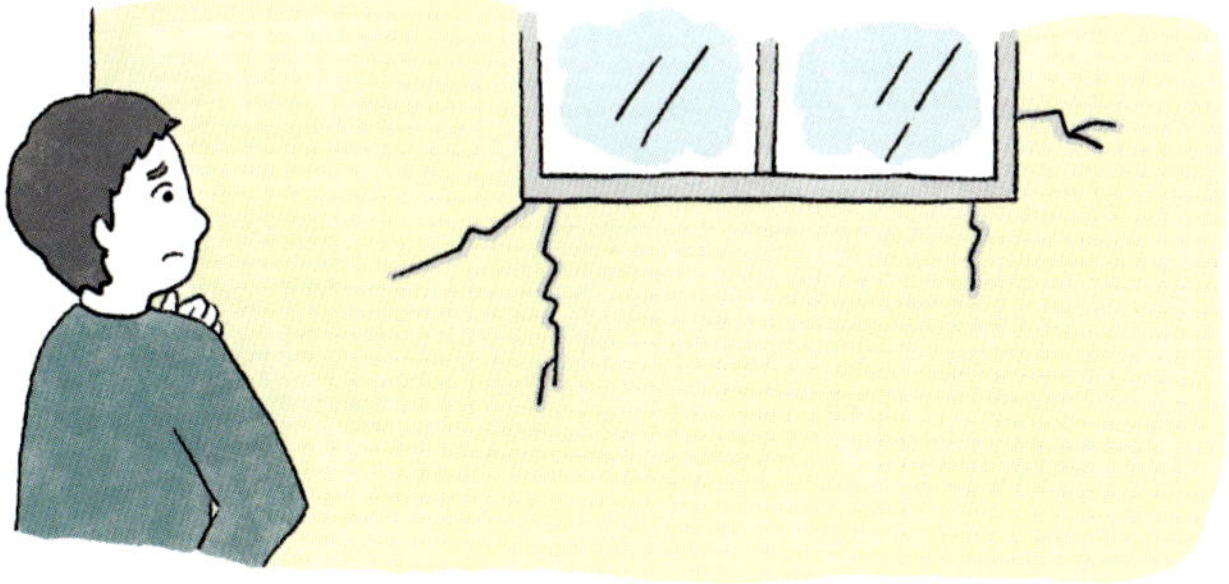

要注意!

「雨漏り」

雨漏りは、上記のように家の構造材にダメージを与え、シロアリを呼ぶだけでなく、カビの発生源にもなる。カビはアレルギー性鼻炎といった健康被害につながる。とくに雨漏りに注意したい部位は、「外壁」「屋根」「ベランダ」「サッシ」「雨どい」などだ。これらは築10年を過ぎたら目視で構わないので、1年に1度はチェックしたい。

「シロアリ」

シロアリは「アリ」と付いているがゴキブリの仲間。日本国内には複数の種類がいるが、もっとも被害を起こしているのは「ヤマトシロアリ」。雨漏りと同じく木部にダメージを与え、放置していると家が倒壊することもあり得る。そのため、5年に1度は床下に防蟻処理をする必要がある。

メンテナンスが必要な部位と費用の目安

住宅の不具合が出る部位は、築年数によって大体決まっています。
そのことを理解し、それぞれの部位に対して定期点検を行い、早めに修繕をするのが
比較的安価に家を長もちさせる秘訣です。

築10年未満

□シロアリ

すべての新築住宅には10年保証が付いている。しかし、シロアリ被害は対象外。また、多くの防蟻剤の効き目は5年間。そのため5年ごとに防蟻処理を行う。

費用の目安：1万円前後／坪（1階の面積）

□建《たて》具《ぐ》

建具も数年経つと閉まりが悪くなるなどの不具合が生じることがある。蝶番調整など簡単な修繕ならば建築依頼先が無料で対応してくれることもある。

費用の目安：3万円前後（蝶番交換）

□壁紙

壁紙は、新築時はきれいに貼られていても、数年後になんらかの不具合で亀裂が入ったり、膨らみなどが生じることがある。放置すると、どんどんひどくなる可能性もあるので、早めに対処したい。

費用の目安：1万円前後／カ所

築10年以上20年未満

□外壁

外壁の劣化は雨漏りの原因に直結する。外壁の塗装もコーキング（目地材）も寿命は15年前後。外壁を触ってチョークの粉のようなものが指先に付いたら塗り直しのサインだ。

費用の目安：100万円前後（延べ床面積40坪の場合）

□給湯器

給湯器の寿命は10年前後。不具合が出るたびに修理することも可能だが、頻発すると日常生活への影響が大きいので交換するケースが多い。費用は、機能や延長保証の有無などで大きく異なる。

費用の目安：10～20万円
エコキュートの本体交換 70～80万円

□屋根

一般的なスレート屋根の塗装も寿命は15年前後。表面にカビや苔が目立ってきたら塗り直しを考える。外壁塗装も同時に行えば、足場を兼用できるので、その分工事費用が安くなる。

費用の目安：40万円前後（塗面積60㎡の場合）

築20年以上

□フローリング

フローリングの耐久年数は、素材やワックスをかける頻度、ペットの有無などで大きく異なる。一般的な複合フローリングであれば、築20年前後で張り替えることが多い。傷や色褪せが目立つようになったら張り替えのタイミング。なお、たわむ場合は床材ではなく床下の異常を疑ったほうがいい。

費用の目安：20万円前後（6畳の場合）

□システムキッチン

システムキッチンは、築10年を過ぎたあたりから扉の面材が剥がれてくる、ガスコンロや食器洗い洗浄機が故障するといった不具合が目立ち始める。それでも設備を交換しながら使用し続けることもできるが、2回目の不具合が重なった築20年前後で本体自体を交換するケースが多い。

費用の目安：100万円前後

□トイレ

温水洗浄便座の寿命は10〜15年といわれている。また、温水洗浄便座と一体型のタンクレストイレも別々に交換できないので同時に買い替えることになる。一方で陶器製の便器は100年もつといわれている。しかし、実際は配管やパッキンが劣化してしまうので20年前後で交換するケースが多い。

費用の目安：15〜20万円

□水栓

水栓は、築10年前後でも接合部などから水漏れすることがある。その多くは、パッキン類やカートリッジの交換で修理可能だ。しかし築20年前後になると、交換部品のほとんどが廃番となっているので、水栓本体を交換することになる。

費用の目安：5万円前後

□洗面台

洗面ボウルの汚れや傷が気になる、水栓や排水管から水漏れがある、といった不具合が目立ち始めたら交換のタイミング。

費用の目安：20~30万円

□ユニットバス

ユニットバスの寿命は、日頃の清掃によって大きく差が出る。まめにしなければ数年でカビや汚れが目立つようになり、においが取れなくなるケースもある。ただし、一般的には20年程度でカビや汚れに加えて、水栓からの水漏れなどをきっかけに全体を交換することが多い。

費用の目安：100万円前後

家づくりに関する用語解説

構造・建築

大屋根【おおやね】
屋根の形のひとつ。大きな勾配のある切妻屋根で、1階から2階までのように複数ある階をひとつの屋根で覆う屋根のこと。屋根の面積が大きいのでダイナミックな外観になる。

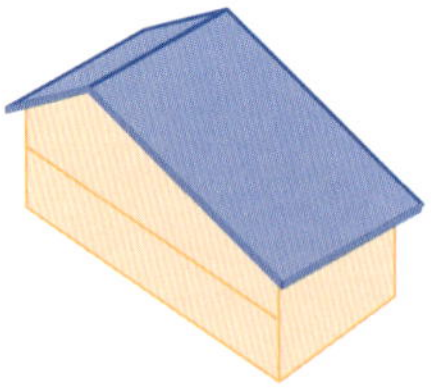

外構【がいこう】
門扉、塀、車庫、玄関廻り、庭など建物の周辺にあるもの。

開口部【かいこうぶ】
玄関や窓などの出入口のほか、建物の壁や屋根に開けられた部分。人の出入りだけでなく、採光、通風、換気などを目的としている。

片流れ（屋根）【かたながれ】
屋根の形のひとつ。片側の一方向だけが傾斜したもの。構造がシンプルなので工事が簡単でコストを抑えられる。傾斜を南に向けると太陽光パネルを載せられる。

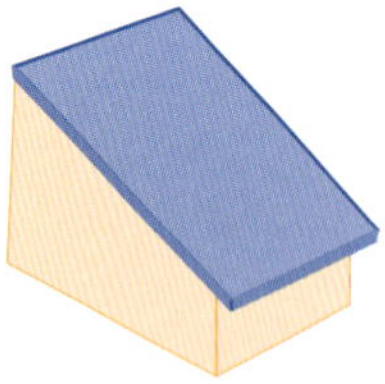

狭小住宅【きょうしょうじゅうたく】
狭く小さな土地に建てられる住宅だが、明確な定義はない。一般には50㎡以下の土地に建てられる住宅を指すことが多い。ミニ戸建て、ミニ開発とも呼ばれる。

切妻屋根【きりづまやね】
屋根の形のひとつで、もっともベーシックな形。屋根の頂部から両側二方向に斜面があり、本を開いて伏せたような山形。雨漏りのリスクがほかの屋根より少ない。

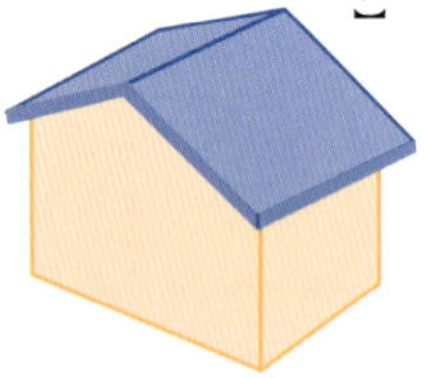

蹴上げ【けあげ】
階段の一段分の高さのこと。建築基準法では23㎝以下とされるが、高齢者などが上りやすいのは18㎝以下といわれる。

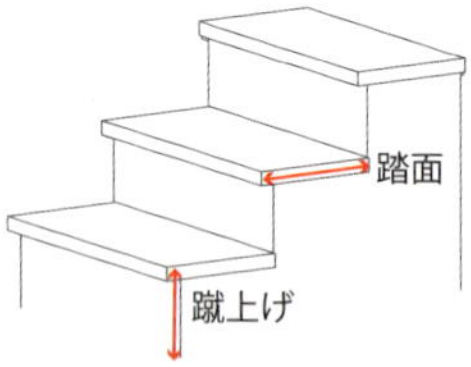

サイディング
建物の外壁に貼るボード状の仕上げ材の総称でサイディングボードともいう。建物の壁はモルタル製とサイディングの2種類があり、サイディングにはセメント系、合成樹脂系、金属系の3種類がある。

在来工法【ざいらいこうほう】
木造軸組工法（⇨Ｐ１１３）のこと。日本の伝統的な工法で、柱、梁、筋交いなどで組み上げて構造体をつくる工法。

左官仕上げ【さかんしあげ】
珪藻土、漆喰などを用いて、建物の壁や床をおもにコテを使って仕上げた塗り壁のこと。外壁のサイティング仕上げや室内壁のクロス張りに比べると工期も長くコスト高になるが、吸湿性や放湿性に優れる。

さしかけ屋根【さしかけやね】
2階建て以上の建物で、最上階の屋根から見て下にあたる部分に取り付けられている屋根のことで下屋（げや）ともいう。雨漏りのリスクがほかの屋根よりもある。

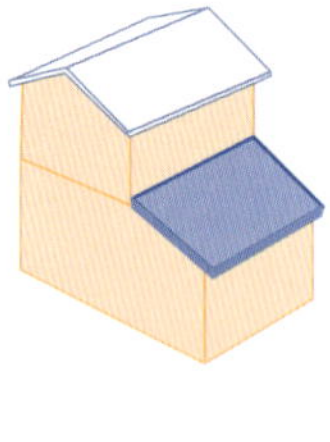

集成材【しゅうせいざい】
小さな木材を接着剤でつないで1枚の板にしたもの。無垢材に比べ、強度や耐久性に優れ、構造、床、家具などに使われる。合板とは異なる。

竣工【しゅんこう】
建物の建築工事が完了すること。住宅建築は竣工を迎えると、いくつかの検査をし、問題なければ施主（建築を依頼した人）に引き渡しされる。

植栽【しょくさい】
庭、門扉、塀、車庫、玄関廻りなど建物の周辺の敷地内に植えられる樹木や草花のこと。またはそれらを植えること全般を指す。屋上緑化も広い意味で植栽に含まれる。

筋交い【すじかい】
柱と柱の間に斜めに入れる補強部材のこと。建物が変形するのを防ぐ役割がある。ブレースとも呼ばれる。

捨てコンクリート【すてこんくりーと】
建物の基礎をつくる前に地盤に穴を掘って流し込むコンクリートのこと。高さの基準をわかりやすくするために行う。穴に砂利や砕石を敷き、その上から5㎝程度の厚みで流し入れるのが一般的。

スラブ

鉄筋コンクリート造の建物で、通常はコンクリートでつくられた水平な床版（構造床）のこと。強度を高めるために鉄筋が網目状に入っている。とくに床を指すときは床スラブ、屋根を指すときは屋根スラブともいう。

耐力壁【たいりょくかべ】

地震や台風などの水平方向の揺れ（横揺れ）に耐えて建物を支える壁。それ以外の壁は非耐力壁という。

通し柱【とおしばしら】

2階建て以上の建物で、二層以上にまたがって建てられている継ぎ目のない柱。建物の外周に使われることが多い。

トップライト

天窓のこと。屋根に設置される窓で、採光や通風に優れる。

掃き出し窓【はきだしまど】

開口部が床面まである窓。庭やベランダに通じて、人が出入りできる大きな窓。

梁【はり】

建物で、柱などを支点として水平に渡す構造部材で、小屋組や床組を支える部材のこと。柱を固定し、屋根や上階の重さを支える。床板を支える梁を床梁、屋根を支える梁を小屋梁と呼ぶ。

踏面【ふみづら】

階段一段分の奥行きのこと。住宅では15㎝以上とされる。

⇩P234「蹴上げ」の図参照

方形屋根【ほうぎょうやね】

ひとつの頂点から同じ角度で傾斜のある屋根。五重塔など寺社建築でよく見られる。屋根の内部の構造が堅実で風圧や地震に強い。

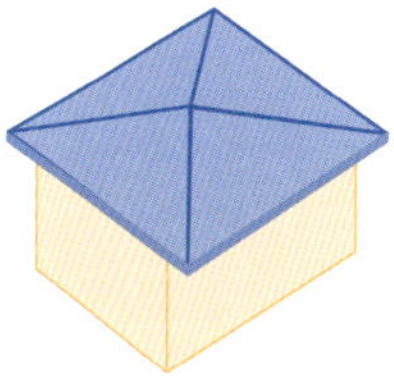

無垢材【むくざい】

1本の木から切り出された木材のこと。断熱性が高い。

棟上【むねあげ】

木造住宅を建築する際に、基礎や柱、梁の施工が完了したあとに、屋根の上部に棟木を水平に渡すこと。その際に上棟式という儀式を行うが、この儀式を棟上と呼ぶこともある。上棟式は大工の神をまつって感謝を述べ、その後の工事の安全を祈るお祝いで、関係者へ料理やお酒などをふるまう慣習がある。

棟木【むねぎ】

棟上の際に最後に屋根の上部に渡す木材。

寄棟屋根【よせむねやね】

4方向に傾斜面がある屋根で、切妻屋根の次によくあるスタンダードな形状。

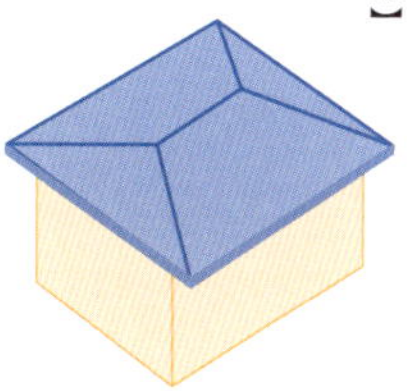

ルーバー

羽根板と呼ばれる細長い板を一定間隔で並べたもの。鎧戸（よろいど）ともいう。

ルーフバルコニー

ルーフとは屋根のことで、階下の屋根を利用して設置したバルコニー。

プラン・内装

24時間換気システム

【24じかんかんきしすてむ】

家の中の空気を自動的に循環させて入れ換え、一日中換気が行われるように設計された常時換気の仕組みのこと。2003年の建築基準法の改正によって義務化された。最近の住宅は気密性が高く、空気が家の中にこもるとシックハウス症候群になる危険性が高まるため、その対策として導入された。

アイランドキッチン

壁面から離して独立した場所に島（アイランド）のように設置されたキッチンのこと。対面キッチンの一種で開放感がある。複数で料理をすることもでき、コミュニケーションが広がるのがメリット。アイランドキッチンにするには最低でも6畳程度の広さが必要とされる。また、化粧パネルが4面必要であることや換気扇を天井に取り付けることなどで割高になる傾向がある。

家づくりに関する用語解説

アウトドアリビング

テラス、バルコニー、デッキ、中庭（パティオ）などをリビングの延長として屋外での生活に使えるようにした空間。内部のリビングと連続するように設けると、空間がより広く感じられるように演出できる。

インナーテラス

家の内部や半屋外の空間につくるテラスのような空間のこと。寒暖や雨風など天候に左右されることなく快適に使える。リビング的な機能だけでなく、日曜大工やアウトドア用品を扱う作業スペースとしても便利。

オープンキッチン

リビングやダイニングとの間に仕切りのない開いた間取りのキッチンのこと。壁に面して独立したクローズドキッチンに比べ、視覚的にも開放感があり、調理中も周りの人とのコミュニケーションがとれるメリットがある。

折れ戸【おれど】

室内ドアのひとつで、複数の連なった扉を蝶番（ちょうつがい）で繋いだもので、折りたたむようにして開ける扉のこと。扉の前後に折りたたむためのスペースを必要とする。室内ドアのほかに、間仕切り戸、クローゼットの扉などにも用いられる。

クローズドキッチン

独立したスペースになっている個室状のキッチン。料理中の煙やにおいが漏れにくいため、料理に集中できるメリットがある。また、ほかの部屋から内部が見えず、来客時も安心。

採光【さいこう】

自然光（天然の光）を窓などから建物内部に採り入れること。住宅では、トイレ、浴室、洗面室、キッチン、納戸以外のエリアで、採光が可能な開口部は床面積の1/7以上が必要とされている。

サンルーム

開口部を大きく取ったり、屋根をガラス張りなどにしたりすることで、日光を多く採り入れられるようにした部屋。リビングの外側に設置されることが多い。

サニタリー

衛生を保つための水廻り設備を備えた空間の総称。浴室、洗面室、トイレをさすのが一般的だが、キッチンを含めることもある。また、浴室用具や洗面用具をバスサニタリー、トイレットペーパーホルダーをトイレサニタリーなどといい、サニタリー空間で使用する設備や小物をサニタリーと呼ぶこともある。

スライディングドア

開閉時に横へスライドさせるドア。一般にはレールを利用して開閉する引き戸全般を指すが、ドアを内側にスライドさせる開き戸もスライディングドアと呼ばれる。狭い廊下やトイレなどに適しており、軽い力で開閉できるため高齢者や子ども向きである。

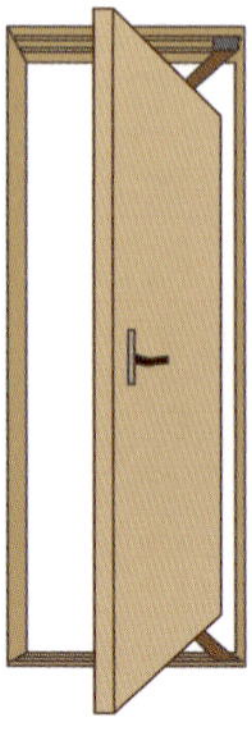

ゾーニング

機能や用途をもとに空間を分けること。それぞれに必要な広さや位置をゾーンとして捉えて全体の中での位置関係をおおまかに決めることで、間取りの基本となる。住宅のゾーンには、リビング、ダイニング、キッチン、玄関などのパブリックゾーン、寝室、子ども部屋、書斎などのプライベートゾーン、洗面室・脱衣室、浴室、トイレなどのサービスゾーン、廊下、階段などの通路ゾーンがある。

建具【たてぐ】

建物の開口部や出入口などで部屋を仕切るところに設ける可動式の戸、窓、ふすま、障子などや、鴨居や敷居などのそれを取り付ける枠などの総称。

通風【つうふう】

人間が感じられる程度の風が室内を通り抜けること。壁や屋根の中にも、湿気が溜まらないよう空気が流れるようにすれば、建物はより長もちする。

動線【どうせん】

建物の中を人やモノが日常的に移動する動きの軌跡や経路を想定し、線で捉えること。間取りを考えるときには、家事動線、生活動線、来客動線を十分検討するのがよい。

ニッチ

壁の一部をへこませたり、くり抜いたりしてつくるスペース。収納や飾り付けなどに用いられる。構造を支える耐力壁にはつくることができない。

パントリー

食品、食器、調理器具などキッチン廻りの収納スペースのこと。キッチンの隣に設置される。扉のないタイプはキッチンとの行き来がしやすい。扉をつけた個室タイプもある。

引き戸【ひきど】

水平方向に動かす建具。通常は溝やレールの上を往復させて使うが、上から吊るすものもある。

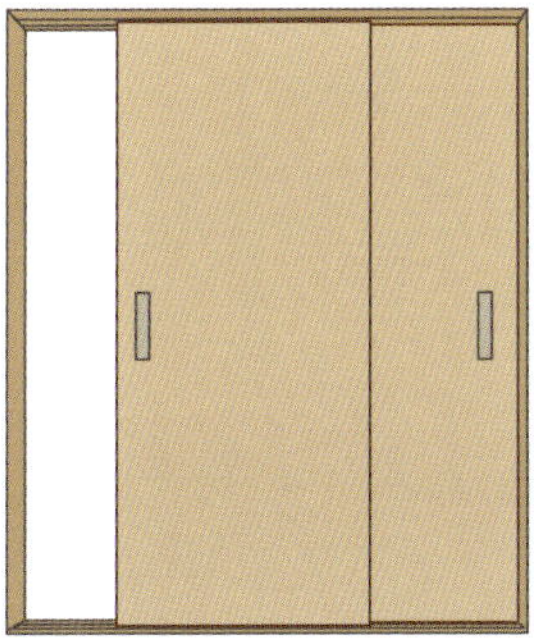

開き戸【ひらきど】

蝶番（ちょうつがい）を軸に扉が弧を描いて前後に開閉する扉のこと。

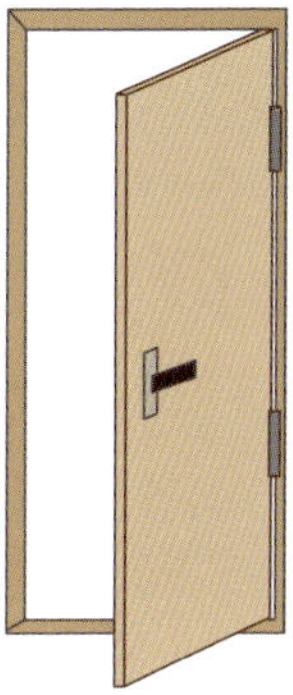

ファブリック

カーテンやラグ、ブランケット、ソファカバー、ベッドの寝具など室内で用いられる布製のアイテム全般を指す。本来は生地や織物のこと。

吹き抜け【ふきぬけ】

1階と2階、またはそれ以上の階の間に天井や床がなく、1階から最上階までつながった空間。

ワークトップ

キッチンの調理台に取り付けた天板のこと。人工大理石、ステンレス、天然石、タイルなど素材はさまざま。

契約・保証

頭金【あたまきん】

住宅を購入する際に、代金の一部として当てるお金のこと。代金からローン借入れ分を差し引いた部分になる。預貯金などの自己資金でまかなうのが一般的。

請負契約【うけおいけいやく】

請負人が仕事を完成させることを約束し、注文者がその仕事の完成に対して報酬を支払う約束をすること。家づくりでは、請負人が施工業者で、注文者は施主になる。

瑕疵担保責任【かしたんぽせきにん】

新築した時点では見つからなかった住宅の隠れた瑕疵（欠陥や不具合）が発見された場合、売主は買主に対して責任を負う。引き渡し時に隠れた瑕疵があった場合、売主の責任のもとに買主は適切な修繕を求めるか、あるいは損害賠償を請求でき、瑕疵が重大な場合には契約解除もできる。新築住宅では「品確法（住宅の品質確保の促進等に関する法律）」で瑕疵担保責任の保証期間は引き渡しから10年間で構造耐力上主要な部分等が対象と定められている。

既存不適格物件【きぞんふてきかくぶっけん】

新築当時は合法的に建てられていたが、その後に法令等が改正されたことで、現在の法律に照らした場合に法的基準を満たしていない建物のこと。既存不適格物件は、リフォームや建て替え時に制約を受けることがあるので、中古物件を検討する際には注意が必要。これに対して、最初から関係法規に適合せずに建築、増改築または用途変更などがされたものは違反建築物という。

クーリングオフ

住宅や土地を売買契約した際、不動産会社、ハウスメーカー、工務店の事務所など以外の場所で申込みや契約をしたものであれば、一定の期間内に無条件に契約解除できる制度。売主が宅建業者であり、買主が宅建業者ではない一般消費者の場合のみに有効。

家づくりに関する用語解説

契印【けいいん】
2枚以上の契約書が連続した文書であることを証明し、文書の抜き取りや差し替えを防止するために、両ページにまたがって押す印鑑のこと。署名印と同じ印鑑を用いる。

消印【けしいん】
契約書や領収書に収入印紙を貼った際に、印紙とその下の契約用紙にまたがって押す印のこと。印紙の彩紋を消し、再利用を防ぐために行う。

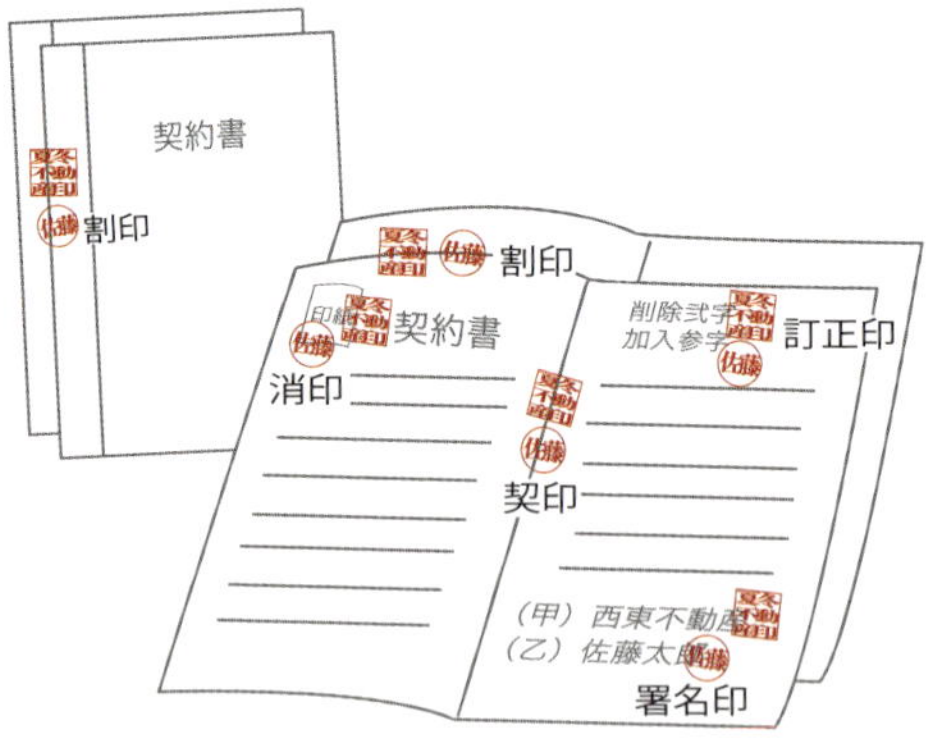

再建築不可物件【さいけんちくふかぶっけん】
今建てられている建物を壊した場合、そこに新たな建物を建てることができない物件を指す。再建築ができない理由としては、自治体ごとの条例が関係していることがあるが、建築基準法第43条の「接道義務」を果たしていない場合が多い。

住宅性能表示制度【じゅうたくせいのうひょうじせいど】
建築基準法に基づき、住宅の性能や品質を客観的に評価して消費者に正確な情報を提供する制度。これにより、住宅の品質や性能に関する情報が標準化され、住宅の購入や賃貸を検討する際の参考にされる。評価内容としては、断熱性能やエネルギー効率などの省エネ性能、地震などの自然災害に対する安全性、構造や使用されている建材の品質、通風性や採光性を含む居住環境などが評価の対象となっている。

重要事項説明【じゅうようじこうせつめい】
物件の売買契約を結ぶ前の段階で、宅建業者が重要事項説明書で買主に物件と契約条件を示すこと。法律で義務付けられている。重要事項説明書は、買主が住宅の購入を検討する際に最低限必要で重要な事項を説明する書類で、その物件の「取り扱い説明書」のようなものといえる。土地や建物の取引は、権利関係や建築基準法や税法などの法規がさまざまに関係しているため、それらを確認しないで契約をすると、契約内容を知らなかったことで損害を被ることがある。

捨印【すていん】
契約書などで誤字や脱字のような軽い訂正を行うために押印すること。訂正が必要になった場合、捨印をすると契約相手に断らないで訂正できるという意味になり、一方的な訂正権を相手に与えることになる。捨印は押さずに、毎回書類をやりとりして訂正・変更することが大切。

訂正印【ていせいいん】
契約書などで訂正事項があった際、訂正部分または訂正内容を記載した部分に押す印のこと。捨印と異なり、双方で確認して押す。

抵当権【ていとうけん】
家の購入で住宅ローンを利用する場合、購入する土地と建物に金融機関が設定する権利。金融機関は融資が確実に返済されるかどうか保証がないので、抵当権によって家を担保に取る形になる。返済が滞った場合、金融機関は債権者としてその不動産を差し押さえることになる。

登記【とうき】
不動産などの権利を法務局の登記簿に記載すること。土地や建物などを取得した際は、その不動産の所有を示すために不動産登記が必要になる。建物表題登記は、建築工事の完了後一カ月以内に行うことが法律で義務付けられているが、ほかにも所有権保存登記、金融機関で住宅ローンを組む際の抵当権設定登記などがある。不動産の登記は土地家屋調査士、司法書士など専門家に頼むのが通例となっている。

割印【わりいん】
複数の書類にまたがるように印を押すこと。書類の改ざん、コピー、散逸などを防ぐために行う。割印をすることで、それらの文書が同時につくられた同じ内容のものであることが示される。

その他

切り土【きりど】
傾斜した土地や高い土地を切り取って平坦な地盤面をつくること。

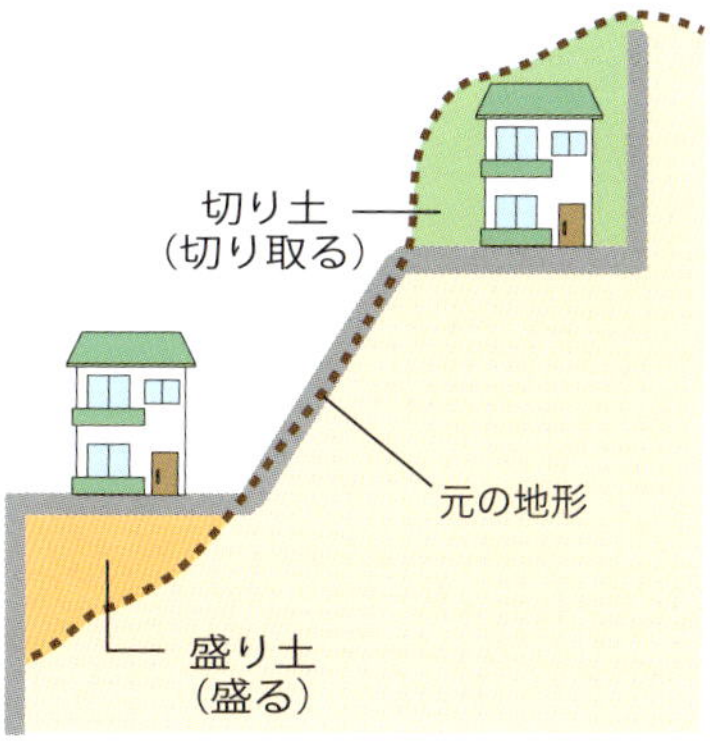

ハザードマップ
自然災害による被害を予測し、その被害の範囲を地図にしたもの。防災マップなどの名称で作成されることもある。自然災害での被害の軽減や防災対策が目的で、被災が想定される区域や避難場所、避難経路などが示されている。

旗ざお敷地【はたざおしきち】
道路（公道）に面した出入口部分が細長い土地で、その奥にまとまった土地がある敷地のこと。竿の先に旗をつけたような形状のため、旗ざお敷地と呼ばれる。

ファイナンシャルプランナー
顧客の収支や負債、家族構成、資産などをもとにライフプランを組み、資金計画などについてのアドバイスをする職業。住宅購入にあたっては依頼者の人生設計で無理のない住宅ローンの計画についてアドバイスをすることもできる。

盛り土【もりど】
傾斜した土地や低地に土砂を盛って平坦な地盤面をつくること。

取材・画像協力一覧

[リノベーション]

株式会社スタイル工房　https://www.stylekoubou.com

[ハウスメーカー]

住友林業株式会社　https://sfc.jp/ie/
三井ホーム株式会社　https://www.mitsuihome.co.jp

[外構・エクステリア]

株式会社LIXIL　https://www.lixil.co.jp

[建築資材]

株式会社アイティエヌジャパン　https://www.itnjapan.com
株式会社無添加住宅　https://www.mutenkahouse.co.jp

■監修者

長沼 幸充（ナガヌマ　ヒデミツ）

長沼アーキテクツ株式会社代表取締役。一級建築士。二級FP技能士。1978年東京都三鷹市生まれ。東京理科大学大学院修了後、大手設計事務所での個人住宅や教育施設などの設計や監理担当を経て、2006年に長沼幸充建築設計事務所を設立。2014年には「建築とお金をデザインする」というブランドコンセプトのもと、長沼アーキテクツ株式会社に組織変更。資金計画から相談できる建築家として、ライフプラン表の作成や土地探しからスタートする依頼を受けることも多く、クライアントの人生に寄り添った家づくりを実践している。

長沼アーキテクツ　https://www.hnaa.jp

●**イラスト**　木波本陽子

●**撮影**　牛尾幹太　中村絵

●**デザイン**　角 知洋（sakana studio）

●**執筆協力**　宇都宮雅子　椎名前太　曽田照子　高橋正明

●**編集協力**　倉本由美（ブライズヘッド）

●**編集担当**　柳沢裕子（ナツメ出版企画）

本書に関するお問い合わせは、書名・発行日・該当ページを明記の上、下記のいずれかの方法にてお送りください。電話でのお問い合わせはお受けしておりません。

・ナツメ社webサイトの問い合わせフォーム

https://www.natsume.co.jp/contact

・FAX（03-3291-1305）

・郵送（下記、ナツメ出版企画株式会社宛て）

なお、回答までに日にちをいただく場合があります。正誤のお問い合わせ以外の書籍内容に関する解説・個別の相談は行っておりません。あらかじめご了承ください。

ナツメ社Webサイト

https://www.natsume.co.jp

書籍の最新情報（正誤情報を含む）はナツメ社Webサイトをご覧ください。

理《り》想《そう》の家《いえ》を手《て》に入《い》れる　マイホームの建《た》て方《かた》&買《か》い方《かた》

2024年9月2日　初版発行

監修者　長《なが》沼《ぬま》幸《ひで》充《みつ》

Naganuma Hidemitsu, 2024

発行者　田村正隆

発行所　株式会社ナツメ社

東京都千代田区神田神保町1-52　ナツメ社ビル1F（〒101-0051）

電話　03（3291）1257（代表）　FAX　03（3291）5761

振替　00130-1-58661

制　作　ナツメ出版企画株式会社

東京都千代田区神田神保町1-52　ナツメ社ビル3F（〒101-0051）

電話　03（3295）3921（代表）

印刷所　株式会社リーブルテック

ISBN978-4-8163-7604-7　Printed in Japan

（定価はカバーに表示してあります）（落丁・乱丁本はお取り替えします）

本書の一部または全部を著作権法で定められている範囲を超え、ナツメ出版企画株式会社に無断で複写、複製、転載、データファイル化することを禁じます。